全国药品监管人员教育培训规划教材
职业化专业化药品检查员培训教材

法学基础

国家药品监督管理局高级研修学院　组织编写

中国健康传媒集团
中国医药科技出版社

内容提要

本书是“全国药品监管人员教育培训规划教材”之一，同时也是“职业化专业化药品检查员培训教材”。本书系统介绍了法的一般原理、宪法基本知识、民事刑事行政法律制度及行政许可、行政检查、行政复议与行政诉讼、行政处罚和行政强制等主要内容，结合典型案例，向读者展示了药品监管所需法学基础知识的要点与解读，希望为我国药品监管立法、执法、守法提供有益的参考和借鉴。

本书适用于药品监管人员及检查员教育培训、高等院校药事管理与法规教学，也可作为从事药品监管研究的有关人员及行业从业人员的参考书籍。

图书在版编目（CIP）数据

法学基础 / 国家药品监督管理局高级研修学院组织编写. —北京：中国医药科技出版社，2020.7

全国药品监管人员教育培训规划教材　职业化专业化药品检查员培训教材

ISBN 978-7-5214-1785-2

Ⅰ.①法…　Ⅱ.①国　Ⅲ.①法学－中国－职业教育－教材　Ⅳ.①D920.0

中国版本图书馆CIP数据核字（2020）第074101号

美术编辑　陈君杞

版式设计　南博文化

出版　**中国健康传媒集团**｜中国医药科技出版社

地址　北京市海淀区文慧园北路甲22号

邮编　100082

电话　发行：010-62227427　邮购：010-62236938

网址　www.cmstp.com

规格　787×1092mm $^{1}/_{16}$

印张　16 $^{1}/_{4}$

字数　340千字

版次　2020年7月第1版

印次　2021年2月第2次印刷

印刷　三河市万龙印装有限公司

经销　全国各地新华书店

书号　ISBN 978-7-5214-1785-2

定价　49.00元

编者名单

主　编　杨　悦

副主编　罗　杰

编　者　（按姓氏笔画排序）

于志刚　王　轶　任端平　刘　斌

刘继红　李怀胜　杨　莉　杨　悦

杨舒杰　何春霭　罗　杰

前言

QIANYAN

依法治国是中国共产党领导人民治理国家的基本方略。党的十八大以来，以习近平同志为核心的党中央强调，依法治国是坚持和发展中国特色社会主义的本质要求和重要保障，是实现国家治理体系和治理能力现代化的必然要求；全面推行依法治国方略要坚持依法治国、依法执政、依法行政共同推进，坚持法治国家、法治政府、法治社会一体建设。党的十八大报告中提出“科学立法、严格执法、公正司法、全民守法”的16字方针，标志我国社会主义法治建设进入了新阶段。

在药品审评审批制度改革稳步推进，《中华人民共和国药品管理法》《中华人民共和国疫苗管理法》实施的关键阶段，在药品监管体制改革基本完成的重要时期，国家药品监督管理局高级研修学院组织编写《法学基础》，旨在在药品监管系统内大力弘扬法治精神，大力开展法治教育，提高药监人员的法治意识，促进依法行政。

药品监管法律制度处于框架重塑阶段，药品安全治理理念、治理体系、治理法制、治理机制、治理方式、治理战略、治理文化不断创新。中国的药品监管依法行政，需要聚焦中国的问题，更需要理论支撑和实践应用的结合。

本书系统阐述法的一般原理、宪法基本知识、民事刑事行政法律制度以及行政许可、行政检查、行政复议与行政诉讼、行政处罚和行政强制的理论，结合典型案例，理论联系实际，向读者全面、系统地展示药品监管所需法学基础知识的要点及解读，期待能为我国药品监管立法、执法、守法提供有益的参考和借鉴。

本书编写团队既有从事立法顶层设计的药品立法主导者，也有长期从事药品监管实践的监管人员，还有长期致力于法学理论研究的顶尖专家和青年学者。各章节编写分工如下：第一、二、三、九章由沈阳药科大学杨悦教授负责，第四章由国家市场监督管理总局任端平同志负责，第五章由中国人民大学法学院王轶教授和中国政法大学刘斌副教授负责；第六章由中国政法大学于志刚教授、李怀胜副教授负责；第七章由国家药品监督管理局高级研修学院罗杰教授负责；第八章由国家药品监督管理局刘继红同志负责；第十章由国家药品监督管理局何春霭同志负责；第十一章由沈阳药科大学杨舒杰副教授负责；第十二章由沈阳药科大学杨莉副教授负责。

本书适用于药品监管人员及检查员教育培训、高等院校药事管理与法规教学，也可作为从事药品监管研究的有关人员及行业从业人员的参考书籍。

编　者

2019年12月

目录

MULU

第一章　绪　论

学习导航

1. 掌握依法治国与依法行政的关系。
2. 熟悉科学立法、严格执法、公正司法、全民守法的概念。
3. 了解“四个最严”。

法治是治国理政的基本方式，依法治国是中国共产党领导人民治理国家的基本方略。

全面依法治国的总目标，是建设中国特色社会主义法治体系，建设社会主义法治国家。作为“四个全面”战略布局的重要内容之一，全面依法治国与全面建成小康社会、全面深化改革、全面从严治党共同确立了新形势下党和国家各项工作的战略目标和战略举措，是实现“两个一百年”奋斗目标、实现中华民族伟大复兴的中国梦的理论指导和实践指南，为全面建成小康社会、实现中华民族伟大复兴中国梦提供了坚实的制度保障。

一、依法治国与依法行政

（一）依法治国是党领导人民治理国家的基本方略

1978年12月，党的十一届三中全会深刻总结我国社会主义法治建设的成功经验和深刻教训，提出为了保障人民民主，必须加强法制，必须使民主制度化、法律化，做到有法可依、有法必依、执法必严、违法必究。

1997年，党的“十五大”提出依法治国、建设社会主义法治国家，确立了依法治国的基本方略。

1999年，第九届全国人民代表大会第二次会议通过宪法修正案，将“中华人民共和国实行依法治国，建设社会主义法治国家”，载入国家根本大法《中华人民共和国宪法》。

2013年1月，党的“十八大”后召开的第一次全国政法工作会上，习近平总书记作出重要批示，首次提出建设“法治中国”的新要求。

2014年10月28日，习近平在关于《中共中央关于全面推进依法治国若干重大问题的决定》的说明中指出，法律是治国之重器，法治是国家治理体系和治理能力的重要依托。全面推进依法治国，是解决党和国家事业发展面临的一系列重大问题，解放和增强社会活力、促进社会公平正义、维护社会和谐稳定、确保党和国家长治久安的根本要求。

党的“十八大”以来，以习近平同志为总书记的党中央强调，依法治国是坚持和发展中国特色社会主义的本质要求和重要保障，是实现国家治理体系和治理能力现代化的必然要求；坚持依法治国、依法执政、依法行政共同推进，坚持法治国家、法治政府、法治社会一体建设。面向未来，依法治国地位更加突出、作用更加重大，必须坚持依法治国，夯实党和国家兴旺发达、长治久安的法治基础。

（二）全面依法治国是国家治理的一场深刻革命

党的“十九大”明确，中国特色社会主义进入了新时代。我国社会主要矛盾已经转化为人民日益增长的美好生活需要和不平衡不充分发展之间的矛盾。我国稳定解决了十几亿人的温饱问题，总体上实现小康，不久将全面建成小康社会，人民美好生活需要日益广泛，不仅对物质文化生活提出了更高要求，而且在民主、法治、公平、正义、安全、环境等方面的要求日益增长。全面推进依法治国总目标是建设中国特色社会主义法治体系、建设社会主义法治国家。

全面依法治国是中国特色社会主义的本质要求和重要保障。必须把党的领导贯彻落实到依法治国全过程和各方面，坚定不移走中国特色社会主义法治道路，完善以宪法为核心的中国特色社会主义法律体系，建设中国特色社会主义法治体系，建设社会主义法治国家，发展中国特色社会主义法治理论，坚持依法治国、依法执政、依法行政共同推进，坚持法治国家、法治政府、法治社会一体建设，坚持依法治国和以德治国相结合，依法治国和依规治党有机统一，深化司法体制改革，提高全民族法治素养和道德素质。

全面依法治国是国家治理的一场深刻革命，必须坚持厉行法治，推进科学立法、严格执法、公正司法、全民守法。成立中央全面依法治国领导小组，加强对法治中国建设的统一领导。加强宪法实施和监督，推进合宪性审查工作，维护宪法权威。推进科学立法、民主立法、依法立法，以良法促进发展、保障善治。建设法治政府，推进依法行政，严格规范公正文明执法。深化司法体制综合配套改革，全面落实司法责任制，努力让人民群众在每一个司法案件中感受到公平正义。加大全民普法力度，建设社会主义法治文化，树立宪法法律至上、法律面前人人平等的法治理念。各级党组织和全体党员要带头尊法学法守法用法，任何组织和个人都不得有超越宪法法律的特权，绝不允许以言代法、以权压法、逐利违法、徇私枉法。

深化机构和行政体制改革。统筹考虑各类机构设置，科学配置党政部门及内设机构权力、明确职责。统筹使用各类编制资源，形成科学合理的管理体制，完善国家机构组织法。转变政府职能，深化简政放权，创新监管方式，增强政府公信力和执行力，建设人民满意的服务型政府。赋予省级及以下政府更多自主权。在省市县对职能相近的党政机关探索合并设立或合署办公。深化事业单位改革，强化公益属性，推进政事分开、事企分开、管办分离。

（三）依法行政是依法治国的关键环节

依法行政是指国家各级行政机关及工作人员依据法律赋予的职责权限，在法律规定的职权范围内，对国家的政治、经济、文化、教育、科技等各项社会事务，依法进行有效的管理活动，它要求一切国家行政机关和工作人员都必须严格按照法律的规定，在法定职权范围内，充分行使管理国家和社会事务的行政职能，做到既不失职，又不越权，更不能非法侵犯公民的合法权益。依法行政的氛围包括行政立法、行政执法、行政司法都要依法进行，其核心是行政执法。依法行政也是市场经济体制条件下对政府活动的要求，是政治、经济及法治建设本身发展到一定程阶段的必然要求。依法行政的目的是保护干部本身，更重要的是保护广大人民群众的根本利益。

推进依法治国，建设社会主义法治国家，关键是推进依法行政，重点是建设法治政府。法治政府的主要内容包括职能科学、权责法定、执法严明、公开公正、廉洁高效、守法诚信等。

行政机关必须依法全面履行职能，是建设法治政府的基础和前提。强调“各级行政机关必须依法履行职责，坚持法定职责必须为、法无授权不可为，决不允许任何组织或者个人有超越法律的特权”。推进机构、职能、权限、程序、责任法定化，推行政府权力清单制度。

健全行政决策机制，把公众参与、专家论证、风险评估、合法性审查、集体讨论决定确定为重大行政决策法定程序，建立行政机关内部重大决策合法性审查机制，建立重大决策终身责任追究制度及责任倒查机制。

推进行政执法体制改革，规范执法行为，创新执法体制。坚持严格规范公正文明执法，健全行政执法和刑事司法衔接机制，依法惩处各类违法行为，加大关系群众切身利益的重点领域执法力度，建立健全行政裁量权基准制度，全面落实行政执法责任制。

法治政府建设还必须强化对行政权力的制约和监督，完善纠错问责机制。全面推进政务公开，坚持以公开为常态、不公开为例外原则，推进决策公开、执行公开、管理公开、服务公开、结果公开。法治政府的核心内涵是依法行政，确保权力行使不恣意任性。

近几年，“权力清单”频频进入公众视野，成为社会热词。所谓权力清单，就好比政府对外发布的“菜单”。政府有多少权力，菜单上写得一清二楚，除此之外，政府不得行使其他权力。推行权力清单制度，实质上是通过梳理行政权力，解决政府能做什么、不能做什么的问题。这对推动各级政府依法全面履行职能具有重要意义。

党的“十八大”以来，国务院部门累计取消和下放行政审批事项618项，“非行政许可审批”概念成为历史；国务院各部门设置的职业资格削减70%以上，中央层面核准的投资项目数量累计减少90%，大大激发了社会活力。

“让数据多跑路、让群众少跑腿。”信访部门网上受理信访，实现业务全覆盖、信息全录入、数据全生成、办理全公开，依法回应群众诉求；公安机关全面推行异地办理身份证件，网上办理出入境证照、驾照换领等业务，为群众办事提供便利。“利企便民”已内化为各地各部门依法行政的重要理念。

二、法治思维与法治方式

2010年10月10日，国务院《关于加强法治政府建设的意见》指出“切实提高运用法治思维和法律手段解决经济社会发展中突出矛盾和问题的能力”。

2012年11月8日，党的十八大报告指出“提高领导干部运用法治思维和法治方式深化改革、推动发展、化解矛盾、维护稳定能力”。同年12月4日，习近平在首都各界纪念现行宪法公布实施30周年大会上的讲话中强调指出“各级领导干部要提高运用法治思维和法治方式深化改革、推动发展、化解矛盾、维护稳定，努力推动形成办事依法、遇事找法、解决问题用法、化解矛盾靠法的良好法治环境，在法治轨道上推动各项工作”。

2013年2月23日，习近平在主持中共中央政治局第四次集体学习时强调“各级领导机关和领导干部要提高运用法治思维和法治方式的能力，努力以法治凝聚改革共识、规范发展行为、促进矛盾化解、保障社会和谐”。

2014年10月23日，党的十八届四中全会通过的《中共中央关于全面推进依法治国若干重大问题的决定》进一步指出：“党员干部是全面推进依法治国的重要组织者、推动者、实践者，要自觉提高运用法治思维和法治方式深化改革、推动发展、化解矛盾、维护稳定能力，高级干部尤其要以身作则、以上率下。要抓住立法、执法、司法机关各级领导班子建设这个关键，突出政治标准，把善于运用法治思维和法治方式推动工作的人选拔到领导岗位上来。”“各级领导干部要对法律怀有敬畏之心，带头依法办事，带头遵守法律，不断提高运用法治思维和法治方式深化改革、推动发展、化解矛盾、维护稳定能力。”

2015年2月2日，习近平在省部级主要领导干部学习贯彻党的十八届四中全会精神全面推进依法治国专题研讨班上提出“领导干部要牢记法律红线不可逾越、法律底线不可触碰，带头遵守法律、执行法律，带头营造办事依法、遇事找法、解决问题用法、化解矛盾靠法的法治环境。谋划工作要运用法治思维，处理问题要运用法治方式，说话做事要先考虑一下是不是合法。领导干部要把对法治的尊崇、对法律的敬畏转化成思维方式和行为方式，做到在法治之下、而不是法治之外、更不是法治之上想问题、作决策、办事情。”

2016年1月18日，习近平在省部级主要领导干部学习贯彻党的十八届五中全会精神专题研讨班上提出：“要深入分析新发展理念对法治建设提出的新要求，深入分析贯彻落实新发展理念在法治领域遇到的突出问题，有针对性地采取对策措施，运用法治思维和法治方式贯彻落实新发展理念。”

“法律的权威源自人民的内心拥护和真诚信仰。人民权益要靠法律保障，法律权威要靠人民维护。必须弘扬社会主义法治精神，建设社会主义法治文化，增强全社会厉行法治的积极性和主动性，形成守法光荣、违法可耻的社会氛围，使全体人民都成为社会主义法治的忠实崇尚者、自觉遵守者、坚定捍卫者”。这为构建法治社会指出了路径和方向。

三、科学立法、严格执法、公正司法、全民守法

党的“十八大”报告中提出“科学立法、严格执法、公正司法、全民守法”的16字方针，表明我国社会主义法治建设进入了新阶段，16字方针确立了我国依法治国新阶段的四大目标。目前，中国特色社会主义法律体系已经形成，但是依法治国的目标并未全部达成，实现法治文明的征程仍在路上，需要我们继续推进依法治国基本方略，克服法治发展过程中的障碍。

（一）科学立法

2000年3月九届全国人大三次会议通过的《立法法》第六条规定“立法应当从实际出发，适应经济社会发展和全面深化改革的要求，科学合理地规定公民、法人和其他组织的权利与义务、国家机关的权力与责任。”学界将这一规定概括为立法的科学原则。

科学立法要体制先行。党的十八届四中全会决定，充分发挥人大及其常委会在立法工作中的主导作用，重要法律草案由全国人大相关专门委员会、全国人大常委会法工委组织有关部门参与起草，重要行政管理法律法规由政府法制机构组织起草，从体制机制和工作程序上有效防止了部门利益和地方保护主义法律化。

科学立法要合理确定法律的调整范围。法律是一种社会规范，但社会规范并不只限于法律规范，还有道德、风俗习惯、行业规范等。因此，立法时首先就要解决法律与道德、风俗习惯、行业规范等规范的界限问题，科学地划分法律与其他社会规范各自的调整范围。

科学立法要体现时代精神。法律作为社会行为规范，它本身既是社会发展进步的产物，也要随着社会发展进步而与时俱进，积极回应时代关切，充分体现时代内涵。只有如此，立法内容才可能具有科学性、合理性。

科学立法要保障私权利和规制公权力。对于公权力来说，实行“凡未经法律许可的，都是禁止的”原则。这适用于国家机关，其目的在于限制随意性和自由裁量权。对于私权利来说，则实行“凡未经法律禁止的，都是许可的”原则。这一法律原则适用于公众，扩大社会积极性、主动性和创造性。

科学立法要应对高风险社会发展变化。近代以前，自然灾害等自然风险居多，而近代以来人为风险占据主导地位。经验证明，现代化过程中各种社会矛盾的多发、突出和集中，带有一定的普遍性和必然性。“现代性孕育着稳定，而现代化过程却滋生着动乱。”我国既处于发展的重要战略机遇期，又处于社会矛盾多发期和凸显期，各种问题叠加，在药品领域风险无处不在，比如天然风险、原辅料添加剂及供应链风险、违法添加风险、虚假宣传风险、申报资料造假风险、违法生产经营风险、药品不合理使用风险等。要加强相关领域立法，发挥法治在国家治理和社会管理中的作用，既保证社会转型顺利进行，又促进社会协调发展。

科学立法要体现正义理念。法律规则都是为当事人所制定的，当事人的现实利益就是法律的公正目标的实现。从形式上说，体现“正义”的法律，应当具有以下7个特征：普遍性、明确性、统一性、稳定性、先在性、可行性、公开性。从实质上说，体现“正义”的法律，应当具有以下4个特征：保障安全、维护平等、促进自由、增进效率。

知识链接

《疫苗管理法》

第三条 国家对疫苗实行最严格的管理制度，坚持安全第一、风险管理、全程管控、科学监管、社会共治。

（二）严格执法

现在法治领域发生的许多问题，更多的是因为有法不依、失于规制乃至以权谋私、徇私枉法导致的。人民群众对法治建设的意见和诉求，也更多集中到执法必严、违法必究上来。只有严格执法，建设高效的法治实施体系，把“纸面上的法”真正落实为“行动中的法”，才能切实推进法治国家建设进程。

法律名言

天下之事，不难于立法，而难于法之必行。

全面推进依法治国，是由立法、执法、司法、守法等诸多环节组成的完整“链条”。随着中国特色社会主义法律体系的形成，有法可依的问题总体上解决了，执法越来越成为整个法治建设链条中最关键的环节。如果在这个环节出了问题，立法的意义就会大打折扣，同时也会对司法和守法带来严重影响。

推进政府权力清单制度。目前，国务院各部门已向社会公开全部行政审批事项清单，各省级、市级、县级权力清单正在陆续公布，受到了社会广泛关注。政府作为行政执法机关，依法全面履行经济调节、市场监管、社会管理、公共服务、环境保护等各项职能，处理好政府与市场、社会的关系，是推进严格执法的基础和前提。职权法定，明确政府权力边界。“法外无权”，政府的所有权力都来源于法律的授予。权力清单制度是推行职权法定的重要举措，要继续深化完善这一制度，编制好涵盖各项权力的清单目录，及时向社会公开，坚决清理法外设定的权力事项，并杜绝违规新设，坚决消除设租寻租空间。

依法履职，做到有所为有所不为。各级政府要坚持法定职责必须为、法无授权不可为，积极履职、全面履职、履职到位，为市场发育、社会发展、人民利益服好务。一方面，属于法定的职责，要勇于负责、敢于担当，该管的一定要管住管好，坚决克服懒政、怠政；另一方面，超出政府法定职能的事项，不得乱作为、滥用权。

规范事权，厘清不同层级政府权责。长期以来，中央和地方政府间事权界定不合理、不清晰、不规范的问题较为突出。要完善不同层级政府特别是中央和地方政府事权法律制度，合理清晰界定政府间事权。强化中央政府宏观管理、制度设定职责和必要的执法权，强化省级政府统筹推进区域内基本公共服务均等化职责，强化市县政府执行职责，促进政府间各司其职、各负其责，充分发挥好中央和地方两个积极性。

健全依法决策机制、杜绝违法决策。比如，要健全法定程序，将公众参与、专家论证、风险评估、合法性审查、集体讨论决定作为重大行政决策的法定程序，确保决策制度科学、程序正当、过程公开、责任明确。比如，要建立合法性审查机制，重大行政决策在提请决策机关讨论决定前，必须开展内部合法性审查，未经审查或审查不合格的，不得提交讨论。比如，要推行政府法律顾问制度，建立一支以政府法制机构人员为主体、吸收专家和律师参加的政府法律顾问队伍，在进行重大行政决策时，充分发挥政府法律顾问的积极作用。

落实行政执法责任制。对行政执法者来说，有权必有责，有多大的权就有多大的责。为此，党的十八届四中全会提出全面落实行政执法责任制的任务，要结合实际加以落实。要进一步明确执法责任，全面梳理行政执法依据，严格确定不同部门及机构、岗位执法人员的执法责任。建立健全执法评议考核指标体系，引导执法人员严格规范执法行为。

完善执法责任追究机制，确保执法过程中任何一个环节出现问题，都能够被及时发现、纠正、追究。

建立重大决策终身责任追究制度。决策是一种重要的行政权力，行使决策权是否依法合规，事关法治政府建设的方向和目标，事关经济社会持续健康发展和人民群众切身利益。为此，党的十八届四中全会强调要健全依法决策机制，提出了建立重大决策终身责任追究制度及责任倒查机制的任务。

完善责任追究配套制度。实行决策绩效评估机制，科学判断决策失误；建立决策案卷制度，准确识别责任归属；完善决策过错认定标准和责任追究启动机制，提高责任追究制度的可操作性。做到重大决策严重失误原因不查清不放过，责任人不处理不放过，整改措施不落实不放过。

强化对行政权力的制约和监督。近年来，我们已初步形成一套具有中国特色的行政权力运行制约和监督体系，包括党内监督、人大监督、民主监督、行政监督、司法监督、审计监督、社会监督、舆论监督等。

推进政务公开。公开与透明，是对权力最好的监督。要坚持以公开为常态、不公开为例外原则，推进决策公开、执行公开、管理公开、服务公开、结果公开。各级政府及其工作部门要依据权力清单，向社会全面公开政府职能、法律依据、实施主体、职责权限、管理流程、监督方式等事项。

（三）公正司法

公正司法是指在司法活动的过程和结果中坚持和体现公平与正义的原则。在这里，司法主要指法院的审判活动；公正的含义则包括公平、平等、正当、正义等。司法公正既要求法院的审判过程遵循平等和正当的原则，也要求法院的审判结果体现公平和正义的精神。

党的“十九大”报告明确指出“深化司法体制综合配套改革，全面落实司法责任制，努力让人民群众在每一个司法案件中感受到公平正义。”

建设公正高效权威的社会主义司法制度，是推进国家治理体系和治理能力现代化的重要举措，是促进社会公平正义的必然选择。

党的十八大以来，以习近平同志为核心的党中央紧紧抓住公正司法问题的症结，以司法责任制改革为切入点，从而解决了司法体制机制中长期以来存在的“审者不判、判者不审，权限不清、责任不明”等突出问题，通过新机制实现了“让审理者裁判、由裁判者负责”。以审判为中心的诉讼制度改革，回应了现实中办案人员对法庭审判重视不够、案件证据不过硬、庭审作用不能充分发挥等问题，推动了刑事司法文明稳步提高，司法公正得到更好保障。

立案登记制的实施，使整个司法渠道畅通，更好地保障了群众的诉讼权益。执行体制改革，破解了执行难问题，保障了当事人合法权益，彰显了司法公正和权威。检察机关提起公益诉讼制度的建立、法律援助制度的完善、司法救助力度的加大，从源头上推动解决了群众反映强烈、对生产生活影响严重的老大难问题，法治建设的获得感越来越强。

公正司法大大提高了司法效率和司法公信力。以司法公开倒逼司法公正，人民法院建设审判流程公开、庭审活动公开、裁判文书公开、执行信息公开四大平台；全国检察机关建成案件信息公开系统，正式运行案件程序性信息查询、法律文书公开、重要案件信息发布、辩护与代理预约申请等四大平台，全面落实行贿犯罪档案公开查询，推行刑事诉讼案件公开听证；公安系统打造“阳光警务”。

（四）全民守法

法治的真谛，在于全体人民的真诚信仰和忠实践行。民众的法治信仰和法治观念，是依法治国的内在动力，更是法治中国的精神支撑。

知识链接

社会主义核心价值观

2013年12月23日中央办公厅印发《关于培育和践行社会主义核心价值观的意见》，将24字核心价值观分成3个层面：富强、民主、文明、和谐，是国家层面的价值目标；自由、平等、公正、法治，是社会层面的价值取向；爱国、敬业、诚信、友善，是公民个人层面的价值准则。

2014年10月23日在党的十八届四中全会上习近平总书记指出，人民权益要靠法律保障，法律权威要靠人民维护。要充分调动人民群众投身依法治国实践的积极性和主动性，使全体人民都成为社会主义法治的忠实崇尚者、自觉遵守者、坚定捍卫者，使尊法、信法、守法、用法、护法成为全体人民的共同追求。

人的自由是一个不断发展的进程，人类越文明，经济越发展，社会越进步，个人的自由就越容易实现。所以说，没有绝对的自由，自由总是历史的、相对的。现实中，每个人的自由必须受到法律、道德、纪律的约束和规范。

全面推进依法治国，实现全民守法的目标，是一项长期而艰巨的战略任务。首先，领导干部要从自身做起，带头尊法守法。全面依法治国必须抓住领导干部这个“关键少数”。要时时处处以宪法法律为准绳，坚守法律红线不可逾越、法律底线不可触碰，不去行使依法不该由自己行使的权力，更不能以言代法、以权压法、徇私枉法。要带头遵纪守法，谋划工作运用法治思维，处理问题运用法治方式，说话做事先考虑是否合法，自觉依照宪法法律行使权力、履行职责义务。只有领导干部以身作则、以上率下地遵守法律，才能带动全社会尊法守法。

其次，每个公民要从自我做起，切实履行法定义务，有问题依靠法律来解决。对很多人来说，做到这一点要紧的是克服“盲目从众”和“法不责众”的思想，杜绝“吃拿卡要”“雁过拔毛”等违规违纪行为。因此，要通过公正司法来维护公民的合法权益，增强全体人民对法律的信任感；通过大家共同维护法律尊严，增强法治意识，推动法治中国建设。

再次，要坚持不懈地进行全民普法的宣传教育，营造人人自觉尊法、信法、守法、用法、护法的氛围。要认真贯彻落实“谁执法谁普法”的普法责任制，健全普法宣传教育机制，充分发挥宣传、文化、教育部门和人民团体的职能作用，加强新媒体新技术在普法中的运用，进一步提高普法实效。

虽有良法，要是人民不能全都遵守，仍不能实现法治。“一切法律中最重要的法律，既不是刻在大理石上，也不是刻在铜表上，而是铭刻在公民的内心里”。人民是法治建设的主体，是法治国家的主人，也是全民守法的参与者。只有全体公民学法守法、依法办事、树立法治信仰，全民守法才会内化于心、外化于行。党的十八大以来，法治精神融进民族精神血脉，法治文化注入国家文化内核，法治社会建设不断推进，法治力量深入人心，全民守法正在成为现实。

四、药品安全“四个最严”

食品药品安全关系每一个人的身体健康和生命安全，是最大的民生、最基本的公共安全，是经济问题，也是政治问题。党的十八大以来的历次全会，都对食品药品安全工作作出部署、提出要求。十八届三中全会进一步把食品安全纳入国家公共安全体系，提出要完善统一权威的食品药品安全监管机构，建立最严格的、覆盖全过程的监管制度。总书记进一步强调了食品药品监管作为公共安全体系的战略定位，明确指出食品安全是党政同责的政治任务。这些重大决策部署和重要指示批示精神，彰显了党中央、国务院保障人民群众饮食用药安全的坚定决心。2015年，习近平总书记在中央政治局第23次集体学习时发表重要讲话，指出要切实加强食品药品安全监管，用最严谨的标准、最严格的监管、最严厉的处罚、最严肃的问责，加快建立科学完善的食品药品安全治理体系，坚持产管并重，严把从农田到餐桌、从实验室到医院的每一道防线。

2019年6月29日，十三届全国人大常委会第十一次会议审议通过了《疫苗管理法》，是全世界唯一的综合性疫苗立法，在中国药品监管史上具有里程碑意义。

2019年8月26日，十三届全国人大常委会第十二次会议表决通过了新修订的《药品管理法》。新修订的药品管理法体现监管使命、管理原则、监管目标、监管机制、监管方式的深刻变革，也体现了最严谨的标准、最严格的监管、最严厉的处罚、最严肃的问责“四个最严”精神，健全了覆盖药品研制、生产、经营、使用全过程的法律制度。

（一）理解最严谨的标准

最严谨的标准体现在《药品管理法》中构建的药品标准体系和执行要求等条款当中。严谨在《辞海》中的解释为严肃谨慎、严密周延。用“最严谨”作为标准的定语意在强调标准的制定是基于科学试验数据和研究结果制定的用于检测评判药品质量的最适宜、最适用的标准。

1. 明确核准标准的法律地位 执行标准要求遵循相对高标准原则。第二十五条规定，国务院药品监督管理部门在审批药品时，对药品的质量标准、生产工艺、标签和说明书一并核准。第二十八条规定，药品应当符合国家药品标准。经国务院药品监督管理部门核准的药品质量标准高于国家药品标准的，按照经核准的药品质量标准执行；没有国家药品标准的，应当符合经核准的药品质量标准。

2. 明确强制执行标准和放行要求 第七条规定，从事药品研制、生产、经营、使用活动，应当遵守法律、法规、规章、标准和规范，保证全过程信息真实、准确、完整和可追溯。第三十三条规定，药品上市许可持有人应当建立药品上市放行规程，对药品生产企业出厂放行的药品进行审核，经质量受权人签字后方可放行。不符合国家药品标准的，不得放行。药品应当按照国家药品标准和经药品监督管理部门核准的生产工艺进行生产。生产、检验记录应当完整准确，不得编造。第四十七条规定，药品生产企业应当对药品进行质量检验。不符合国家药品标准的，不得出厂。药品生产企业应当建立药品出厂放行规程，明确出厂放行的标准、条件。符合标准、条件的，经质量受权人签字后方可放行。第三十三条还规定，中药饮片应当按照国家药品标准炮制；国家药品标准没有规定的，应当按照省、自治区、直辖市人民政府药品监督管理部门制定的炮制规范炮制。不符合国家药品标准或者不按照省、自治区、直辖市人民政府药品监督管理部门制定的炮制规范炮制的，不得出厂、销售。

3. 明确假劣药判定的依据 第九十八条规定，假药情形中包括药品所含成分与国家药品标准规定的成分不符的；变质的药品等；劣药情形中包括药品成分的含量不符合国家药品标准；被污染的药品；擅自添加防腐剂、辅料的药品；其他不符合药品标准的药品。

（二）理解最严格的监管

《药品管理法》引入一系列创新管理制度，体现最严格的监管。总则部分引入三大基本制度，即上市许可持有人制度、药品追溯制度和药物警戒制度。其他体现最严格的监管的管理制度还包括职业化专业化药品检查员制度、信用档案和联合惩戒制度等。

1. 药品上市许可持有人制度 药品上市许可持有人（以下简称持有人）制度是《药品管理法》的一项核心制度，基本制度。与药品上市许可持有人制度试点方案相比持有人的主体类型范围进一步放宽。第三十条规定药品上市许可持有人是指取得药品注册证书的企业或者药品研制机构等。

明确持有人的义务和责任。第六条规定，国家对药品管理实行药品上市许可持有人制度。药品上市许可持有人依法对药品研制、生产、经营、使用全过程中药品的安全性、有效性和质量可控性负责。

药品上市许可持有人负责上市放行，生产企业负责出厂放行，均应当由质量受权人签字后方可放行。

2. 药品追溯制度 《药品管理法》拟建立的追溯制度实际上是用信息链构建药品责任链，进行产品追踪和溯源。药品追溯制度的建立意味着追溯责任方建立追溯信息系统，并进行不同追溯方之间的信息传递和互通，从根本上提高监管信息化水平。国务院药品监督管理部门的职责是建立药品追溯标准和规范，而持有人、生产经营企业和医疗机构是追溯责任方。第十二条规定，国家建立健全药品追溯制度。国务院药品监督管理部门应当制定统一的药品追溯标准和规范，推进药品追溯信息互通互享，实现药品可追溯。第三十六条规定，药品上市许可持有人、药品生产企业、药品经营企业和医疗机构应当建立并实施药品追溯制度，按照规定提供追溯信息，保证药品可追溯。

中药饮片生产企业也要建立追溯体系。第三十九条规定，中药饮片生产企业履行药品上市许可持有人的相关义务，对中药饮片生产、销售实行全过程管理，建立中药饮片追溯体系，保证中药饮片安全、有效、可追溯。

《药品管理法》中规定的购销记录制度、检验记录制度、包装和标识制度、进货检查验收制度、原辅料供应商审核制度、网络销售第三方平台进入企业审核制度等，为建立实现供应链上下游信息传递和追溯制度提供了法律保障。

3. 药物警戒制度 是本次修法的一大亮点，也是一项与国际接轨的制度。药物警戒制度替代了原法中规定的药品不良反应监测和报告制度。第十二条规定，国家建立药物警戒制度，对药品不良反应及其他与用药有关的有害反应进行监测、识别、评估和控制。

药物警戒制度是一项贯穿全生命周期的制度。药物警戒范围包括临床试验阶段和上市后阶段，甚至可以包括非临床研究阶段。

药物警戒的对象不仅仅是药品不良反应。还包括其他与用药有关的有害反应，例如用药差错、质量问题等。在我国进入创新药国际同步研发、同步上市的新历史阶段后，药物警戒制度必须配套跟进，以便有效控制风险。

药物警戒的过程是监测、识别、评估和控制。监测药品不良反应及其他与用药有关的有害反应，识别高于基线水平的信号，评估药品风险获益的影响，控制不合理的风险。第八十条规定，药品上市许可持有人应当开展药品上市后不良反应监测，主动收集、跟踪分析疑似药品不良反应信息，对已识别风险的药品及时采取风险控制措施。

药物警戒主体多元化。药物警戒过程是多信息来源、多主体参与的过程。第八十一条规定，药品上市许可持有人、药品生产企业、药品经营企业和医疗机构应当经常考察本单位所生产、经营、使用的药品质量、疗效和不良反应。发现疑似不良反应的，应当及时向药品监督管理部门和卫生健康主管部门报告。

4. 职业化专业化检查员制度 是取消GMP、GSP认证后，以动态检查代替节点性认证的保障性制度，也是未来监管方式变革的支撑性制度。《药品管理法》规定，国家建立职业化、专业化药品检查员队伍。药品检查员制度强调职业化、专业化，实际上是强调检查员应该具备专业知识和经验积累。检查员不只是数量上要配备，更要强调检查员的能力要求，检查员的能力要求是依靠专业化来保障的，“专业化”是指具备药品专业知识。

药品监督管理部门应当依照法律、法规的规定对药品研制、生产、经营和药品使用单位使用药品等活动进行监督检查，必要时可以对提供产品或者服务的单位和个人进行延伸检查。药品监督管理部门应当对高风险的药品实施重点监督检查。未来的药品检查制度并非简单的替代认证制度，而是依法、依规范开展更为广泛、动态的检查。例如，对持有人等单位的药品追溯制度建立和实施情况，持有人等主体的药品不良反应监测报告义务履行情况都可以纳入检查范围。

5. 信用档案联合惩戒制度 《药品管理法》中首次引入信用管理联合惩戒制度。第一百零五条规定，药品监督管理部门建立药品上市许可持有人、药品生产企业、药品经营企业、药物非临床安全性评价研究机构、药物临床试验机构和医疗机构药品安全信用档案，记录许可颁发、日常监督检查结果、违法行为查处等情况，依法向社会公布并及时更新；对有不良信用记录的，增加监督检查频次，并可以按照国家规定实施联合惩戒。

药品行业是高风险行业，并非所有的违法违规行为都应该纳入信用档案，为防止联合惩戒滥用，应配套文件明确规定何种违法违规行为进行联合惩戒。

最严格的监管还体现在上市后监管制度和风险报告制度等系列制度当中，篇幅限制不再一一赘述。

6. 疫苗实行更严格的监管制度 在研制管理方面，《疫苗管理法》强调研制过程中的生物安全控制和菌毒株、细胞株管理要求，对疫苗临床试验也作出了特别的管理规定，要求审慎地选择受试者，疫苗临床试验应当由三级以上医疗机构或者是省级以上的疾控机构实施或者组织实施。

《疫苗管理法》提出了严格的生产准入管理。疫苗上市许可持有人只能是取得药品注册证书的药品生产企业。疫苗生产企业的法定代表人、主要负责人应该具有良好的信用记录，其他关键岗位的人员也应该具备相应的专业背景、从业经验。

《疫苗管理法》要求疫苗生产过程符合核准的工艺和质量控制标准。按照规定对疫苗生产的全过程和疫苗质量进行审核和检验。产品上市后，要持续优化生产工艺和质量控制标准。对于可能影响疫苗安全性、有效性的变更，应该进行充分的验证。对疫苗还要实施批签发管理，每批产品上市前都应该经过批签发机构的审核和检验。

疫苗由上市许可持有人按照采购合同约定，直接向疾控机构供应疫苗，疾控机构按照规定向接种单位供应，配送疫苗也应该遵循疫苗储存、运输的管理规范，全过程要符合规定的温度、冷链储存等相关要求，而且能够实时监测、记录温度，以保证疫苗的质量。

（三）理解最严厉的处罚

刑事处罚单独设定。违反《药品管理法》规定，构成犯罪的，依法追究刑事责任。违法《疫苗管理法》规定，构成犯罪的，依法从重追究刑事责任。

1. 引入管理者担责处罚到人 《药品管理法》《疫苗管理法》将企业主体责任与管理者担责相结合。药品上市许可持有人的法定代表人、主要负责人对药品质量全面负责，药品生产企业、经营的法定代表人、主要负责人对药品生产、经营活动全面负责。对违法情节严重的情形，规定关键责任人责任。例如，违法生产、销售假药，或者生产、销售劣药，伪造、变造、出租、出借、非法买卖许可证或者药品批准证明文件的，未经批准生产、进口药品，应当检验而未经检验的药品，编造生产、检验记录，未经批准在药品生产过程中进行重大变更等情形，情节严重的，对法定代表人、主要负责人等关键责任人员，没收违法行为发生期间自本单位所获收入，并处罚款、终身禁业、行政拘留等处罚。对药品使用单位也有类似的规定。药品使用单位使用假药、劣药的，情节严重的，法定代表人、主要负责人、直接负责的主管人员和其他责任人员有医疗卫生人员执业证书的，还应当吊销执业证书。

2. 设定首负责任制 持有人制度实施后，药品的法律关系比原来复杂，持有人成为新型责任主体。明确药品上市许可持有人与其他合作方的法律责任，建立首付责任制。因质量问题受到损害的，受害人可以向药品上市许可持有人、药品生产企业请求赔偿，也可以向药品经营企业、医疗机构请求赔偿。实行首负责任制，先行赔付，后续追偿。这些条款与其他条款共同确立了上市许可持有人的主体责任法律地位，构建了完整的全生命周期管理责任和产品责任链条。

《疫苗管理法》规定因疫苗质量问题造成受种者损害的，疫苗上市许可持有人应当依法承担赔偿责任。疾病预防控制机构、接种单位因违反预防接种工作规范、免疫程序、疫苗使用指导原则、接种方案，造成受种者损害的，应当依法承担赔偿责任。国家实行疫苗责任强制保险制度。疫苗上市许可持有人应当按照规定投保疫苗责任强制保险。因疫苗质量问题造成受种者损害的，保险公司在承保的责任限额内予以赔付。

3. 新设相关违法处罚措施 例如，持有人应报告而没有报告不良反应的，未制定药品上市后风险管理计划的，责令限期改正，给予警告；逾期不改正的，处以罚款。未按照规定建立并实施药品追溯制度的，责令限期改正，给予警告；逾期不改正的，处十万元以上五十万元以下的罚款。

《药品管理法》大幅提高处罚幅度。对于生产销售假药的罚款额度由按货值金额二到五倍提高到十五到三十倍，同时规定最低罚款额，货值金额不足十万按十万元计。生产销售劣药的罚款额度由按货值金额一到三倍提高到十到二十倍，同时规定最低罚款额，生产和批发劣药的，货值金额不足十万按十万计；零售劣药不足一万按一万计。

《疫苗管理法》对生产销售假劣疫苗、申请疫苗注册提供虚假数据，以及违反相关质量管理规范等违法行为，设置了远比一般药品更高的处罚。生产、销售的疫苗属于假药的，处疫苗货值金额十五倍以上五十倍以下的罚款；生产、销售的疫苗属于劣药的，处疫苗货值金额十倍以上三十倍以下的罚款。货值金额不足五十万元的，都按五十万元计算。

生产、销售的疫苗属于假药，或者生产、销售的疫苗属于劣药且情节严重的，法定代表人、主要负责人等，处所获收入一倍以上十倍以下的罚款，终身禁止从事药品生产经营活动，由公安机关处五日以上十五日以下拘留。

（四）理解最严肃的问责

药品安全监管责任体系中“地方政府负总责”的原则性立场首次写入《药品管理法》，地方人民政府在监管中的地位是“领导、组织、协调”，把药品安全工作上升到“本级国民经济和社会发展规划”层面，给与财政经费预算保障，用于加强药品监督管理能力建设。建立约谈制压实监管责任。药品监督管理部门未及时发现药品安全系统性风险，未及时消除监督管理区域内药品安全隐患的，本级人民政府或者上级人民政府药品监督管理部门应当对其主要负责人进行约谈。地方人民政府未履行药品安全职责，未及时消除区域性重大药品安全隐患的，上级人民政府或者上级人民政府药品监督管理部门应当对其主要负责人进行约谈。被约谈的部门和地方人民政府应当立即采取措施，对药品监督管理工作进行整改。约谈情况和整改情况应当纳入有关部门和地方人民政府药品监督管理工作评议、考核记录。

尽职免责、失职问责。县级以上地方人民政府有下列行为之一的，对直接负责的主管人员和其他直接责任人员给予记过或者记大过处分；情节严重的，给予降级、撤职或者开除处分：①瞒报、谎报、缓报、漏报药品安全事件；②未及时消除区域性重大药品安全隐患，造成本行政区域内发生特别重大药品安全事件，或者连续发生重大药品安全事件；③履行职责不力，造成严重不良影响或者重大损失。违反本法规定，药品监督管理等部门有下列行为之一的，对直接负责的主管人员和其他直接责任人员给予记过或者记大过处分；情节较重的，给予降级或者撤职处分；情节严重的，给予开除处分：①瞒报、谎报、缓报、漏报药品安全事件；②对发现的药品安全违法行为未及时查处；③未及时发现药品安全系统性风险，或者未及时消除监督管理区域内药品安全隐患，造成严重影响；④其他不履行药品监督管理职责，造成严重不良影响或者重大损失。第一百五十条规定药品监督管理人员滥用职权、徇私舞弊、玩忽职守的，依法给予处分。

如何实现“四个最严”？随着，《药品管理法》《疫苗管理法》中鼓励创新的优先审评制度、附条件批准制度、拓展性临床试验制度、年度报告制度追溯制度、检查制度的实施，无论是企业还是监管部门都面临海量信息获取、储存、传递和处理的问题，这些信息传递的方式、传递的格式、传递的媒介、处理的方式必须现代化，否则信息不能有效利用，在监管资源相对不足的情况下，会徒增监管成本和工作量。

未来，药品监管系统需要全面升级，统筹建设，避免信息孤岛，信息不通和不能共享，实现跨部门、跨属地、跨监管部门层级的信息互通、共享和互认。

（杨　悦）

第二章　法治思维

学习导航

1. 掌握法治思维的特征。
2. 熟悉法治思维的内涵。
3. 了解法治思维的核心。

党的十八大报告中首次提出“提高领导干部运用法治思维和法治方式深化改革、推动发展、化解矛盾、维护稳定能力”。四中全会进一步要求“把善于运用法治思维和法治方式推动工作的人选拔到领导岗位上来”。习近平总书记明确指出，“领导干部要牢记法律红线不可逾越、法律底线不可触碰，带头遵守法律、执行法律，带头营造办事依法、遇事找法、解决问题用法、化解矛盾靠法的法治环境。谋划工作要运用法治思维，处理问题要运用法治方式，说话做事要先考虑一下是不是合法。领导干部要把对法治的尊崇、对法律的敬畏转化成思维方式和行为方式，做到在法治之下、而不是法治之外、更不是法治之上想问题、作决策、办事情。”可以说，“法治思维和法治方式”已经成为当前各级领导干部在依法行政过程中一项核心的工作要求。

第一节　法制思维内涵

问题

法治思维是一种特殊的思维方式，怎样理解法治思维？在日常工作中如何运用法治思维做好本职工作？

一、法治思维方式

法治思维，首先是一种思维方式，是一种理性的思想活动。它可以用来进行情况把握、价值判断和统筹安排，既进行认知，又指导实践。法治思维是一种特殊的思维形式，主要是指运用法律规则、法律原则和法治理念分析问题、综合决策的逻辑思维活动，是公务人员在行使权力过程中需要恪守的理性要求和逻辑准则。

法治思维和法治方式本质上是一致和统一的，二者是内在和外在的关系。法治思维是法治方式的内在思想活动过程，在分析、判断、统筹和决策后，进一步外化为具体行为，成为法治方式。因此，法治思维指导法治方式，相对而言，法治思维更为根本。

二、法治思维核心

法治思维的核心是理解法治的概念和价值。法治是法律的统治，法律规则在治国理政过程中具有最高权威。而法律，是由国家制定或者认可，以权利、义务和责任为主要内容，采取允许、命令或者禁止的方式，以公开、明确、稳定的规则指引人们行为，用国家强制力保障实施的正式准则。法治的目的在于遏制公权力的专断，用明确、稳定的规则加以束缚，进而提供一种确定性和可预期性，保障公民自主。这些基础性理念为法治思维活动提供了标准和要求。

法治思维是一种整体性思维，一种社会思维，一种国家治理的理念、视角和思路。从社会治理的角度看，法治思维的概念主要是在治国方略的层面上使用的，其不仅是社会治理中的价值追求，更是一种治国方法、手段的选择。在社会治理的各种手段中，更侧重于法律规则和法律手段的运用，强调依法办事。法治的实现不仅仅是建立一套完备的法律体系，更重要的是使法治成为一种普遍的行为模式。具体而言，把法治思维作为创新社会治理的思维模式，就是要注重法律方法和手段的运用，全面落实依法治国方略，完善各种具体法律制度，确立公民和各级政府机关的规则意识和契约意识，引导公民对待各种涉及自身利益的纠纷寻求理性的解决手段，构建社会治理的法治化模式。

法治思维在不同问题和领域的运用包含了不同的层次。概括而言，法治思维可以分为四个层次。一是认知判断层次，即运用法治的概念原理对社会生活中的种种问题进行认识并得出初步判断的层次。这一般是普通公众可以理解的层次。二是逻辑推理层次，即运用法治原则、规范对问题进行分析判断、综合推理，并得出结论乃至解决办法的层次。法律职业者的思维多为这一层次。三是综合决策层次，即在前述法律性的认知判断、分析推理的基础上，还需要结合其他因素，进行综合性衡量，并作出符合法治要求的决策。对于领导干部而言，法治思维更多地体现在这一层次上。四是建构制度层次，即在前面三个层次的思维基础上进一步深化、抽象，从而能够通过建构或改革法律制度对更宏观的问题提出长远的解决方案。这是最高层次的法治思维，也是高层级的领导干部所应当具备的。因此，考察法治思维能力的高低，应当按照对象和主体的不同设定不同的标准。

法治思维主要指的是“人类符合法治的精神、原则、理念、逻辑和要求的思维习惯和程式，它是对于法治比较理性的认知过程，它是一个动态的过程”。它主要指的是人们在法治建设的过程中，通过综合运用法律概念、法律判断、法律推理等对法治现象予以客观理性的认识过程。

法治思维的主体，主要是公权力的行使者，同时也包括全体社会成员。不掌握公权力的普通个人也可能有符合法治精神、原则、理念和要求的判断、想法和主张，这些思维活动不能直接被应用于解决问题，只是我们通常所说的“法律意识”，也可能通过沟通、交流和建议等方式传达、输送和注入给公权力的行使者，进而演变成法治思维，形成符合法治理念的决策、行为和方式去解决具体的社会问题。

第二节 法治思维特征

问题

法治思维是合法性思维，是规则思维，是权利、义务、责任思维，请思考在药品监管过程中如何运用法治思维和法治方式？

一、合法性思维

合法性思维是法治思维最本质的特征。法治思维在决策、执行过程中首先要依据合法性标准进行考量。

法治思维运行的评判标准即权力行使的合法性。合法性是法治思维活动得以开展的前提条件，是一种思维活动是否属于法治思维的判断标准。因为，法治思维实际上是将法治精神、原则、理念和要求运用于具体社会问题，进行分析和判断、形成决策和行为的过程。

因此，法治思维必然要求这种思维活动的主体至少拥有普遍共识意义上的法治精神、法治原则、法治理念和法治要求。换言之，只有具备了这些法律知识基础，才能够确保思维活动的主体所实施的行为始终满足合法性的要求。

合法性以形式上是否符合法律的规定为标准。具体而言，它要求公权力的享有者和行使者在执政施政时，首先考虑相对人的行为是否触犯法律，没有犯法不做处理，触犯法律要严肃处理；进一步讲，在采取行为时要看自己的行为是否于法有据，该权力的行使是否有合法性来源，要采取的行为内容和程序是否合法；此外，在处理问题、作出决策、进行裁判时还要符合法律的规定，于法有据，依法而行。

在司法实践中，强调“以事实为根据、以法律为准绳”，这里的事实并不是指客观存在的现实，因为案件本身一旦发生就已成为过去，不可能再次重现。法律工作者与其说是追求绝对的真实，不如说是根据由符合程序要件的当事人的主张和举证而“重构的事实”作出决断。在这个重构的事实中，既有经过各方当事人质询、辩论而由裁判者依法确认的证据，也有法律人自身的学识素养、人生阅历、专业经验和再造性想象。法治思维正是力图通过缜密的逻辑思维、辩证思维甚至形象思维，运用证据学和法律解释学的原理及技术，把规范与事实、特殊与普遍、过去与未来有机地统一起来，使之成为具有法律效力的共识或者决定。

在科学思维中，下列思维方式是必须坚持的：第一，未查明真相时，认识活动不能停止，不能下结论；第二，无条件尊重客观事实，只要查明真相，结论就必须与真相一致；第三，不能以虚拟的事实为依据下结论。但是，就通过法治思维推导出一个法律上的决定而言，法治思维与科学思维是截然不同的，法治思维强调以下三点。

一是未查明的客观事实作出一个明确的法律结论。现代司法的目的不仅仅在于查明真相，更在于公平公正地解决纠纷。如果我们根据未查明的客观事实作出一个明确的法律结论，虽然有时会造成不公正，但是这一方面可以提高司法效率，节省大量的司法资本；另一方面也可以使当事人及其财产在较短时间内恢复稳定的法律状态，也可以使人们对未来的事件有明确的预期，这对于维护社会秩序以及促进经济发展具有至关重要的意义。

二是已查明的事实也可以被法律证据规则所排斥。在司法实践中，证据的合法性实际上是先于证据的客观性与关联性的。只有合法的证据，才有可能进入证据系统，成为证据。裁判者应当有条件地尊重客观事实，不是像科学家那样就事实认定实事，而是在法律上认定事实，并作出终局结论。在解决社会纠纷中，查明真相固然重要，但是如果允许以非法手段查明真相就会得不偿失。

三是在某些情况下虚拟事实也作为裁判根据。以虚拟事实作裁判根据是现代司法的一大进步。古代司法高度依赖于客观事实，客观事实搞不清楚，裁判机构就没有能力公平有效解决纠纷。“疑罪从无”就是现代司法中虚拟事实的技术。“疑罪从有”往往会导致法制上的专横，使无辜的人受到追究，人权得不到保障，使人民对法律本身产生怀疑，进而造成对法律的不信任，使国家的法律令人望而生畏，两害相权取其轻，两利相权取其重。在证据不充分的情况下，“错放”只是把一个有罪者错误地放到社会上，只犯了一次错误，而“错判”则在错误地处罚了一个无罪者的同时，还放纵了真正的罪犯，就犯了两次错。“疑罪从无”理念已经在当今司法中得到充分体现，轰动世界的辛普森杀妻案就是体现“疑罪从无”理念的经典案例。

二、规则思维

法律由规则构成，法治是规则之治。因此，法治思维是典型的规则思维，要求围绕实存规则进行思维活动，而不是以其他诸如人的意愿、社会风俗、血缘关系等为标准。规则思维以明确的规则作为思维活动的标尺和思维运转的中轴，以公开、明确、普遍、稳定、不溯及既往的规则作为分析判断、筹划决策的依据，凡事讲规则、找出处。

形式合理性优于实质合理性。形式合理性，是指严格按照法律的规定和程序采取行动，不去探讨法律本身是否完全符合正义，也不考虑根据法律的规定和程序得出的结论是否具有正义性，它是一种普遍的合理性。实质合理性，是指每个案件的处理结果都合乎正义的要求，它表现为个案处理结果的合理性。法治理论强调，对于社会正义而言，普遍的规则正义或者制度正义是最主要、最根本的，离开了规则、制度正义，就不可能实现最大化社会正义。因此，现代法治理论普遍要求形式合理性优于实质合理性。也就是说，形式合理性是实现真正合理性的途径，如果在处理个案时必须牺牲一个的话，一般情况下要考虑首先牺牲实质合理性，因为法律是国家制定的行为规范，它是人们在社会上获取利益的游戏规则，人们为了维护秩序，就要维护这个游戏规则的尊严，这就要求人们从形式上严格遵守这个规则。如果这个规则有问题，可在法理上讨论修改，但在没修改之前需要予以遵守。

理由优于结论原则。法治思维是论证的思维、说理的思维。法治思维遵循着“理由优于结论”的规则。法治思维的任务不仅是获得处理法律问题的结论，而且更重要的是提供一个能支持结论的理由。理由优于结论的法治思维，旨在确定法治思维中法律规则与人的情感之间的关系，虽然法治思维并不绝对排斥情感因素，但它与道德思维、宗教思维的情感倾向有着严格的界限，法治思维首先服从规则而不是感情。法官可以有自己的政治倾向及道德原则，但在程序中必须以法律为最高准则。法治思维注重缜密的逻辑，谨慎地对待情感因素，这与中国古代强调人情大相径庭。理由优于结论的法治思维，是一种站在人性恶的立场上思考和预测人的行为的思维方式。

法不溯及既往原则。法律时效具有强制性，任何时效都由法律、法规强制规定，任何单位或者个人对时效的延长、缩短、放弃等约定都是无效的。“法不溯及既往”原则，即国家不能用当前制定的法律去指导人们过去的行为，更不能由于人们过去从事了某种当时是合法但是现在看来是违法的行为而依照当前的法律处罚他们。不少学者认为，“法不溯及既往”应该是法治的基本原则之一。其次，作为“法不溯及既往”原则的补充，许多国家同时还认为法律规范的效力可以有条件地适用于既往行为，即所谓的“有利追溯”原则。在我国民法当中，有利追溯的原则体现为，如果先前的某种行为或者关系在发生时并不符合当时法律的规定，但依照现行法律是合法的，并且与相关各方都有利，就应当依照新法律承认其合法性并且予以保护。在我国刑法中，“有利追溯”表现为“从旧兼从轻”原则，即新法律在原则上不溯及既往，但是新法不认为是犯罪的或处罚较轻的，适用新法。

三、权利、义务、责任思维

法律问题，说到底都是权利义务问题。法治思维的实质就是从权利义务这个特定的角度来观察、分析、解决问题，权利义务的逻辑线索是进行法治思维的最基本线索。社会治理中的一切问题都应当归结为法律问题，一切法律问题最终都应当归结到权利义务问题。

法律规则以权利义务责任为主要内容，对某些行为进行允许、命令或者禁止。这是法律所特有的内容模式，依照法律判断对错就是将行为纳入这一思维框架进行分析，在判断、筹划和处理问题时，考虑自己和相对人之间，都各自拥有什么样的权利，权利要受到保障和支持；各负担什么样的义务，义务要履行和实现；最终要承担什么样的责任，责任要落实。法律中权利、义务、责任不可偏颇：义务也很重要，没有义务的履行，权利无法实现；而没有责任的认定和追究，义务就是空谈，惩罚也没有依据。

法治的这个基本要素，要求执法者在实践中遇到问题首先想到的应当是各方的权利义务，尊重每一方的权利，恪守每一方的义务。权利义务是宪法、法律已经规定得十分清楚明了。法律赋予公民的权利不能随意剥夺，只有两种情况例外：一是公民违法。公民违法自然要承担法律责任，要在法律的框架内剥夺其相应的权利；第二是政府宣布进入紧急状态。政府一旦宣布进入紧急状态，公民的权利就要部分受到限制甚至剥夺。除此之外的任何随意剥夺公民权利的行为都是侵权的、是违法的。

法律权利与法律义务辩证统一。法律权利和法律义务是相互依存的关系，法律权利的实现必须以相应法律义务的履行为条件。其次，法律权利与法律义务是目的与手段的关系。离开了法律权利，法律义务就失去了履行的价值和动力。同样，离开了法律义务，法律权利也形同虚设。最后，法律权利和法律义务还具有二重性的关系，即一个行为可以同时是权利行为和义务行为。

四、程序思维

法律有特定的要求，有着比道德、宗教更加严格的机制性设置，特别体现在法律严苛的程序上。法律不仅仅要求实体正义，还要求程序正义，实体正义往往是由程序正义保障的；如果程序非正义，得到的结果往往也是非正义的。因此，法治思维也是程序思维，要求公权力在行使过程中根据法定程序的要求进行，每个步骤都必须避免程序瑕疵。

知识链接

米兰达警告

熟悉美国警匪片的朋友们，对警察向犯罪嫌疑人说出的第一句话都耳熟能详："你有权保持沉默。如果你不保持沉默，那么你所说的一切都能够用来在法庭作为控告你的证据。你有权在受审时请律师在一旁咨询。如果你付不起律师费的话，法庭会为你免费提供律师。你是否完全了解你的上述权利？"这句话就是著名的"米兰达警告"，也称"米兰达告诫"，即犯罪嫌疑人、被告人在被讯问时，有保持沉默和拒绝回答的权利。

程序正当的基本含义：一是任何人不能做自己的法官；二是同等情况同等对待、同等关注；三是权力在阳光下运行，在监督中行使。四是执法司法者不能从当事人那里牟利，否则会出现偏私。

法律对利益和行为的调整是在程序当中实现的，程序是法律制度的生命形式，法律要求在程序正义的框架下追寻事物本质。因此现代法治从根本上要求人们通过合法程序来处理具体法律案件，只有按照程序作出的决策，才能更加具有说服力，才能够更好地体现决策的科学化、民主化和法治化。违法程序的行为和主张即使符合实体法规范，也将被否定，不能引起预期的法律后果。

程序性思维要求各级国家公职人员必须在法定程序及权限内实施治国理政行为。

首先，机会公平。主要是指起点公平、过程公平。这符合人们的普遍理性。法治思维不仅要考虑实体上的是非对错，更要确定一套开放、公平、透明的程序规则。既定程序对每个人都是相同的，按程序办事，最终结果即使不尽如人意，但因公平、透明，各种不满都会释然。程序优先的价值就是从制度上最大限度地维护人们在起点、过程上的公平。

另外，程序要正当。程序正当性来源于程序的中立、理性、排他、公开等，程序中立性要求不偏袒、不包庇，要求完全依据法律规定，体现公平公正。马克思说，当规则利己和偏私的时候，公正就没有任何意义了，执法司法权作为国家权力，如果不能中立公正行使，就会导致寻租越轨，丧失公信力。程序理性要求结合实际，立足于整体和局部、系统和部分的全面决断，避免片面随意性。立法、司法、执法行为都要依据相应的法定程序，不按法定程序办事是不尊重法律的表现，容易导致不合法、缺乏公平正义，损害人民权利的错误裁决。

行政机关作出行政处分、行政奖惩等也必须遵守一定的公开、公正、民主程序，以保障人民权利，提高行政效率和政府威望。借助程序这个“形式性操作杠杆”，就把利益的博弈和价值衡量转化为在法治规程上表达的诉求，人情、关系、偏见、恣意才会被消除，相应纠纷和问题最后都会在法治轨道上得以解决。

五、公正思维

公正思维包括形式上的公平和实质上的正义：一是自然正义，即程序的公平性，比如任何人不能成为自己的法官，类似情况类似处理、裁判应当公开等；二是消极的正义要求，比如法无明文规定不为罪，未经法律程序不得剥夺任何人的财产和自由等；三是一种实质的正义观，关乎实质平等，主要考虑弱势群体和社会不利者，给予一定实质性偏向，尽可能保证起点公平。

公平正义是指社会的政治利益、经济利益和其他利益在全体社会成员之间合理、平等分配和占有。一般来讲，公平正义主要包括权利公平、机会公平、规则公平和救济公平。权利公平包括三重含义：一是权利主体平等，国家对每个公民“不偏袒”“非歧视”；二是享有的权利，特别是基本权利平等；三是权利保护和权利救济平等。

必须指出的是，实现公平正义需要漫长过程，需要发展经济创造条件。养成公平正义思维，有利于增强实现公平正义的责任感，为促进全社会的公平正义而奋斗。

法律名言

法律应该是对一切人制定的。

——【法国】孟德斯鸠《论法的精神》

思考题

1. 何为法治思维？

2. 法治思维有何特征？

（杨 悦）

第三章　法的一般原理

学习导航

1. 掌握法的概念与本质，法律权利、法律义务、法律责任的含义，以及法的效力的基本原理。

2. 熟悉法与秩序、自由、效率、正义的关系，以及法律渊源的种类。

3. 了解归责与免责的概念，归责的基本原则、免责的基本情形，以及法的三要素。

法律是人类迄今为止最伟大的发明之一，它是人类经过极为漫长的探索而创造的人类社会的最佳调节机制，它是人类最无悔的选择之一。作为生活于现代社会的一员，我们每个人都与法律息息相关。

第一节　法的涵义

问题

什么是法？法与法律是什么关系？怎样理解法律的规则、原则、概念？说说在日常监管工作中法的重要性。

一、法的概念

（一）法与法律

法是体现统治阶级的意志，国家制定和颁布的公民必须遵守的行为规则。

“法律”则有广义和狭义之分。广义的“法律”与法同义，本章中法律无特别说明即指法；狭义的法律则是法的渊源（或表现形式）中的一种，特指一国立法机关制定或认可的规范性法律文件，例如，全国人大及全国人大常委会制定的规范性文件。宪法明确规定，“地方性法规不得与宪法、法律、行政法规相抵触”。可见，狭义的法律与法的关系是逻辑上的种属关系。

（二）法的概念

法是由国家制定或认可并由国家强制力保证实施的行为规范的总和。它以权利义务为调整机制，通过对利益的分配形成有利于统治阶级的社会秩序。

1. 法律是调整人们行为的社会规范　规范包括技术规范和社会规范两类。技术规范的调整对象是人与自然的关系，是规定人们如何使用自然的力量和生产工具以有效地利用自然的行为规则。社会规范是人们社会行为的规则，社会活动的准则。法律规范、道德规范、社会团体规范都属于社会规范，各种社会规范互相配合，有机地组成为一个社会规范体系，调整人们各个方面的社会行为。

（1）法只调整行为，而不调整思想。法律是一种以公共权力为后盾的、具有特殊强制性的社会规范。法不调整思想，并不等于它毫不关注行为人的主观心理状态。例如，刑法中的故意与过失、民法中的过错与无过错，都与行为人的主观心理状态有直接关系。然而，法律上对行为人主观心理状态的判断并不是对人们思想的简单重复，而是建立在行为基础之上的推定。

（2）法律并不调整人的所有行为。法律是调整人们行为的社会规范，但是，法律并不调整人的所有行为，制定良好的法律应该给人们留有最大限度的自由空间，在自主的空间里，人们可以完全按照自身的意志采取行动。

法律名言

在仅涉及本人的那部分行为，一个人的独立性在权利上是绝对的。

——【英国】密尔

但是，在现代社会，每个人都是社会的一员，其自由应该存在边界。西方法谚有云："你的权利止于我的鼻尖"。当一种行为只涉及行为人本人时，法律并不予以调整，这属于个人的自由领域，但当一种行为超出个人的范围，会给他人和社会带来影响时，就进入法律的调整范围，法针对的是社会关系之中的行为（关系行为、涉他行为或交互行为），而非纯粹个人意义上的个体行为（自涉行为）。按照行为是否具有行为人以外的对象，可以将行为划分为关系行为与个体行为。所谓关系行为，是指行为必然会涉及行为人以外的其他主体；相反，当某人的行为绝对不涉及其他主体的时候，就是个体行为。

法律规定人们之间交互行为的模式、标准和方向，给人的行为划出可以自由行动的界限。法律通常以"应当""可以""不得""禁止"等规定来规范自然人、法人和其他组织的行为。

知识链接

公权与私权

对私权来说，"法无禁止即自由"。私权即公民、法人和其他组织的权利。公民的权利包括民事权利、政治权利。前者包括人身权（姓名权、肖像权、名誉权等）与财产权（物权、债权、知识产权等）；后者包括选举权、被选举权等。法人或其他组织的权利，主要包括名称权、财产权，后者也主要包括物权、债权、知识产权等。

对以国家权力和政府权力为代表的公权力，则应适用"法无授权即禁止"的原则：凡是未经法律明确授予的权力都不是合法权力。

2. 法是由国家制定或认可的行为规范 一般来说，社会规范的形成有两种方式：一种是在长期的社会发展过程中自发形成的，如道德、习俗、礼仪等。这种规范在内容上不断变化和丰富，但这一变化过程总体来说是自然的、自发的；另一种社会规范主要是人为形成的，如法律规范、政治规范、宗教规范、职业规范等。这种规范的内容往往是人为、自觉地产生的。在后一种社会规范中，只有法律形成于公共权力机构。因此，法律是唯一一种出自于国家政权的社会规范，它是国家意志的集中体现，在国家主权范围内具有普遍的适用性和执行力。在现代社会中，法律是国家用以分配利益、调节冲突、维护秩序的最重要手段。

法律名言

法者，公天下持平之器。

——摘自梁凤荣《中国法律思想史》

就我国而言，国家形成法律有两种基本方式，即制定或者认可。

制定是指享有国家立法权的机关，按照一定的权限划分，依照法定的程序直接创制法，它是掌握政权阶级意志的具体化表述。认可是指通过国家认可的方式形成法律，这种形成法律的方式是对社会中已有的社会规范赋予法的效力。一般而言，国家“认可”有以下三种情况。

（1）国家立法者在制定法律时将已有的不成文的零散的社会规范系统化、条文化，使其上升为法律规则。

（2）以笼统的语言认可习俗等社会规范具有法律效力。例如，我国民法通则、合同法规定民事法律行为、合同行为不得违背公序良俗，就是对公序良俗的普遍认可。

（3）通过加入国际组织，承认或签订国际条约等方式，认可国际法规范。

3. 法以权利义务为主要内容 法律规范与其他社会规范不同，其他社会规范有的仅要求尽义务，不包含权利的内容，如道德规范、宗教戒律等；有的虽然有权利的规定，但不是主体内容，如政党章程等。法律规范则通过设定以权利义务为内容的行为模式的方式，指引人的行为，将人的行为纳入统一的秩序之中，以调节社会关系。

知识链接

法律规范中的权利与义务

在法律规范中，权利表征利益，法律通过赋予人们权利表明人们谋求自身利益的行为的正当性，权利以其特有的利益导向和激励机制作用于人的行为，并且可以诱使利己动机转化为合法行为并产生有利于社会的后果。义务表征负担，义务以其特有的约束机制和强制机制作用于人的行为，以此保证权利的实现。

4. 法由国家强制力保证实施　法律是由国家制定的、代表统治阶级分配利益的手段，虽然法律强调公平、公正，但是任何公平、公正都受制于客观的历史条件和统治阶级的总体利益，所以，通过法律所表现的利益分配规则总是难以满足所有人的愿望，如果没有强大的外力，很难保证利益受损的人遵守法律规范。法律强制是一种国家强制，是以军队、警察、法官、监狱等国家暴力为后盾的强制。正是凭借这种强有力的外部强制力量，法律才促使具有不同道德观念、不同利益诉求的人们遵循着相同的行为规范。破坏它意味着承担法律后果。

案例分析

案例：甲与同村的乙因为琐事打架，甲失手将乙打死。甲的父母向乙的亲属求情，并表示愿意赔偿60万，经过讨价还价，乙的家人答应接受赔偿，不向公安机关报案。后来村里有人向公安机关举报，公安机关查明事实后，移交给检察机关提起公诉，法院经过审判之后，认为甲犯有过失杀人罪，判处其有期徒刑3年。

分析：在该案当中，甲犯有过失杀人罪，按照刑法的规定，必须由检察机关提起公诉，由审判机关判决此案。两家无权自行达成协议，“私了”此事。这个案例很好地体现了法的强制力。

法依靠国家强制力保证实施，并不意味着国家强制力可以超越法律，不受法律约束。大多数情况下，法律被人们良好地遵守着，这时并不需要强制力的介入，只有当法律规范被破坏时，才以强制手段恢复法律秩序。

（三）法的本质

从康德、马格尔到马克思都认为，法的本质是自由。一百多年前中国的思想先驱严复曾说：以自由为体，以民主为用。如果人丧失自由，则其有生不如其死，其有存不如其亡。

法律名言

法律的目的不是废除或限制自由，而是保护和扩大自由。这是因为，在一切能够接受法律支配的人类状态中，哪里没有法律，哪里就没有自由。这是因为自由意味着不受他人的束缚和强暴，在哪里没有法律，哪里就不能有这种自由。

——【英国】洛克

第一，无自由即无法律。因为不存在毫无自由的法律。历史上奴隶制的法律、封建专制的法律，虽然不给奴隶以人身自由和不给农民以土地自由，却要借助法律来保障奴隶主和封建主及其统治者剥削、压迫人民的自由。正如马克思所说：“没有人反对自由，如果有的话，最多也只是反对别人的自由。”“自由确是人固有的东西，连自由的反对者也在反对（他人）实现自由的同时实现着（自己的）自由。”说法律有阶级性，主要也是体现在法律所保障自由的阶级性上。

第二，无法律亦无自由。所以卢梭说：“人是生而自由的但却无往不在枷锁之中。”来换取“社会的自由”，即授予社会共同体以权力，通过制定法律来保障自由。

由此可见，在人类社会生活中，没有绝对无自由的法律，也没有绝对不需要法和法律来保障的自由。自由是法律的灵魂、核心和本质内容。舍此，法律就失去存在的根据和价值。

二、法的要素

法由规则（规范）、原则和概念构成。其中规则是构成法律的基本单位，具有微观指导性、可操作性、确定性、可预测性等特征。法是由国家制定或认可并由国家强制力保证实施的行为规范的总和。法律规则是法律规范中关于人们行为的直接指南部分；法律原则是法律规范中的基础性规定；法律概念是法律规范中对所涉及的有关主体、客体以及相关的权利义务所作的法律内的解释。

法律名言

法律应该要稳定，但却不可以僵硬地站在原地不动。

——【美国】庞德《法理学》

综上所述，每一部法律都由体现立法者综合意图的法律原则、体现立法者具体意图的法律规则、体现立法者精准意图的法律概念三要素组成。在法的三要素中，由于法律规则是法律规范的最重要组成部分。

（一）法律规则

1. 涵义 法律规则是规定法律上的权利、义务、责任的准则、标准，或是赋予某种事实状态以法律意义的指示、规定。法律规则是构成法律的主要要素。

法律规则区别于法律条文。法律规则是法律条文的意义，而法律条文是表达法律规则的语句，两者是内容与形式的关系。

一般来说，法律规则和法律条文的关系是对应的，但是我们在法律条文中看到其表述法律规则的情况是不同的，具体而言，大致有以下几类突出的情形：一个完整的法律规则由数个法律条文来表述。法律规则的内容分别由不同规范性法律文件的法律条文来表述。一个条文表述不同法律规则或其要素。法律条文仅规定法律规则的某个要素或若干要素。

2. 法律规则的形式 法律规则的结构形式：假定条件、行为模式、法律后果。假定条件是法律规则中有关适用该规则的条件和情况的部分，包括适用条件和主体行为条件；行为模式即法律规则中规定人们如何具体行为之方式的部分，包括可为（授权）模式、应为（义务）模式和勿为模式；法律后果是法律规则中规定人们在作出符合或不符合行为模式的要求时应承担相应的结果部分，包括肯定的后果和否定的后果。

按照规则的内容不同，法律规则可以分为授权性规则、义务性规则和权义复合性规则。所谓授权性规则，是指规定人们有权做一定行为或不做一定行为的规则，即规定人们的“可为模式”的规则。所谓义务性规则，是指在内容上规定人们的法律义务，即有关人们应当做出或不做出某种行为的规则。义务性规则又可分为命令性规则和禁止性规则。所谓权义复合性规则，是指兼具授予权利、设定义务两种性质的法律规则。

按照规则内容的确定性程度不同，可以把法律规则分为确定性规则、委任性规则和准用性规则。所谓确定性规则，是指内容本已明确肯定，无须再援引或参照其他规则来确定其内容的法律规则。所谓委任性规则，是指内容尚未确定，而只规定某种概括性指示，由相应的国家机关通过相应的途径或程序加以确定的法律规则。所谓准用性规则，是指内容本身没有规定人们具体的行为模式，而是可以援引或参照其他相应内容规定的规则。

按照规则对人们行为规定和限定的范围或程度不同，可以把法律规则分为强行性规则和任意性规则。所谓强行性规则，是指内容规定具有强制性质，不允许人们随便加以更改的法律规则。所谓任意性规则，是指规定在一定范围内，允许人们自行选择或协商确定为与不为、为的方式以及法律关系中的权利义务内容的法律规则。

3. 法律规则的适用　在适用方式上，法律规则是以“全有或全无的方式”应用于个案当中的：如果一条规则所规定的事实是既定的，或者这条规则是有效的，在这种情况下，必须接受该规则所提供的解决办法；或者该规则是无效的，在这种情况下，该规则对裁决不起任何作用。

（二）法律原则

1. 法律原则的概念　法律原则是指在一定法律体系中作为法律规则的指导思想，基本或本原的、综合的、稳定的原理和准则。法律原则可以是非常抽象的，也可以是很具体的，在许多法律部门中都有一些基本法律原则，如宪法中的平等原则和人权原则、行政法中的正当程序原则和合理性原则、刑法中的罪刑法定原则、民法中的诚实信用原则和公序良俗原则。

法律原则的要求比较笼统、模糊，它不预先设定明确的、具体的假定条件，更没有设定明确的法律后果。它只对行为或裁判设定一些概括性的要求或标准，但并不直接指明应当如何去实现或满足这些要求或标准，故在适用时具有较大的余地供法官选择和灵活应用。

2. 法律原则的作用　从法律实施上看，法律原则也具有重要作用。这种作用主要表现在以下三个方面：指导着法律解释和法律推理；补充法律漏洞，强化法律的调控能力；法律原则是确定行使自由裁量权合理范围的依据。可以防止由于适用不合理的规则而带来的不良后果。

3. 法律原则的分类　按照法律原则产生的基础不同，可以把法律原则分为公理性原则和政策性原则。公理性原则，即由法律原理（法理）构成的原则，是由法律上之事理推导出来的法律原则，是严格意义的法律原则，例如法律平等原则、诚实信用原则、等价有偿原则、无罪推定原则、罪刑法定原则等，它们在国际范围内具有较大的普适性。政策性原则是一个国家或民族出于一定的政策考量而制定的一些原则，如我国宪法中规定的“依法治国，建设社会主义法治国家”的原则，“国家实行社会主义市场经济”的原则等。政策性原则具有针对性、民族性和时代性。

按照法律原则对人的行为及其条件之覆盖面的宽窄和适用范围大小，可以把法律原则分为基本原则和具体原则。基本法律原则是整个法律体系或某一法律部门所适用的、体现法的基本价值的原则，如宪法所规定的各项原则。具体法律原则是在基本原则指导下适用于某一法律部门中特定情形的原则，如（英美）契约法中的要约原则和承诺原则、错误原则等。

按照法律原则设计的内容和问题不同，可以把法律原则分为实体性原则和程序性原则。实体性原则是直接指涉及实体法问题（实体性权利和义务等）的原则，例如，宪法、民法、刑法、行政法中所规定的多数原则属于此类。程序性原则是直接指涉及程序法（诉讼法）问题的原则，如诉讼法中规定的“一事不再理”原则、辩护原则、非法证据排除原则、无罪推定原则等。

4. 法律原则的适用 法律原则的作用是法律规则所不能替代的，它的功能主要表现在三方面：第一，为法律规则和概念提供基础或出发点，对法律的制定具有指导意义，对理解法律规则也有指导意义；第二，直接作为审判的依据，在疑难案件中，法律原则可直接作为断案依据，这些原则的作用与规则无异，但是，在执法与司法实践中，没有充足理由，不得径行适用法律原则，因为原则相对于规则的刚性，具有柔性的特征，在适用原则时会带有较多的价值判断和自由裁量，一般而言，只有穷尽法律规则，方得适用法律原则，在个案中，除非为了实现个案正义，否则不得舍弃法律规则而直接适用法律原则；第三，法律原则可以克服法律规则的僵硬性缺陷，弥补法律漏洞，保证个案正义，在一定程度上缓解了规范与事实之间的缝隙，从而能够使法律更好地与社会相协调一致。

（三）法律概念

法律概念是指在长期的法学研究和法律实践基础上对各种具有特定法律意义的事物、状态、行为进行概括而形成的专门术语。有些法律条文规定了法律概念的特定含义。法律概念使人们得以认识和理解法律，进行法律交流，在此基础上进行法律实践活动。

法律概念是对各种法律事实进行概括，抽象出它们的共同特征而形成的权威性范畴。如用以表达各种法律关系主体的概念，如公民、法人、原告、行政机关等；以表达法律关系主体间权利、义务关系的概念，如所有权、赔偿责任等；以表达各种权利、义务所指向的对象的客体概念，如动产、知识产权等；以表达各种时间和行为的概念，如失踪、不可抗力、违约等。法律概念具有明确性、规范性、统一性等特点。法律概念是构成整个法律体系的原子，是法律知识体系中最基本的要素。

第二节　法的体系

? 问题

法律调整的关系是多种多样的，法律渊源形式错综复杂，这些规范之间存在着内在的协调和统一性吗？说说你了解的公法与私法。

一、法的体系的涵义

法的体系，即法的内在结构。法的体系通常是指一个国家全部现行法律规范分类组合为不同的法律部门而形成的有机联系的统一整体。

中国特色社会主义法律体系，是指适应我国社会主义初级阶段的基本国情，与社会主义的根本任务相一致，以宪法为统帅和根本依据，由部门齐全、结构严谨、内部协调、体例科学、调整有效的法律及其配套法规所构成，是保障我们国家沿着中国特色社会主义道路前进的各项法律制度的有机的统一整体。

这个体系由宪法及宪法相关法、民商法、行政法、经济法、社会法、刑法、诉讼与非诉讼程序法七个法律部门组成。

二、法的部门

（一）法的部门的概念

法律体系可以划分为不同的相对独立的部分，这就是法的部门。法的部门，也称法律部门，是指调整因其本身性质而要求同类调整方法的社会关系的法律规范的总和。每个法的部门都以它调整方法的不同而与其他部门相区别，但同时又相互联系，协调统一。

法的各个部门构建了法律体系的基本结构。在法的部门中可以形成一种比制度更大的组合（规范联合体），也叫作子部门，它是法的部门相对独立部分。如民法的子部门有著作权法、专利法、商标法、发明法、合同法等。子部门也可以有一些反映自己的一般原则的规定。

法律体系不仅有分化，也有组合，表现为综合部门的出现。综合性法的部门是把某些法的部门的规范合起来，从而形成的法律体系的相对独立部门。这是因为在社会生活中存在着许多综合性社会关系。

法的部门（或子部门）又可以区分为不同的法律制度。这里所讲的法律制度，就是在某一个或几个法的部门中调整某一类社会关系，相互间被一定质的独特性联结为一组的那些法律规范的总和。例如，在宪法、民法、经济法中都规定了所有权制度；在民法、经济法、商法中都规定了合同制度；在刑事诉讼法、民事诉讼法、行政诉讼法中都规定了证据制度、回避制度、公开审判制度等。法律制度与部门的不同之处主要在于调整的范围。它不是调整在性质上是同一类的社会关系的全部，而仅仅调整它的一部分或一个方面。同时，法律制度是法律体系的相对独立的、自治的部分。

法的部门和制度的划分是相对的，各个法的部门之间不是彼此孤立的，而是存在着联系。有的部门联系比较紧密，如民法与经济法、商法，实体法与相应的程序法等。有的部门联系较松散一些，如婚姻法与财政法。但无论如何，它们都是一个相互协调、统一的有机整体的一部分。

（二）传统的二元结构：公法部门和私法部门

把法划分为公法和私法两大部门，是对法律体系最初的内部划分。这种划分反映了社会生活的需要，反映了社会关系发展的不同法律要求。根据法律调整方法方面的差异对一国现行法进行分类，可以将法划分为两大部分，即公法和私法。其中公法主要运用集中的方法，“管”的方法；而私法则主要运用非集中的方法，“放”的方法。

法律名言

法的研究对象有两个：公法和私法。公法是有关罗马国稳定的法，私法是涉及个人利益的法。事实上，它们有的造福于公共利益，有的则造福于私人。功法见之于宗教事务、宗教机构和国家管理之中，私法……是自然法、万民法或市民法的总和。

——【罗马】乌尔比安《学说汇纂》

1. 公法调整的特点 “公法”体现了社会生活要求集中、纪律、由上而下管理的需要。公法的重心在于规定国家的组织、活动原则，规定政府及官员的职权，实现国家立法、司法和行政管理，防止国家权力的滥用、乱用。

公法属于法律调整中由上而下的“管”的一种，与国家权利的强制干预相适应。公法的调整方法的特点是：以强行性规范为主，其法律后果是规定带有惩罚性的行政制裁或刑事责任；同时，为防止权利的滥用，设立了权利分工、程序制约等制度。公法的价值侧重于社会秩序与社会公平的维护，其功能是既保证权力的正常运转，又防止权力的滥用，实现的是分配正义；其调整是自上而下的，主要关系到社会资源的再分配。

2. 私法调整的特点 “私法”体现了社会生活本身不受国家权利任意干涉的特点，体现了经济规律的独立性、个人生活的自主性等。

在私法领域，社会关系参加者根据预先设计好的典型化的法律规范，可以独立、自主地从自身利益出发作出决定。私法能够保障人们按客观经济规律办事，如实现商品交换中的等价、自愿、有偿，体现权利主体的自由和平等，保卫正当财产不受侵犯，保卫社会关系参加者免受国家权力的干涉。

私法的规范主要是授权性规范，当事人可以根据自己的需要和意志进行选择。私法在调整方法方面的特点是：以意思自治为原则，法律规范大都采用任意性规范，有一些强行性规范如物权法的规范也并非是对意思自治的否定；私法的制裁方法是规定民事责任和采取等价补偿的民事制裁方法；其价值侧重于自由和效率，其功能是保证市场主体的权利、自由和平等，实现的是正义；它的调整能量是自下而上的，与市场经济自行调节相适应，主要关系到社会资源的初次分配，也是最基本的分配。

（三）第三法域的兴起：社会法部门

1. 社会法部门出现 自20世纪以来，随着社会发展进入新的历史时期，对社会关系的调整需要运用新的法律手段。由此，在西方国家中，公法与司法相互渗透，一种非私法又非公法、介于私法与公法之间的法——社会法（也称作“混合法”）应运而生。社会法的确立既是对传统法律体系的修正，也是法律社会化的必然结果，它以反垄断法等经济法的出现为标志，有经济法、劳动法和社会保障法作为主干部门而构成。社会法的诞生使法律体系由传统的二元结构转变为三元结构，法律部门群由两大部门群转化为三大部门群。

社会法一经形成就有自己独特的调整方法，即公法方法与私法方法相融合的方法。

知识链接

社会法部门的调整方法——综合应用自治性调整方法和强制性调整方法

社会法综合了公法和私法的调整方法，以任意性和强制性方法并重为特点。如社会法中的劳动合同制度具有传统私法的特点，强调平等、协商、意思表示一致；但同时，劳动合同有不能违反劳动基准制度和劳动保障制度，这就包含明显的公法特点。

2. 对弱者的倾斜保护 公法调整不平等主体之间的关系，私法调整平等主体之间的关系；而社会法调整形式上平等、实质不平等的不对等的关系。

3. 法律主体的特殊性 与传统的民法的基本主体——抽象的“人”不同，社会法的主体是具有特殊性、具体性和集团性的社会人，它是以现实社会中特定的人群所构成的社会集团，即具体化的人所构成的“利益共同体”，作为其调整和保护的基本主体。社会法的主体是具有特殊性、集团性的社会人，最初是劳动者、失业者，后来又扩展到消费者等。

4. 法律责任机制的创新 社会法的兴起动摇了传统上的过错责任原则，无过错责任、严格责任等开始逐步出现，并有了“社会法律责任”。民事责任、行政责任、刑事责任也在社会法的框架内开始出现融合的趋势。民事责任在性质上具有私法责任的属性，行政责任和刑事责任属于公法责任。社会法律责任并非取代原有的三种法律责任，而是作为三种法律责任的综合形式而与其并列、共存。此外，一些既不属于“私法”，也不纳入“公法”的典型的法律责任形式，如“双罚制”“惩罚性赔偿”等，也逐步被广泛采用。

5. 社会权兴起 社会权是基于福利国家或社会的理念，为使个人获得合乎人性尊严的生存条件，而必须予以保障的那些权利。社会产权产生和存在的主要目的是使弱者获得实际上的自由、实质性的平等。为此，国家权力有必要介入和干预那些原来属于“私”的领域，国家的职能不再是消极的、受限制的，而是积极的、服务性的。为保障弱势群体，应当通过国家的积极作为来增进社会公共利益。社会法的独特调整方式使其能够更好地实现保障社会公共利益的职能，缓和社会矛盾。

第三节 法的形式渊源

问题

一个行为规则通过什么方式产生、具有何种外部形式才被认为是法律规范？怎样才具有法律规范的效力？怎样才成为国家机关审理案件或处理问题的规范性依据？

一、法的渊源的种类

在不同的国家，在法发展的不同时期，法的形式渊源往往有所不同。除了法的阶级本质和经济条件的原因以外，一定国家或地区在一定时期的政治制度、思想道德、宗教信仰、历史传统乃至国际交往等因素对法的渊源都有影响。国际上法的主要形式渊源大致可以概括为以下几种。

（一）制定法

制定法又称成文法，是指由国家机关依照一定程序制定颁布的，通常以条文形式表现出来的规范性法律文件。从广义上说，制定法既包括国家立法机关制定的法律，也包括国家中央机关和地方国家权利和行政机关在职权范围内制定、发布的规范性文件。

（二）判例法

判例是指法院对于诉讼案件所作判决之成例，由于此种判例对于法院以后审理类似案件具有普遍约束力，因而成为法的一种渊源。判例法并不是简单的判例汇编，它的意义不仅限于法院再次后的案件审理中能够根据先例理解法律的规定，而且在于把先前的判例所确立的原则视为审判过程中必须遵循的规矩，据此审理同类案件。这样，判例就不仅是一种对个案的决定，而且是具有普遍意义的法律规范，即判例法。判例法是指具有约束力的判例中包含的法律规则或原则形成的法。

在英美法系国家中，判例是一种重要的法源，大陆法系在理论上否认判例法可以作为法的渊源。

普通法系实行“遵循先例原则”。所谓遵循先例，是指主要两个案件的基本事实相同或相似，法官就应当遵循从先前判例所确定的规则来处理案件。

普通法系国家法院的判例在结构上主要由两个部分构成：一是判决的必要根据，称之为“判决理由”；二是法官们陈述的意见，称为“附带意见”。其中只有判决理由可以作为今后遵循的法律规则，附带意见则没有这种权威。附带意见中可能也含着对于这一判例今后的发展有影响的内容，但它本身并不是判决中的法律原则，它的影响力取决于发表意见的法官本人所作分析的正确性等因素。

判例法的适用有其独特的方法：法官在审理案件时，首先必须寻找与当前案件相似的先例，先例中的法律事实必须与当前的案件事实在实质上是类似的，然后其应从先例中提炼出一定的法律原则，再适用于当前的案件。由于与当前案件事实相近的先例有许多，法官为了找出最合适的先例，就必须运用“区别技术”，对先例中的案件事实与本案事实是否相符作出判断，并对先例中的判决理由和附带意见作出区分，在此基础上选择适用的判例。

（三）习惯法

习惯法指经由有权的国家机关以一定方式认可，赋予其法律规范效力的习惯和惯例。当社会生活中已经存在的习惯、惯例等经过有权的国家机关包括立法机关、行政机关和司法机关以一定方式认可时，它们就上升为法律，具有法律规范的效力。

二、当代中国法的形式渊源

（一）宪法

宪法是我国的根本法，是治国安邦的总章程，是我国社会主义法的基本形式渊源。与我国法的其他形式渊源相比，宪法具有以下特征。

（1）宪法的内容与普通法律不同。宪法规定的是国家政治、经济和社会制度的基本原则，公民的基本权利和基本义务，国家机关的组织和活动原则等国家和社会生活中最基本、最重要的问题。

（2）宪法的地位和效力与普通法律不同。宪法在我国法的渊源体系中居于首要地位，具有最高的法律效力。

（3）宪法的制定和修改程序与普通法律不同。宪法由全国人民代表大会制定。我国现行宪法规定：宪法的修改，由全国人民代表大会常务委员会或者1/5以上的全国人民代表大会提议，并由全国人民代表大会全体代表的2/3以上多数通过。而普通法律只有全国人民代表大会全体代表的半数同意即可获得通过。

（二）法律

作为法的渊源之一的“法律”一词是在狭义上使用的，专指由国家最高权力机关及其常设机关，即全国人大和人大常委会制定颁布的规范性文件。其法律效力仅次于宪法。

根据现行宪法的规定，法律又可以分为基本法律和基本法律以外的法律。基本法律由全国人民代表大会制定和修改，比较全面地规定和调整国家及社会生活某一方面的基本社会关系，如刑法、民法通则、诉讼法等即为基本法律。在全国人们代表大会闭会期间，全国人大常委会有权对基本法律进行部分修改，但不能同法律的基本原则相抵触。

基本法律以外的法律由全国人大常委会制定和修改，通常规定和调整基本法律调整的问题以外的比较具体的社会关系，如《中华人民共和国药品管理法》（简称《药品管理法》）、《中华人民共和国疫苗管理法》（简称《疫苗管理法》）。此外，全国人民代表大会及其常委员会发布的具有规范性决定和决议，也属于法的渊源。发布这些决定和决议通常是为了对已经颁布生效的规范性文件进行修改或补充。因此，它们与被修改或补充的规范性文件具有同等效力。

知识链接

首部《药品管理法》于1984年9月20日经第六届全国人民代表大会常务委员会第七次会议审议通过。2001年2月28日第一次修订，2001年12月1日实施。2013年12月28日第一次修正，2015年4月24日第二次修正。2019年8月26日，经第十三届全国人民代表大会常务委员会第十二次会议第二次修订，2019年12月1日起实施，共十二章，155条。

（三）行政法规

行政法规专指由国家最高行政机关国务院在法定职权范围内为实施宪法和法律制定的规范性法律文件，例如《麻醉药品和精神药品管理条例》。在我国，行政法规是一种重要的法律渊源，其效力仅次于宪法和法律。

依照宪法和组织法的规定，国务院还有权发布决定和命令，其中具有规范性内容的，也是法的渊源，与行政法规具有同等效力。

此外，全国人们代表大会及其常委员会还可以根据需要授权国务院制定行政法规，这就是所谓的“授权立法”。授权决定应当明确授权目的、范围，被授权机关应当严格按照授权目的和范围行使该项权利。

（四）地方性法规

地方性法规，是指省、自治区和直辖市的人民代表大会及其常委会根据本地区的具体情况和实际需要，在法定权限内制定发布的适用于本地区的规范性法律文件。根据宪法、有关组织法和立法法的规定，省、自治区和直辖市的人民代表大会及其常委会在不同宪法、法律和行政法规相抵触的前提下，可制定和发布适用于本地区的地方性法规，并报全国人大常委会和国务院备案。

省、自治区人民政府所在地的市，经济特区所在地的市和经国务院批准的市的人民代表大会及其常委会，也可以制定地方性法规，经省、自治区的人大常委会批准后施行，并由省、自治区的人大常委会报全国人大常委会和国务院备案。

宪法和组织法还规定，各级地方国家机关都有权在自己的职权范围内发布决定或命令。

（五）自治条例和单行条例

我国是单一制国家，同时在中央的统一领导下在少数民族聚居区实行民族区域自治。各民族自治地方设立自治机关，行使自治权。根据宪法、组织法、立法法和民族区域自治法的规定，民族自治地方的人民代表大会有权根据当地民族的政治、经济和文化的特点，制定自治条例和单行条例。自治区人民代表大会制定的自治条例和单行条例，报全国人民代表大会常务委员批准后生效；自治州、县人民代表大会制定的自治条例和单行条例，报自治区人民代表大会常务委员会批准后生效。

民族自治条例和单行条例在其制定机关的管辖范围内有效。

（六）行政规章

行政规章，即特定行政机关处于执行法律、行政法规或地方性法规的需要，在本部门的职权范围内发布的规范性法律文件。行政规章可以分为部门规章和地方政府规章，前者指国务院所属各部、各委员会、中国人民银行，审计署和其他具有管理职能的直属机构，根据法律和国务院的行政法规、决定、命令，在本部门的权限范围内制定的规章；后者指省、自治区直辖市和较大的市人民政府，根据法律、行政法规和本省、自治区、直辖市的地方性法规制定的规章。

（七）特别行政区的法源

特别行政区的法源是指特别行政区的国家机关在宪法和特别行政区基本法授予的权限范围内制定或认可，在该特别行政区域具有普遍约束力的各种行为规则。我国《宪法》第三十一条规定，国家在必要时可设立特别行政区。在特别行政区内实行的制度按照具体情况由全国人民代表大会以法律规定。这是“一个国家，两种制度”的原则构想在我国宪法中的体现。

根据全国人民代表大会制定的《香港特别行政区基本法》和《澳门特别行政区基本法》的规定，特别行政区享有高度的自治权，包括行政管理权、立法权、独立的司法权和终审权。与其独特的法律地位相适应，特别行政区的法律渊源同内地其他地区有明显不同。

（八）国际条约

国际条约是两个或两个以上国家就政治、经济、贸易、军事、法律、文化等方面的问题确定其相互权利义务关系的协议。国际条约的名称包括条约、公约、协定、合约、盟约、宣言、声明、公报等。

国际条约虽然不属于国内法范畴，但我国政府与外国签订或者我国加入的国际公约，对于我国国内的国家机关、企事业单位、社会团体和公民具有与国内法一样的约束力。

第四节　法律价值

问题

法律的价值如何体现？

法律价值是价值的一般概念在法律中的具体应用，指法作为客体对于主体（人类社会）所具有的积极意义，是法对主体需要的满足及其程度。法律的价值一方面来自于人类社会的需求，另一方面来自于法自身的功能，也就是说，人类社会有众多方面的需求，而法只能满足这些需求中的一部分，法能满足的这部分需求就是法律的价值。在法学界，比较公认的法律价值有秩序、自由、效率、正义。其中，秩序为法律的最基础性的、最低的价值，正义为法律的最高价值。

法律名言

秩序、公平、自由，这是法律制度的三个基本价值。

——【英国】彼得·斯坦、约翰·香德《西方社会的法律价值》

一、法与秩序

（一）秩序的界定

秩序构成了物质世界永恒运动和人类社会存在的基础，也是人类生活的基本要求，对秩序的追求，反映着人们对社会生活的安全性、可预见性、连续性、稳定性的期待。法律已成为人们对抗无序的最主要的基础和方式，秩序的维护也因此成为法律调整的首要任务，社会秩序一旦失控，其他的法律价值就很难实现。

（二）法维护社会秩序的特点

在现代社会，法律成为维护社会秩序的最重要手段，这是因为法律在维护秩序上有着其他社会调整手段（道德、习俗、宗教等）所不具有的特点。

1. 法通过规范方式有效地防止和化解冲突 如何以较低的代价和非暴力方式来解决冲突，以及如何使个人行动自由受到最少约束以避免破坏性冲突，是法律将会面对并需要妥善解决的问题。法律用规范方式来防止冲突、化解冲突，使社会秩序得以实现。

通过规范形成秩序的方式，是社会进步的结果，是人类文明的象征，通过它建立起来的秩序是善良的秩序，是符合人性、尊重人权的秩序，是自由的、充满生机的秩序。

2. 法能够有效协调并增进社会信任 有效协调与信任是社会秩序的基础。法律提供了人际交往过程中的一种简化识别负担的关键功能，法律规范对权利、义务、责任予以明确规定，当存在一般的、可认识的行为模式时，人们就能更好地适应具体环境，理解复杂多元的周围世界。

3. 法能有效提高生产要素的效能 稳定的、明晰的法律作为一种制度提供给个人或团体以可靠的预期，增强了人们的信心。从经济这个角度看，良好的法律制度是投资增长、经济发展的软环境要素，优质的规则的作用类似于其他一些生产要素，从而形成“制度资本”。

（三）法的秩序价值的实现方式

法通过以下方式实现其秩序价值：第一，建立有序的社会秩序，防止、限制、调整人与人之间的冲突；第二，建立和维护民主政治的运作秩序，使社会权力的运作得以正常进行；第三，有效地建立和维护社会生活秩序，保障人们的权利、自由，使人们的权利义务真正落实；第四，建立和维护经济秩序，特别是市场经济机制的运作更需要法律的规范与引导；第五，法律已逐步成为建立和维护国际社会政治经济新秩序的最重要手段。

二、法与自由

（一）自由的界定

法律自由，是指一定国家的公民或团体在国家权力所允许的范围内进行活动的能力，是受到法律约束并得到法律保障的、按照自己意志进行活动的权利。

法律名言

在一个有法律的社会里，自由仅仅是：一个人能够做他应该做的事情，而不被迫去做他不应该做的事情……自由是做法律许可的一切事情的权利，如果一个公民能够做法律所禁止的事情，他就不再有自由了，因为其他的人同样会有这个权利。

——【法国】孟德斯鸠

在法律上，自由意味着行为主体可以在法律规范所规定的行为模式中自主地选择和实施一定的行为，任何人和机构都不能强迫权利主体去做法律不强制其做的事，同时，权利主体只能在法律允许的范围内去做其想做的事。

（二）法对自由的保障

自由是人的需求、人的理想，追求自由是法律产生和发展的重要基础和前提，人类尝试通过各种途径获得可以实现的自由，最后人类选择了法律，法律是自由的制度化、规范化表达。没有自由作为前提和基础，没有自由作为法律内在的规定性，法律就不能成为法律。离开了自由，法律就会成为束缚人们的绳索，成为社会进步的绊脚石。

法律具有强制力。法律可以通过强制力约束不合理的自由，以保障法律倡导的自由的真正实现。法律具有普遍适用性。它在保护每个人自由的同时，也都在约束限制着每个人的行为，这使自由可以获得平等的实现。

法律通过把人的自由法律化，转化为权利，上升到法定权利的高度，使之具有合法性，从而表现为普遍的权利；通过权利机制的配置、运作、救济，保护人们的自由、权利免受侵犯、侵害，防止自由的滥用、误用，使人的自由真正享有和实现。

（三）法对自由的限制

法律对自由的合理限制原则主要有：第一，法律基于社会生活条件的制约而限制自由；第二，法律为了社会及他人的利益而限制自由；第三，法律为了行为人自身利益而限制自由；第四，法律为了各项自由的协调而限制自由。总之，法律限制自由不是任意的，而是有其自身的界限和原则。否则，就是不合理的限制，就是对自由的干涉。

三、法与效率

（一）效率的界定

效率，也称效益，作为经济学的范畴，表达的是投入与产出、成本与收益之间的关系，即从一个给定的投入量中获得最大的产出，以最少的资源消耗取得同样多的效果，或以同样的消耗取得最大效果，从而使资源配置最大化、最优化。

效率是谋求发展和进步的社会所追求的重要价值目标，在现代社会，离开了效率，即使有稳定的秩序、公平的分配原则、充分的自由，也不能认为拥有一个完善的制度机制。

（二）法律与效率的关系

1. 效率是法律的基本价值

（1）法律是经济的集中体现和反映，法律本身具有内在的经济属性、经济机制、经济逻辑。效率是法律经济机制、经济逻辑的基本点，法律制度的基本取向在于效率。

（2）法律承担着社会资源配置的任务，追求效率，促使社会资源的使用最大化、最优化是法律的根本任务和新的使命。不追求效率，不承担社会资源配置的法律不是真正意义上的法律。

（3）在整个法律价值体系中，效率不是一般的价值，而是一个重要的、主要的价值，它本身构成了法律的基本价值目标，同时也成为包括正义在内的其他价值的补充。

（4）效率作为法律的基本价值，是评价、判断法律的主要尺度，是检测现有法律功能、功效的标准。效率原则、原理为法律制度提供了特定的批判、改良和理解的典据。

（5）效率作为法律的基本价值，影响着法律的运作、实施、实现，推动着法律的发展、变革，促进了法律的进步、进化和提高。

2. 法是实现效率的制度机制 法律通过制度化、规范化、法律化的制度运作配置社会资源，促使社会资源的使用最大化、最优化。

法律通过资源的正当合理配置，促使人们为自身利益、社会利益而奋斗，促使人们发挥出最大的创造力，创造更多的财富，满足自己的需要。

通过建立、维护最有效益的社会运行模式，特别是社会经济运行模式，容纳更多的生产力，推动社会生产力的提高和进步。

四、法与公正

（一）公正的概念

公正基本内涵就是要在立法、执法、司法活动的过程和结果中坚持和体现公平与正义的原则。法律是公平之术。“法不阿贵，绳不挠曲。”是非曲直，一准于法，法为评判是非曲直的准绳，其具有公平的特点，这就要求法律面前人人平等。

公正是法律的自身要求，也是依法治国的要求，其基本内涵是要在立法、执法和司法活动的过程和结果中体现公平、平等、正当、正义的精神。

法律公正是由两个方面组成的。其一是法律制定上的公正，可以称为立法公正；其二是法律实施中的公正，包括执法公正和司法公正。前者是法律公正的基础，因为没有公正的立法就根本不可能有公正的执法和司法。后者也是非常重要的，甚至是更为重要的，因为执法公正和司法公正才是法律公正的切实保障。没有公正的执法和司法，再公正的法律也只能停留在纸上，也只能是一种美好的理想，甚至是一种骗人的“文字游戏”。

法律制定上的公正并不会自然而然地转化为法律实施中的公正。要想真正做到法律公正，真正实现依法治国的口号，当务之急就是要加强公正执法和公正司法。

执法公正和司法公正是两个既有区别又有联系的概念。广义的执法可以包括司法；而广义的司法活动也可以包括大部分执法活动，可以包括法官、检察官、警察等司法人员的执法活动。但是狭义的执法则不包括司法；狭义的司法活动则仅指法院的审判活动。

（二）司法公正

司法公正既要求法院的审判过程坚持正当平等的原则，也要求法院的审判结果体现公平正义的精神。前者可以称为程序公正，后者可以称为实体公正。它们共同构成了司法公正的基本内容。

所谓实体公正，就是说司法活动就诉讼当事人的实体权利和义务关系所作出的裁决或处理是公正的。所谓程序公正，是指诉讼活动的过程对有关人员来说是公正的，换言之，诉讼参与人在诉讼过程中所受到的对待是公正的，所得到的权利主张机会是公正的。就司法系统而言，实体公正是指系统的最终“产品”是否公正；程序公正是指该产品的生产过程是否公正。

实体公正和程序公正是司法公正的两个相互区别的价值标准，实体公正不等于程序公正，程序公正也不等于实体公正；坚持程序公正并不必然导致实体公正，获得实体公正也不必须遵循程序公正。如何处理二者之间的关系，有的学者断言没有实体公正就没有司法公正；有的学者声称程序公正必须优先于实体公正；有的学者则高喊要统筹兼顾，要权衡利弊，要具体问题具体分析。

（三）法与正义

法律是正义之术。其在立法和司法的方方面面都有所体现。这就是说，在立法上要体现分配正义的要求，立法要本着公平的原则来配置人们的权利义务关系，规范人们的行为。在司法上要体现正义的要求，当立法上的分配正义在现实生活中受到阻碍时，就需要通过司法的途径来进行矫正。

法律名言

对于社会来说，保护无罪者要比惩罚罪犯更为重要。

——【英国】约翰·亚当斯

法律是实现正义的基本形式和手段。法律通过配置权利和义务以确立正义，实现分配正义。法律通过惩罚犯罪和罪恶以伸张正义，实现矫正正义。这是法律实现正义的另一个方面。以刑罚为代表的法律上的惩罚，其基本目的不外乎报应与预防两方面。法律通过权利救济以恢复正义，实现重建正义。如果说惩罚罪恶是基于道义的正义要求，那么补偿损失则是功利的正义要求。法律在实现正义方面除了对罪恶予以惩罚外，还在合同、侵权方面表现为试图补偿受害者的损失。这种补偿通常只以损失大小为标准，而不考虑或过多考虑侵害者有无过错、其错误程度与赔偿额有无必然联系、赔偿费是否由其本人支付（如行政赔偿由国家支付）。以赔偿为主的补偿性责任主要是恢复分配正义。

案例分析

案例：2006年4月19日，广州中山大学附属第三医院65名使用“齐二药”亮菌甲素注射液。患者部分出现了肾衰竭等严重症状，13名患者死亡。2007年8月8日上午，广州市中级人民法院公开开庭审理本案刑事部分。法院查明：本案被告人齐二药采购员钮某，通过供货商王某（另案处理）先后购入假冒的“药用丙二醇”。检验室主任陈某在检验时，发现“药用丙二醇”相对密度超标，遂向主管生产和质量管理的副总经理朱某汇报。朱某两次授意陈等人出具虚假的检验合格报告书，加之本案其余两名被告人、齐二药主管采购的副总经理郭某和总经理尹某在工作中的违规操作、严重失职，造成上述严重后果。法院审理后认为，本案5名被告人在生产药品中，未能严格执行药品生产质量管理法规及相关规章制度，导致发生重大伤亡事故，其行为已构成重大责任事故罪，故分别对其作出了不同期限有期徒刑的判罚。

分析与思考：本案中被告为何不构成制售假药罪。

第五节 法的效力

问题

法规定了具体的否定性后果，任何明显的违法行为都要受到国家相应的制裁——罚款、监禁甚至处死。法的效力从哪几个方面理解，如何理解？

一、效力的概念

法的效力是指法作为一种国家意志对法律主体所具有的约束力和强制力，表现为凡是由国家制定或认可的法律规范及其表现形式——规范性法律文件等对主体行为具有的普遍约束力，这种约束力不以主体自身的意愿为转移。一般而言，法的效力包括法的效力范围和效力等级。

二、法的效力范围

法的效力范围指法律规范的约束力所及的范围，包括法律规范对人的效力、空间效力、时间效力。

法律名言

法律非正式公布不生效力。

——日耳曼法彦

（一）对人的效力

法律对人的效力，是指法律对谁有效力，适用于哪些人。在世界各国的法律实践中先后采用过四种对人的效力的原则，即属人主义、属地主义、保护主义和以属地的原则为主与属人主义、保护主义相结合的原则。我国采用的是第四种原则。根据我国法律，对人效力包括以下两个方面。

1. 对中国公民的效力 中国公民在中国领域内一律适用中国法律。在中国境外的中国公民，也应遵守中国法律并受中国法律保护。但是，当中国法律与所在国的法律发生冲突时，应当根据法律区分情况，根据相应的国际法及国内法的规定，来确定是适用中国法律还是外国法律。

2. 对外国人和无国籍人的效力 外国人和无国籍人在中国领域内，除法律另有规定者外，均适用中国法律，这是国家主权原则的必然要求。所谓另有规定，一般是指法律上明确规定不适用中国法律的情形，比如享有外交特权和豁免权的外国人，需要通过外交途径解决。

（二）空间效力

法律的空间效力，指法律在哪些地域有效力，适用于哪些地区。一般来说，一国法律适用于该国主权范围所及的全部领域，包括领土、领水及其底土和领空，以及视作一国领土延伸的驻外使馆、领馆、悬挂本国国旗的船舶和航空器。而国内特定地方或地区的立法仅适用该特定地方或地区，如我国的地方性法规和特别行政区法。

知识链接

《刑法》第六条规定：凡在中华人民共和国领域内犯罪的，除法律有特别规定的以外，都适用本法。凡在中华人民共和国船舶或者航空器内犯罪的，也适用本法。犯罪的行为或者结果有一项发生在中华人民共和国领域内的，就认为是在中华人民共和国领域内犯罪。

（三）时间效力

法律的时间效力，指法律何时生效、何时终止效力以及法律对其生效以前的事件和行为有无溯及力。

1. 法律的生效时间 法律的生效时间主要有以下三种。

（1）自法律公布之日起生效。凡规范性文件没有明确规定生效日期，或者明文规定从公布之日起生效的，都是公布后立即生效。

（2）由该法律规定具体生效时间。有的规范性文件公布后不马上生效，而是另规定一个生效日期，留出一段时间做些宣传工作，使社会周知，或者为法律的实施做一些人力、物力和组织上的准备工作。

（3）规定法律公布后符合一定条件时生效。

2. 法律的终止生效时间 法终止生效，即法被废止，指法的效力的消灭。法律有生效就一定会有终止生效。新法生效了，旧法就应终止生效。法律的终止生效一般分为明示的废止和默示的废止两类。

（1）明示的废止，即在新法或其他法律文件中明文规定废止旧法。

（2）默示的废止，即在适用法律中，出现新法与旧法冲突时，适用新法而旧法事实上即被废止。

3. 法的溯及力 也称法律溯及既往的效力，是指法律对其生效以前的事件和行为是否适用。如果适用，就具有溯及力；如果不适用，就没有溯及力。一般而言，在古代社会，法律大多具有溯及力，但是在现代法治社会，法不溯及既往已成为大多数国家所认可的一项基本法律原则。我国《立法法》第九十三条规定了法律不溯及既往的原则，即“法律、行政法规、地方性法规、自治条例和单行条例、规章不溯及既往，但为了更好地保护公民、法人和其他组织的权利和利益而作的特别规定除外。”

也就是说，法律的溯及力问题，一般通行两个原则：首先“法律不溯及既往”原则，即国家不能用现在制定的法律指导人们过去的行为，更不能由于人们过去从事某种当时是合法而现在看来是违法的行为，而依照现在的法律处罚他们。其次，作为“法律不溯及既往”原则的补充，法律规范的效力可以有条件地适用于既往的行为。如果一部法律中有内容溯及既往（一般以有利追溯为原则），应当在法律中明确规定。我国关于法律的溯及力问题，主要体现在刑事立法之中。我国刑法关于溯及力的规定采用的是从旧兼从轻原则。我国现行《刑法》第十二条规定：中华人民共和国成立以后本法施行以前的行为，如果当时的法律不认为是犯罪的，适用当时的法律；如果当时的法律认为是犯罪的，依照本法总则第四章第八节的规定应当追诉的，按照当时的法律追究刑事责任，但是如果本法不认为是犯罪或者处刑较轻的，适用本法。

新的法律，常常意味着新的规范和标准。既然国民在行为时只知道行为时的规范和标准，并不知道新的规范和标准是什么，当然不能用新的规范和标准去对他们的行为进行否定性的法律评价。如果这样，就是侵犯了其的信赖利益，就是失信于民。

三、法的效力层次

进入现代社会以来，依法治国成为世界各国的治国理念，法律逐步成为调整人们生活的最重要准则，时至今日，法律已覆盖人们生活的所有领域。为了使法律得以有效运行，需要规定其效力层次以及效力冲突解决机制，这就是法的效力层次的基本内容。

我国法律体系中不同渊源形式的法律规范在效力方面的等级差别，通常遵循如下原则。

（一）不同主体制定的法的效力

一般而言，制定机关的地位越高，法律规范的效力等级也越高。我国《立法法》第八十七条规定：宪法具有最高的法律效力，一切法律、行政法规、地方性法规、自治条例和单行条例、规章都不得同宪法相抵触。第八十八条规定：法律的效力高于行政法规、地方性法规、规章。行政法规的效力高于地方性法规、规章。第八十九条规定：地方性法规的效力高于本级和下级地方政府规章。省、自治区的人民政府制定的规章的效力高于本行政区域内的设区的市、自治州的人民政府制定的规章。第九十一条规定：部门规章之间、部门规章与地方政府规章之间具有同等效力，在各自的权限范围内施行。依据我国《立法法》第九十六条第二款的规定：下位法违反上位法规定的，由有关机关依法予以改变或者撤销。

案例分析

案例：2003年3月17日，孙志刚走在广州街头，因为没有办理暂住证和没有随身携带身份证，孙志刚被当地治安人员带到派出所。根据《广东省收容遣送管理规定》治安人员遂将孙志刚收容。然而，在被派出所送往广州收容人员救治站后，3月20日，27岁的孙志刚便告死亡。据当地媒体报道，死前，孙志刚曾遭到毒打。《广东省收容遣送管理规定》规定，都有限制被收容人员的人身自由的内容。但2000年7月1日施行的《立法法》明确规定，对公民政治权利的剥夺、限制人身自由的强制措施和处罚只能由法律来规定；《宪法》也规定公民的人身自由不受侵害。显然，行政法规不得同宪法和法律相抵触，地方性法规和规章都不得同宪法、法律、行政法规相抵触。没有国家大法依据的收容，显得不“合法”。2003年5月，许志永等3位青年法学博士、贺卫方等5位资深法学家上书全国人大常委会，要求对《城市流浪乞讨人员收容遣送办法》进行“违宪审查”。6月20日，温家宝总理签署国务院第381号令，公布施行《城市生活无着的流浪乞讨人员救助管理办法》自2003年8月1日起施行。废止了《城市流浪乞讨人员收容遣送办法》。

分析：下位法若同新生效的上位法相抵触，下位法必须由有关机关依法予以改变或者撤销。

（二）同一主体制定的法的效力

同一主体制定的法律规范，“特别法优于一般法”，即同一事项，两种法律都有规定的，特别法比一般法优先，优先适用特别法；“后法优于前法”，即就同一领域的问题制定颁布了两个以上的法律时，后法优于前法，优先适用后法；“严格程序法优于一般程序法”，按特定的、更严格的程序制定的法律规范效力等级高于按一般程序制定的法律规范。

（三）国际法与国内法的效力

我国参与缔结或加入并已批准生效的条约、公约、议定书、协定等国际法规范若与国内法有冲突，国际法规范（除我国声明保留的条款外）效力优先。我国加入世贸组织以来，我国按照WTO规则的要求和加入WTO法律文件时有关对外承诺的时间表，修改和制定了大量与WTO规则相适应的法律法规，主要内容涉及货物贸易、服务贸易、知识产权保护、与贸易有关的投资措施等方面。

第六节 法律责任

? 问题

蒋某因公出差到某市一家旅馆住宿，夜晚在房间休息时，天花板上的吊灯突然脱落，正好砸到蒋某身上，致使蒋某身上多处受伤，为此，蒋某花去医疗费2093元。于是，蒋某要求旅馆赔偿损失，但旅馆老板不同意，理由是吊灯属于某装修队安装的，旅馆本身没有过错。蒋某只得又去找某装修队，但该装修队认为，吊灯脱落是由于吊灯经多年使用螺丝磨损严重造成的，装修队不承担责任。两家相互推诿，蒋某于是诉至法院。请问本案例中，谁应该付法律责任？

一、法律责任的概念

广义的法律责任与法律义务同义，如每个公民都有遵守法律的责任（义务），人民法院有责任（义务）保护当事人的合法权利等。

狭义的法律责任，专指违法者对自己实施的违法行为必须承担的某种带有强制性的责任。

法律责任首先表示一种因违反法律上的义务（包括违约等）关系而形成的责任关系，它是以法律义务的存在为前提的。法律责任还表示为一种责任方式，即承担不利后果。法律责任具有内在逻辑性，即存在前因与后果的逻辑关系。法律责任的追究是由国家强制力实施或者潜在保证的。

二、法律责任的构成要件

法律责任的构成要件是指构成法律责任必须具备的各种条件或必须符合的标准，它是国家机关要求行为人承担法律责任时进行分析、判断的标准。根据违法行为的一般特点，我们把法律责任的构成要件概括为：主体、过错、违法行为、损害事实和因果关系五个方面。

1. **主体**　法律责任主体，是指违法主体或者承担法律责任的主体。责任主体不完全等同于违法主体。

2. **违法行为或违约行为**　违法行为是指违反法律所规定的义务、超越权利的界限行使权利以及侵权行为的总称，一般认为违法行为包括犯罪行为和一般违法行为。

3. **损害事实**　损害事实即受到的损失和伤害的事实，包括对人身、对财产、对精神（或者三方面兼有的）的损失和伤害。

4. **主观过错**　过错即承担法律责任的主观故意或者过失。

5. **因果关系**　即行为与损害之间的因果关系，它是存在于自然界和人类社会中的各种因果关系的特殊形式。

三、归责与免责

法律责任的认定和归结简称“归责”，它是指对违法行为所引起的法律责任进行判断、确认、归结、缓减以及免除的活动。

（一）归责原则

归责原则体现了立法者的价值取向，是责任立法的指导方针，也是指导法律适用的基本准则。

1. **责任法定原则**　违法行为发生后应当按照法律事先规定的性质、范围、程度、期限、方式追究违法者的责任；作为一种否定性法律后果，它应当由法律规范预先规定。排除无法律依据的责任，即责任擅断和“非法责罚”。在一般情况下要排除对行为人有害的既往追溯。

2. **因果联系原则**　在认定行为人违法责任之前，应当首先确认行为与危害或损害结果之间的因果联系，这是认定法律责任的重要事实依据。在认定行为人违法责任之前，应当首先确认意志、思想等主观方面因素与外部行为之间的因果联系。在认定行为人违法责任之前，应当区分这种因果联系是必然的还是偶然的，直接的还是间接的。

3. **责任相称原则**　法律责任的性质与违法行为性质相适应。法律责任的轻重和种类应当与违法行为的危害或者损害相适应。法律责任的轻重和种类还应当与行为人主观恶性相适应。

4. **责任自负原则**　违法行为人应当对自己的违法行为负责；不能让没有违法行为的人承担法律责任，即反对株连或变相株连；要保证责任人受到法律追究，也要保证无责任者不受法律追究，做到不枉不纵。

（二）免责

免责是指行为人实施了违法行为，应当承担法律责任，但由于法律的特别规定，可以部分或全部免除其法律责任，即不实际承担法律责任。

免责的条件和方式可以分为：时效免责；不诉免责；自首、立功免责；有效补救免责；协议免责或意定免责；自助免责；人道主义免责。

四、法律责任的种类

根据违法行为所违反的法律的性质，可以把法律责任分为民事责任、行政责任、刑事责任、违宪责任和国家赔偿责任。

（一）民事责任

民事责任，对民事法律责任的简称，是指民事主体在民事活动中，因实施了民事违法行为，根据民法所承担的对其不利的民事法律后果或者基于法律特别规定而应承担的民事法律责任。民事责任属于法律责任的一种，是保障民事权利和民事义务实现的重要措施，是民事主体因违反民事义务所应承担的民事法律后果，它主要是一种民事救济手段，旨在使受害人被侵犯的权益得以恢复。

《中华人民共和国民法总则》（2017年3月15日第十二届全国人民代表大会第五次会议通过）第一百七十九条规定：承担民事责任的方式主要有：①停止侵害；②排除妨碍；③消除危险；④返还财产；⑤恢复原状；⑥修理、重作、更换；⑦继续履行；⑧赔偿损失；⑨支付违约金；⑩消除影响、恢复名誉；⑪赔礼道歉。

法律规定惩罚性赔偿的，依照其规定。本条规定的承担民事责任的方式，可以单独适用，也可以合并适用。

民事责任的构成要件包括：①损害事实的客观存在。损害是指因一定的行为或事件使民事主体的权利遭受某种不利的影响。权利主体只有在受损害的情况下才能够请求法律上的救济。②行为的违法性。指对法律禁止性或命令性规定的违反。除了法律有特别规定之外，行为人只应对自己的违法行为承担法律责任。③违法行为与损害事实之间的因果关系。作为构成民事责任要件的因果关系指行为人的行为及其物件与损害事实之间所存在的前因后果的必然联系。④行为人的过错。行为人的过错是行为人在实施违法行为时所具备的心理状态，是构成民事责任的主观要件。

（二）刑事责任

刑事责任是指犯罪行为应当承担的法律责任，包括主刑和附加刑两种刑事责任。主刑，是对犯罪分子适用的主要刑罚，它只能独立使用，不能相互附加适用。主刑分为管制、拘役、有期徒刑、无期徒刑和死刑。剥夺政治权利、没收独立适用，不能附加适用。附加刑分为罚金、没收财产。对犯罪的外国人，也可以独立或附加适用驱逐出境。

具备犯罪构成要件是负刑事责任的依据。犯罪主体必须是达到法律规定的年龄，主观方面存在故意或过失，犯罪客体和客观方面要件必须是行为人的行为侵犯了刑事法律保护的社会关系，并造成了严重的社会危害性，即已构成犯罪，行为人才应负刑事责任。如果行为不具备犯罪构成要件，不危害社会，或者法律明文规定不负刑事责任，则无刑事责任可言。例如，无责任能力人实施的危害社会的行为，或因正当防卫，紧急避险，履行有益于社会的业务上的行为。

依照中国刑法的规定，刑罚包括主刑和附加刑两种。主刑有管制、拘役、有期徒刑、无期徒刑和死刑；附加刑有罚金、剥夺政治权利和没收财产。此外，对于犯罪的外国人，可以独立适用或者附加适用驱逐出境。

（三）行政责任

行政责任是指犯有一般违法行为的单位或个人，依照社律法规的规定应承担的法律责任。行政责任主要有行政处罚和行政处分两种方式。行政处罚是指行政机关或其他行政主体依法定职权和程序对违反行政法规尚未构成犯罪的行政管理相对人给于行政制裁的具体行政行为。

1. 行政处罚　是指国家行政机关关于犯有轻微违法行为而尚未构成犯罪的违法者所采取的惩罚性措施。行政出发主要有警告、罚款、拘留等方式。

司法行政机关对于有违法行为而又不够刑事处罚的人采取的强制性劳动改造的行政措施称劳动教养。我国劳动教养法规对劳动教养的对象、组织、期限、管理、教育等都作了规定。

2. 行政处分　又称纪律处分，是指国家机关、企业事业单位和其他组织根据法律或规章制度的规定，按照行政隶属关系，对于违法失职构成违反纪律的人员采取的惩罚性措施。行政处分的方式主要有警告、记过、记大过、降级、撤职、留用查看和开除等。

根据行政责任的具体内容不同，可以分为精神罚、财产罚、身份罚。精神罚是对行政违法主体的精神上的惩戒，它不直接涉及被惩罚主体的实体权利义务，但它对于引起行政违法主体的警觉，并防止下次重犯起着较大的作用，如警告。财产罚是强迫造成损害后果的行政行为主体交纳一定金额的罚款，或者剥夺其某些财产权利的责任，如行政赔偿。身份罚是对实施行政违法行为的行政主体以及国家公务员的特定方面的权力予以限制或者剥夺，进而改变其身份的一种责任，如撤职、开除、禁业等。

（四）违宪责任

违宪责任是一种特殊的法律责任，它是指国家机关及其工作人员、各政党、社会团体、企事业单位和公民的言论或行为违背宪法的原则、精神和具体内容因而必须承担相应的法律责任。违宪通常是指有关国家机关制定的某种法律、法规和规章，以及国家机关、社会组织或公民的某种行为与宪法的规定相抵触。违宪责任的特殊性主要表现在它是一种政治上的、领导上的的责任。在我国，全国人民代表大会常务委员会负责监督宪法实施，认定违宪责任。

思考题

1. 法律责任分为哪些类别？
2. 法的要素是什么？
3. 法的价值是什么？

（杨　悦）

第四章　宪法基本知识

学习导航

1. 掌握宪法概念和地位。
2. 熟悉公民基本权利和基本义务。
3. 了解国家机构组成。

宪法是国家根本大法。宪法是一个与主权紧密相连的概念。主权是指不受任何限制，也不从属于其他权力的权力。宪法是民主制度的法律化。资产阶级宪法体现资产阶级民主，社会主义宪法体现社会主义民主。我国宪法第二条规定：中华人民共和国的一切权力属于人民。

第一节　宪法基本理论

案例分析

案例： 王某初中毕业没有考上高中，在家住闲。此期间，其父因犯强奸罪被判刑。1986年其父托人将他送入职中，因为其父犯罪，使他受连累，同学骂他是杂种。同时，又因学习不好、好斗，老师也歧视他。这使他心理受压抑而不满，乃至怨恨这个社会不公平。于是他偷偷写了一张攻击社会主义的大字报，并连夜贴在县政府大门口的墙上，3天后被捕。

分析： 王某由于家庭和个人的问题，由怨恨而迁怒于政府，进而仇视社会主义。《中华人民共和国宪法》第一章第一条规定：社会主义制度是中华人民共和国的根本制度。中国共产党领导是中国特色社会主义最本质的特征。禁止任何组织或个人破坏社会主义制度。王某的攻击社会主义制度的行为，构成破坏社会主义制度的行为，为了维护宪法的尊严和保卫社会主义制度，王某理应受到法律的惩罚。

一、宪法的概念

宪法是国家的根本大法，是治国安邦的总章程，适用于国家全体公民，是特定社会政治经济和思想文化条件综合作用的产物，集中反映各种政治力量的实际对比关系，确认革命胜利成果和现实的民主政治，规定国家的根本任务和根本制度，即社会制度、国家制度的原则和国家政权的组织以及公民的基本权利义务等内容。

二、宪法的地位

（一）宪法规定国家的根本制度和根本任务

我国宪法规定了我国的社会制度和国家制度的基本原则、国家性质、政权组织形式、国家结构形式、公民的基本权利和义务、中央及地方国家机构的设置和各国家机关之间的相互关系，以及国旗、国徽、首都等。这些内容是我国国家生活和社会生活中最根本、最重要的。

（二）宪法具有最高法律地位

1954年中央人民政府委员会讨论我国第一部宪法草案时，毛泽东同志有一段话，他说："一个团体要有一个章程，一个国家也要有一个章程，宪法就是一个总章程，是根本大法。"他还说："用宪法这样一个根本大法的形式，把人民民主和社会主义原则固定下来，使全国人民有一条清楚的轨道，使全国人民感到有一条清楚的、明确的和正确的道路可走，就可以提高全国人民的积极性。"

2012年12月4日，习近平同志在首都各界纪念宪法公布施行30周年大会上的讲话中强调，宪法是国家的根本法，是治国安邦的总章程，具有最高的法律地位、法律权威、法律效力，具有根本性、全局性、稳定性、长期性。我国宪法以国家根本法的形式，确立了中国特色社会主义道路、中国特色社会主义理论体系、中国特色社会主义制度的发展成果，反映了我国各族人民的共同意志和根本利益，成为历史新时期党和国家的中心工作、基本原则、重大方针、重要政策在国家法制上的最高体现。

2014年10月23日，中国共产党第十八届四中全会通过《中共中央关于全面推进依法治国若干重大的决定》强调，宪法是党和人民意志的集中体现，是通过科学民主程序形成的根本法。

2014年11月1日，第十二届全国人民代表大会常务委员会第十一次会议通过《全国人民代表大会常务委员会关于设立国家宪法日的决定》，规定为了增强全社会的宪法意识，弘扬宪法精神，加强宪法实施，全面推进依法治国，决定将12月4日设立为国家宪法日。国家通过多种形式开展宪法宣传教育活动。

2015年7月1日，第十二届全国人民代表大会常务委员会第十五次会议通过《全国人民代表大会常务委员会关于实行宪法宣誓制度的决定》，决定自2016年1月1日起施行。明确宪法是国家的根本法，是治国安邦的总章程，具有最高的法律地位、法律权威、法律效力。国家工作人员必须树立宪法意识，恪守宪法原则，弘扬宪法精神，履行宪法使命。为彰显宪法权威，激励和教育国家工作人员忠于宪法、遵守宪法、维护宪法，加强宪法实施，决定明确了进行宪法宣誓的人员和宣誓誓词的内容。

2017年12月24日，党的十九大通过的中国共产党新章程也规定，党必须在宪法和法律的范围内活动。党的十九大报告提出，加强宪法实施和监督，推进合宪性审查工作，维护宪法权威。

2018年2月，十二届全国人大常委会第三十三次会议表决通过了关于实行宪法宣誓制度的决定，对宪法宣誓制度相关规定作出适当修改。规定各级人民代表大会及县级以上各级人民代表大会常务委员会选举或者决定任命的国家工作人员，以及各级人民政府、监察委员会、人民法院、人民检察院任命的国家工作人员，在就职时应当公开进行宪法宣誓。修改后的宪法宣誓誓词为“我宣誓：忠于中华人民共和国宪法，维护宪法权威，履行法定职责，忠于祖国、忠于人民，恪尽职守、廉洁奉公，接受人民监督，为建设富强民主文明和谐美丽的社会主义现代化强国努力奋斗！”

（三）宪法具有最高法律效力

宪法具有最高法律效力，主要表现在以下两个方面。

第一，宪法是普通法律的制定基础和依据。宪法的功能就是确定国家生活和社会生活中的根本制度、基本制度和基本原则，再由普通法律依据宪法的规定进行具体化，成为社会实际生活的具体规范。宪法与普通法律的关系是“母法”与“子法”的关系，普通法律是由宪法派生出来的。

第二，普通法律的规定与宪法相抵触无效。国家立法机关制定的任何普通法律都具有法律效力，但是其前提必须是与宪法相一致。如果普通法律的规定与宪法的规定、原则及精神相抵触，或者相抵触的部分无效，或者全部无效。

三、宪法的作用

2018年3月，十二届全国人大常委会副委员长兼秘书长王晨在第十三届全国人民代表大会第一次会议作了关于中华人民共和国宪法修正案草案的说明，提出30多年来的发展历程充分证明，我国宪法有力坚持了中国共产党领导，有力保障了人民当家作主，有力促进了改革开放和社会主义现代化建设，有力推动了社会主义法治国家建设进程，有力维护了国家统一、民族团结、社会稳定，是符合国情、符合实际、符合时代发展要求的好宪法，是充分体现人民共同意志、充分保障人民民主权利、充分维护人民根本利益的好宪法，是推动国家发展进步、保证人民创造幸福生活、保障中华民族实现伟大复兴的好宪法，是我们国家和人民经受住各种困难和风险考验、始终沿着中国特色社会主义道路前进的根本法治保障。

（一）对经济制度的作用

宪法规定了我国的基本经济制度。基本经济制度是指国家依据社会性质及基本国情，通过法律对社会经济秩序中生产资料归谁所有作出明确规定的经济制度，是社会经济在生产关系中最基本的规定，即所有制。中国现处于社会主义初级阶段，因而以公有制为主体、多种所有制经济共同发展是我国现阶段的基本经济制度。

（1）规定社会主义公有制。我国宪法第六条规定，中华人民共和国的社会主义经济制度的基础是生产资料的社会主义公有制，即全民所有制和劳动群众集体所有制。社会主义公有制消灭人剥削人的制度，实行各尽所能、按劳分配的原则。国家在社会主义初级阶段，坚持公有制为主体、多种所有制经济共同发展的基本经济制度，坚持按劳分配为主体、多种分配方式并存的分配制度。

（2）规定国有经济在国民经济中是主导力量。第七条规定，国有经济，即社会主义全民所有制经济，是国民经济中的主导力量。国家保障国有经济的巩固和发展。第八条规定，农村集体经济组织实行家庭承包经营为基础、统分结合的双层经营体制……。第九条规定，矿藏、水流、森林、山岭、草原、荒地、滩涂等自然资源，都属于国家所有，即全民所有……。第十条规定，城市的土地属于国家所有。农村和城市郊区的土地，除由法律规定属于国家所有的以外，属于集体所有；宅基地和自留地、自留山，也属于集体所有。国家为了公共利益的需要，可以依照法律规定对土地实行征收或者征用并给予补偿。任何组织或者个人不得侵占、买卖或者以其他形式非法转让土地。土地的使用权可以依照法律的规定转让。一切使用土地的组织和个人必须合理地利用土地。

（3）规定个体经济、私营经济等非公有制经济，是社会主义市场经济的重要组成部分。第十一条规定，在法律规定范围内的个体经济、私营经济等非公有制经济，是社会主义市场经济的重要组成部分。国家保护个体经济、私营经济等非公有制经济的合法的权利和利益。国家鼓励、支持和引导非公有制经济的发展，并对非公有制经济依法实行监督和管理。

（4）规定公共财产神圣不可侵犯。第十二条规定，社会主义的公共财产神圣不可侵犯。国家保护社会主义的公共财产。禁止任何组织或者个人用任何手段侵占或者破坏国家的和集体的财产。

（二）对政治制度的作用

（1）确认国家权力的归属。我国宪法第一条规定“中华人民共和国是工人阶级领导的、以工农联盟为基础的人民民主专政的社会主义国家。社会主义制度是中华人民共和国的根本制度。中国共产党领导是中国特色社会主义最本质的特征。禁止任何组织或者个人破坏社会主义制度。”

（2）规定国家的民主制度。我国宪法规定，中华人民共和国的国家机构实行民主集中制的原则。人民行使国家权力的机关是全国人民代表大会和地方各级人民代表大会。人民依照法律规定，通过各种途径和形式，管理国家事务，管理经济和文化事业，管理社会事务。全国人民代表大会和地方各级人民代表大会都由民主选举产生，对人民负责，受人民监督。国家行政机关、监察机关、审判机关、检察机关都由人民代表大会产生，对它负责，受它监督。

（3）规定中央与地方的关系，即国家结构形式。我国宪法规定，中华人民共和国是全国各族人民共同缔造的统一的多民族国家。中华人民共和国的行政区域划分如下：全国分为省、自治区、直辖市；省、自治区分为自治州、县、自治县、市；县、自治县分为乡、民族乡、镇。直辖市和较大的市分为区、县。自治州分为县、自治县、市。自治区、自治州、自治县都是民族自治地方。国家在必要时得设立特别行政区。在特别行政区内实行的制度按照具体情况由全国人民代表大会以法律规定。

（三）对法治的作用

宪法第五条规定，中华人民共和国实行依法治国，建设社会主义法治国家。国家维护社会主义法制的统一和尊严。一切法律、行政法规和地方性法规都不得同宪法相抵触。

一切国家机关和武装力量、各政党和各社会团体、各企业事业组织都必须遵守宪法和法律。一切违反宪法和法律的行为，必须予以追究。任何组织或者个人都不得有超越宪法和法律的特权。

四、宪法修改

（一）宪法修改方式

1. 全面修改 宪法的全面修改，又称整体修改，是指在国家政权性质及制宪权根源没有发生变化的前提下，宪法修改机关对宪法的大部分内容（包括宪法的结构）进行调整、变动，通过或批准整部宪法并重新予以颁布的活动。

2. 部分修改 宪法的部分修改是指宪法修改机关根据宪法修改程序以决议或者宪法修正案等方式对整部宪法中的部分内容进行调整或变动的活动。主要有三种具体方式：①以决议的方式直接在宪法条文中以新内容代替旧内容，修改之后，重新公布宪法；②以决议的方式直接废除宪法条文中的某些规定，修改之后，重新公布宪法；③以宪法修正案的方式增删宪法的内容。宪法修正案是指以修改宪法年代的先后重新设立条文，附于宪法典之后，按照“新法优于旧法”或“后法优于前法”的原则，凡与新条文相抵触的旧条文一律无效。宪法修正案是宪法的组成部分之一。宪法颁布以来我国分别于1988年、1993年、1999年、2004年、2018年五次运用宪法修正案的方式修改宪法。

（二）新中国宪法的历史发展

新中国成立以来，先后颁布了共同纲领和四部宪法。

（1）共同纲领。1949年9月29日，中国人民政治协商会议第一届全体会议选举了中央人民政府委员会，宣告了中华人民共和国的成立，并且通过了起临时宪法作用的《中国人民政治协商会议共同纲领》。该纲领既是中国人民民主统一战线的纲领，在1954年《中华人民共和国宪法》颁布以前，实际上起了临时宪法的作用。

（2）1954年宪法。1954年，第一届全国人民代表大会第一次会议通过了《中华人民共和国宪法》。这次宪法贯穿民主原则和社会主义原则，确认中国是工人阶级领导的、以工农联盟为基础的人民民主国家，国家的“一切权力属于人民”，人民行使权力的机关是全国和地方各级人民代表大会。全国和地方各级人民代表大会及其他国家机关一律实行民主集中制。规定实行人民民主、实现各民族一律平等，规定国家走社会主义道路，在向社会主义过渡时期的总任务是逐步实现国家的社会主义工业化，逐步完成对农业、手工业和资本主义工商业的社会主义改造，同时规定对资本主义工商业采取利用、限制、改造的政策。

（3）1975年宪法。1975年大规模修改的宪法由第四届全国人民代表大会第一次会议通过。这部宪法文本是在当时中国特殊历史条件下形成的，是“左”的思想的产物。这部宪法大量删减了宪法必须明确规定的内容，起不到国家生活准则的国家根本大法的作用。

（4）1978年宪法。1978年大规模修改的宪法由第五届全国人民代表大会第一次会议通过，对1975年宪法文本作了修改。这部宪法是在国家政治生活很不正常的情况下产生的，反映了“文化大革命”很多错误的观点，抛弃了1954年宪法中很多正确的东西。

（5）1982年宪法。1982年宪法由第五届全国人民代表大会第五次会议通过在宪法结构上，把公民的基本权利和义务置于国家机构之前，表明国家权力来源于人民的委托和授予；恢复设立国家主席，使我国的政权组织形式更加科学；增设中央军事委员会。在宪法规范上，1982年宪法的条文数量增至138条，同宪法所要实现的目标和任务相比，更为恰当。

（三）1982年宪法的五次修改

1982年宪法通过后，根据国家经济、社会的发展，全国人民代表大会先后四次对宪法的部分内容和条款作了修改，共计修改了31条。

第一次修正是在1988年，我国第一次采用宪法修正案的形式修改宪法，由第七届全国人民代表大会第一次会议通过。主要内容是：国家允许私营经济在法律规定的范围内存在和发展。对土地不得出租的规定作了修改，规定土地的使用权可以依照法律的规定转让。

第二次修正是在1993年，第八届全国人民代表大会第一次会议通过宪法修正案。主要内容是：在宪法序言第七自然段中更加完整地表述党的基本路线，增加了“我国正处于社会主义初级阶段”“建设有中国特色社会主义的理论”“坚持改革开放”等内容。将宪法第十五条关于国家实行计划经济的规定修改为“国家实行社会主义市场经济。”“国家加强经济立法，完善宏观调控。”并相应地将宪法第十六条关于“国营企业在服从国家的统一领导和全面完成国家计划的前提下，在法律规定的范围内，有经营管理的自主权”的规定修改为“国有企业在法律规定的范围内有权自主经营”，将宪法第十七条关于“集体经济组织在接受国家计划指导和遵守有关法律的前提下，有独立进行经济活动的自主权”的规定修改为“集体经济组织在遵守有关法律的前提下，有独立进行经济活动的自主权。”将县级人民代表大会的任期由三年改为五年。

第三次修正是在1999年，第九届全国人民代表大会第二次会议再一次通过了宪法修正案。这次是以党的十五大为依据，对宪法部分内容作适当修改。主要内容包括：确立邓小平理论的指导地位。增加规定“中华人民共和国实行依法治国，建设社会主义法治国家。”增加规定社会主义初级阶段的基本经济制度和分配制度。规定“农村集体经济组织实行家庭承包经营为基础、统分结合的双层经营体制”。增加规定“在法律规定范围内的个体经济、私营经济等非公有制经济，是社会主义市场经济的重要组成部分。”

第四次修正是在2004年，第十届全国人民代表大会第二次会议通过了宪法修正案。主要内容是：确立“三个代表”重要思想在国家政治生活和社会生活中的指导地位；增加“推动物质文明、政治文明和精神文明协调发展”的内容；在统一战线的表述中增加“社会主义事业的建设者”；进一步明确国家对发展非公有制经济的方针；完善私有财产保护制度；完善土地征收、征用制度；增加建立健全社会保障制度的规定；增加尊重和保障人权的规定；在全国人民代表大会组成的规定中增加“特别行政区”选出的代表；完善紧急状态制度；在国家主席职权的规定中增加“进行国事活动”；将乡镇人民代表大会的任期由三年改为五年；增加关于国歌的规定。

第五次修正是在2018年，第十三届全国人民代表大会第一次会议通过宪法修正案。主要修改内容如下：习近平新时代中国特色社会主义思想、科学发展观作为国家指导思想载入国家根本法。明确“中国共产党领导是中国特色社会主义最本质的特征；增加“坚持和平发展道路，坚持互利共赢开放战略”“推动构建人类命运共同体”“国家倡导社会主义核心价值观”。“中华人民共和国主席、副主席每届任期同全国人民代表大会每届任期相同，连续任职不得超过两届。”修改为：“中华人民共和国主席、副主席每届任期同全国人民代表大会每届任期相同。”增设国家监察机关。明确中华人民共和国各级监察委员会是国家的监察机关。中华人民共和国设立国家监察委员会和地方各级监察委员会。监察委员会的组织和职权由法律规定。增设宪法宣誓制度。明确国家工作人员就职时应当依照法律规定公开进行宪法宣誓。给较大的市赋予立法权。明确设区的市的人民代表大会和常务委员会，在不同宪法、法律、行政法规和本省、自治区的地方性法规相抵触的前提下，可以依照法律规定制定地方性法规，报本省、自治区人民代表大会常务委员会批准后施行。

五、宪法监督

（一）宪法监督的概念和分类

宪法监督制度是指特定的国家机关依据一定的程序，审查和裁决法律、法规和行政命令等规范性文件是否符合宪法，以维护宪法权威、保证宪法实施和保障公民宪法权利的制度。根据宪法监督机关的不同，将宪法监督制度分为立法机关监督制、司法机关监督制和专门机关监督制。

1. 立法机关监督制 最高国家权力机关监督制或立法机关监督制是指由最高国家权力机关依照议事程序审查法律、法规及行政命令等规范性文件是否符合宪法的监督制度。社会主义国家均建立了由最高国家权力机关行使宪法监督权的宪法监督体制。宪法第六十七条规定，全国人民代表大会常务委员会解释宪法，监督宪法的实施。

2. 司法机关监督制 又称司法审查制，是指由普通法院通过司法程序依照司法原则对正在审理的各类案件所涉及的作为该案件审理依据的法律、法规及行政命令等规范性文件的合宪性进行审查的监督制度。由美国首创，其代表性国家亦为美国，主要为一些英美法系国家所采用。

3. 专门机关监督 是指由特设的专门机关（通常称宪法法院）根据特定程序审查法律、法规及行政命令等规范性文件的合宪性，并有权撤销违宪的法律、法规及行政命令等规范性文件的监督制度。

（二）宪法监督的方式

一是事前审查和事后审查。宪法监督机关在法律等规范性法律文件颁布以前进行审查，称为“事前审查”，反之，称为“事后审查”。在立法机关监督制和专门机关监督制（法国除外）国家，宪法监督经过既可作事前审查，又可作事后审查；在设宪法委员会的法国，宪法委员会只可作事前审查；而在司法机关监督制国家，普通法院只可作事后审查。

二是具体案件审查和抽象原则审查（又称预防性审查）。前者主要为司法机关监督制国家采用，后者为立法机关监督制和专门机关监督制国家采用。此外，在德国、韩国等实行专门机关监督制的国家，宪法法院还采用受理公民在穷尽一切法律救济手段后仍认为公共权力侵害其合法权益的“宪法控诉”方式。

（三）我国的宪法监督制度

宪法在原有规定的基础上，总结我国的实践经验，借鉴其他国家的有益做法，进一步发展了我国的宪法监督制度。

宪法规定了一套对规范性文件的监督体系：①全国人大有权改变或者撤销全国人大常委会不适当的决定；②全国人大常委会有权撤销国务院制定的同宪法、法律相抵触的行政法规、决定和命令，有权撤销省、自治区、直辖市国家权力机关制定的同宪法、法律和行政法规相抵触的地方性法规和决议；③国务院有权改变或者撤销各部各委员会发布的不适当的命令、指示和规章，有权改变或者撤销地方各级国家行政机关的不适当的决定和命令；④县级以上的地方各级人大有权改变或者撤销本级人大常委会不适当的决定；⑤县级以上地方各级人大常委会有权撤销本级人民政府的不适当的决定和命令，撤销下一级人大的不适当的决议；⑥县级以上的地方各级人民政府有权改变或者撤销所属各工作部门和下级人民政府的不适当的决定。全国人大及其常委会对一切违宪行为进行监督，同时，上级国家机关对下级相应国家机关也能进行监督。这一套对规范性文件进行监督的体系，是我国宪法监督制度的重要组成部分，可以说它是我国宪法对最高国家权力机关监督制的重大发展。

（四）加强宪法监督实施

党的十八届四中全会通过的《中共中央关于全面推进依法治国若干重大问题的决定》，提出完善以宪法为核心的中国特色社会主义法律体系，加强宪法实施。要健全宪法实施和监督制度。完善全国人大及其常委会宪法监督制度，健全宪法解释程序机制。加强备案审查制度和能力建设，把所有规范性文件纳入备案审查范围，依法撤销和纠正违宪违法的规范性文件，禁止地方制发带有立法性质的文件。党的十九大报告提出，加强宪法实施和监督，推进合宪性审查工作，维护宪法权威。

第二节　公民的基本权利和义务

问题

2009年6月，何某中专毕业，根据招聘广告，他参加了杭州某机械设备有限公司的车工岗位招聘考试，成功地通过了笔试、面试、复试。随后，招聘单位叫他去公司定点医院做一次体检。几天后招聘单位通过体检结果知道何某是一名乙肝病毒携带者，于是拒绝录用。“乙肝病毒携带者”成了他找工作的最大障碍，何某非常苦恼，他希望自己能够得到平等就业的机会。“乙肝病毒携带者”是否有平等的工作权利呢？

一、我国公民的基本权利

（一）平等权

平等权是指公民依法平等地享有权利，不受任何差别对待，要求国家给予同等保护的权利。我国《宪法》规定："中华人民共和国公民在法律面前一律平等。"这一规定的涵义有三：一是任何公民不分民族、种族、性别、职业、家庭出身、宗教信仰、教育程度、财产状况、居住期限，都一律平等地享有宪法和法律规定的权利，也都平等地履行宪法和法律规定的义务；二是任何人的合法权利都一律平等地受到保护，对违法行为一律依法予以追究，决不允许任何违法犯罪分子逍遥法外；三是在法律面前，不允许任何公民享有法律以外的特权。

（二）政治权利

政治权利是公民依据宪法和法律规定，参与国家政治生活的行为可能性。

1. 选举权和被选举权 民主制度的核心就是选举，没有选举的地方就没有民主。选举权是人民主权原则在制度中落实的最重要的环节，也是现代政权获得合法性和认同感的最基本途径。我国《宪法》第三十四条规定，中华人民共和国年满十八周岁的公民，不分民族、种族、性别、职业、家庭出身、宗教信仰、教育程度、财产状况、居住期限，都有选举权和被选举权；但是依照法律被剥夺政治权利的人除外。

2. 言论、出版、结社、集会、游行示威自由 宪法第三十五条规定，中华人民共和国公民享有言论、出版、集会、结社、游行、示威的自由。

3. 监督权和取得赔偿权 宪法第四十一条第规定，中华人民共和国公民对于任何国家机关和国家工作人员，有提出批评和建议的权利；对于任何国家机关和国家工作人员的违法失职行为，有向有关国家机关提出申诉、控告或者检举的权利，但是不得捏造或者歪曲事实进行诬告陷害。对于公民的申诉、控告或者检举，有关国家机关必须查清事实，负责处理。任何人不得压制和打击报复。由于国家机关和国家工作人员侵犯公民权利而受到损失的人，有依照法律规定取得赔偿的权利。

（三）宗教信仰自由

宪法第三十六条规定，中华人民共和国公民有宗教信仰自由。任何国家机关、社会团体和个人不得强制公民信仰宗教或者不信仰宗教，不得歧视信仰宗教的公民和不信仰宗教的公民。国家保护正常的宗教活动。任何人不得利用宗教进行破坏社会秩序、损害公民身体健康、妨碍国家教育制度的活动。宗教团体和宗教事务不受外国势力的支配。

（四）人身自由

人身自由包括狭义和广义两方面。狭义的人身自由主要指公民的身体不受非法侵犯。广义的人身自由则还包括与狭义人身自由相关联的人格尊严、住宅不受侵犯、通信自由等与公民个人生活紧密相关的权利和自由。

1. 人身自由　宪法第三十七条规定，中华人民共和国公民的人身自由不受侵犯。任何公民，非经人民检察院批准或者决定或者人民法院决定，并由公安机关执行，不受逮捕。

2. 人格尊严不受侵犯　宪法第三十八条规定，中华人民共和国公民的人格尊严不受侵犯。禁止用任何方法对公民进行侮辱、诽谤和诬告陷害。

3. 住宅不受侵犯　宪法第三十九条规定，中华人民共和国公民的住宅不受侵犯。禁止非法搜查或者非法侵入公民的住宅。

4. 通信自由　宪法第四十条规定，中华人民共和国公民的通信自由和通信秘密受法律的保护。除因国家安全或者追查刑事犯罪的需要，由公安机关或者检察机关依照法律规定的程序对通信进行检查外，任何组织或个人不得以任何理由侵犯公民的通信自由和通信秘密。

（五）社会经济权利

1. 财产权　是确保公民免除人身依附关系，形成独立人格的不可或缺的物质前提。我国宪法第十三条规定，公民的合法的私有财产不受侵犯。国家依照法律规定保护公民的私有财产权和继承权。国家为了公共利益的需要，可以依照法律规定对公民的私有财产实行征收或者征用并给予补偿。

2. 劳动权　宪法第四十二条规定，中华人民共和国公民有劳动的权利和义务。国家通过各种途径，创造劳动就业条件，加强劳动保护，改善劳动条件，并在发展生产的基础上，提高劳动报酬和福利待遇。劳动是一切有劳动能力的公民的光荣职责。国有企业和城乡集体经济组织的劳动者都应当以国家主人翁的态度对待自己的劳动。国家提倡社会主义劳动竞赛，奖励劳动模范和先进工作者。国家提倡公民从事义务劳动。国家对就业前的公民进行必要的劳动就业训练。

3. 休息权　宪法第四十三条规定，中华人民共和国劳动者有休息的权利。国家发展劳动者休息和休养的设施，规定职工的工作时间和休假制度。

4. 生活保障权　宪法第四十四条规定，国家依照法律规定实行企业事业组织的职工和国家机关工作人员的退休制度。退休人员的生活受到国家和社会的保障。

宪法第四十五条规定，中华人民共和国公民在年老、疾病或者丧失劳动能力的情况下，有从国家和社会获得物质帮助的权利。国家发展为公民享受这些权利所需要的社会保险、社会救济和医疗卫生事业。国家和社会保障残废军人的生活，抚恤烈士家属，优待军人家属。国家和社会帮助安排盲、聋、哑和其他有残疾的公民的劳动、生活和教育。

（六）文化教育权利

1. 受教育权　宪法第四十六条规定，中华人民共和国公民有受教育的权利和义务。国家培养青年、少年、儿童在品德、智力、体质等方面全面发展。

2. 科学研究、艺术创作和文化活动自由　宪法第四十七条规定，中华人民共和国公民有进行科学研究、艺术创作和其他文化活动的自由。国家对于从事教育、科学、技术、文学、艺术和其他文化事业的公民的有益于人民的创造性工作，给以鼓励和帮助。

（七）特殊主体的权利

1. **妇女权利保护** 宪法第四十八条规定，中华人民共和国妇女在政治的、经济的、文化的、社会的和家庭的生活等各方面享有同男子平等的权利。国家保护妇女的权利和利益，实行男女同工同酬，培养和选拔妇女干部。

2. **婚姻、家庭、母亲、儿童和老人权利保护** 宪法第四十九条规定，婚姻、家庭、母亲和儿童受国家的保护。夫妻双方有实行计划生育的义务。父母有抚养教育未成年子女的义务，成年子女有赡养扶助父母的义务。禁止破坏婚姻自由，禁止虐待老人、妇女和儿童。

3. **华侨、归侨和侨眷权利保护** 宪法第五十条规定，中华人民共和国保护华侨的正当的权利和利益，保护归侨和侨眷的合法的权利和利益。

二、我国公民的基本义务

基本义务是指宪法规定的公民必须履行的法律责任。公民的基本义务决定着公民在国家生活中的政治与法律地位。宪法第三十三条规定，任何公民享有宪法和法律规定的权利，同时必须履行宪法和法律规定的义务。

（一）维护国家统一和民族团结义务

宪法第五十二条规定，中华人民共和国公民有维护国家统一和全国各民族团结的义务。

（二）遵守法纪道德义务

宪法第五十三条规定，中华人民共和国公民必须遵守宪法和法律，保守国家秘密，爱护公共财产，遵守劳动纪律，遵守公共秩序，尊重社会公德。

（三）维护祖国的安全、荣誉和利益

宪法第五十四条规定，中华人民共和国公民有维护祖国的安全、荣誉和利益的义务，不得有危害祖国的安全、荣誉和利益的行为。

（四）保卫祖国、依法服兵役和参加民兵组织

宪法第五十五条规定，保卫祖国、抵抗侵略是中华人民共和国每一个公民的神圣职责。依照法律服兵役和参加民兵组织是中华人民共和国公民的光荣义务。

（五）依法纳税义务

宪法第五十六条规定，中华人民共和国公民有依法纳税的义务。

（六）婚姻家庭义务

宪法第二十五条规定，国家推行计划生育，使人口的增长同经济和社会发展计划相适应。第四十九条规定，婚姻、家庭、母亲和儿童受国家的保护。夫妻双方有实行计划生育的义务。父母有抚养教育未成年子女的义务，成年子女有赡养扶助父母的义务。禁

止破坏婚姻自由，禁止虐待老人、妇女和儿童。

第三节　我国的国家机构

问题

国家机构是一定社会的统治阶级为实现其统治职能而建立起来的进行国家管理和执行统治职能的国家机关的总和。中华人民共和国的国家机构包括哪些？全国人民代表大会、国务院、人民法院和人民检察院的职权有哪些？

一、全国人民代表大会

（一）全国人大的性质和地位

依据宪法的规定，全国人大是全国人民行使国家权力的最高机关，又是行使国家立法权的机关。

（二）全国人大的组成和任期

全国人大由省、自治区、直辖市的人民代表大会和军队以及香港和澳门特别行政区选出的代表组成。我国采取的是地域代表制与职业代表制（军队）相结合，而以地域代表制为主的代表制。全国人大行使职权的法定期限即每届任期为5年。在任期届满前的两个月以前，全国人大常委会必须完成下届全国人大代表的选举工作。如果遇到不能进行选举的非常情况，由全国人大常委会以全体委员2/3以上的多数通过，可以推迟选举，延长本届全国人大的任期；但在非常情况结束后1年以内，全国人大常委会必须完成下届全国人大代表的选举。

（三）全国人大的职权

1. **修改宪法，监督宪法实施**　宪法的修改由全国人大常委会或者1/5以上的全国人大代表提议，并由全国人大以全体代表的2/3以上的多数通过。

2. **制定和修改基本法律**　基本法律是以宪法为根据的由全国人大制定的最重要的法律，包括刑法、刑事诉讼法、民法、民事诉讼法，全国人大组织法、国务院组织法。地方各级人大和地方各级人民政府组织法、人民法院组织法、人民检察院组织法、选举法、民族区域自治法、有关设立特别行政区内管理制度的法律等。基本法律的制定权只能由全国人大享有，基本法律的修改权也由全国人大享有，但全国人大常委会在全国人大闭会期间可以对全国人大制定的基本法律进行部分的补充和修改，但不得同该法律的基本原则相抵触。

3. **选举、决定和罢免国家机关的重要领导人**　全国人大有权选举全国人大常委会委员长、副委员长、秘书长和委员；选举中华人民共和国主席、副主席；中央军事委员会主席；选举国家监察委员会主任；最高人民法院院长；最高人民检察院检察长；有权根据国家主席的提名决定国务院总理的人选，根据国务院总理的提名决定国务院副总理、国务委员、各部部长、各委员会主任、审计长和秘书长的人选；根据中央军事委员会主席的提名决定中央军事委员会副主席和委员的人选。对于以上人员，全国人大有权依照法定程序予以罢免。按照全国人大议事规则第39条的规定，罢免案必须由全国人大主席团或者3个以上的代表团或者1/10以上的代表提出，由主席团提请大会审议，并经全体代表的过半数同意，才能通过。

4. 决定国家重大问题 全国人大有权审查和批准国民经济和社会发展计划以及计划执行情况的报告；审查和批准国家预算和预算执行情况的报告；批准省、自治区和直辖市的划分；决定特别行政区的设立及其制度，决定战争与和平问题等。

5. 最高监督权 依据宪法，全国人大常委会对全国人大负责并报告工作，全国人大可以改变或者撤销全国人大常委会不适当的决定；国务院要向全国人大负责并报告工作；中央军事委员会主席、国家监察委员会、最高人民法院、最高人民检察院也要对全国人大负责。依据全国人大议事规则第30条的规定，最高人民法院和最高人民检察院也要向全国人大报告工作。另外，在全国人大会议期间，一个代表团或者三十名以上的代表可以书面提出对国务院和国务院各部委的质询案。

6. 其他应当由它行使的职权 宪法规定，全国人大有权行使“应当由最高国家权力机关行使的其他职权”。

（四）全国人大的会议制度

全国人大会议有常规会议、临时会议、秘密会议三种形式。全国人大的常规会议每年举行一次，由全国人大常委会召集。全国人大常委会应当在全国人大会议举行一个月前，将开会日期和建议大会讨论的主要事项通知全国人大代表。每届全国人大的第一次会议，在本届全国人大代表选举完成后两个月内由上届全国人大常委会召集。如果全国人大常委会认为必要，或者五分之一全国人大代表提议，可以召集全国人民代表大会临时会议。全国人大会议举行前，召开预备会议，选举主席团和秘书长，通过会议议程和关于会议其他准备事项的决定。全国人大会议公开举行；在必要的时候，经主席团征求各代表团的意见后，由有各代表团团长参加的主席团会议决定，可以举行秘密会议。全国人大会议须有三分之二以上的代表出席始得举行。国务院组成人员，中央军委组成人员，最高人民法院院长和最高人民检察院检察长，列席全国人大会议；其他机关、团体的负责人，经全国人大常委会决定，可以列席全国人大会议。

二、全国人大常委会

（一）全国人大常委会的性质和地位

全国人大常委会是全国人大的常设机关，也是行使国家立法权的机关。全国人大常委会与全国人大是隶属关系。全国人大常委会从属于全国人大，对全国人大负责并报告工作。全国人大常委会是在全国人大闭会期间行使国家权力的机关。

（二）全国人大常委会的组成和任期

全国人大常委会的组成人员包括：委员长、副委员长若干人、秘书长和委员若干人。

全国人大常委会的组成人员由全国人大从全国人大代表中选举产生，并不得担任国家行政机关、检察机关、审判机关和检察机关的职务。在全国人大常委会的组成人员中，应当有适当名额的少数民族代表。委员长、副委员长连续任职不得超过两届。

（三）全国人大常委会的职权

1. 解释宪法、监督宪法的实施　全国人大常委会有权撤销国务院制定的同宪法、法律相抵的行政法规、决定和命令；有权撤销省、自治区、直辖市国家权力机关制定的同宪法、法律和行政法规相抵触的地方性法规和决议。另外，地方性法规要报全国人大常委会备案；自治区的自治条例和单行条例要报全国人大常委会批准后才能生效；自治州、自治县的自治条例和单行条例在报省、自治区、直辖市的人大常委会批准生效后还要报全国人大常委会备案。

依据立法法，国务院、中央军委、最高人民法院、最高人民检察院和各省、自治区、直辖市的人民代表大会常委会认为行政法规、地方性法规、自治条例和单行条例同宪法或者法律相抵触的，可以向全国人大常委会书面提出进行审查的要求。上述以外的其他国家机关和社会团体、企事业组织以及公民个人认为行政法规、地方性法规、自治条例和单行条例同宪法或者法律相抵触的，可以向全国人大常委会书面提出进行审查的建议。接到上述要求和建议后，全国人大常委会再依法定程序进行处理。

2. 制定法律、解释法律　全国人大常委会有权制定和修改除应当由全国人大制定的法律以外的其他法律，有权对全国人大制定的法律进行部分补充和修改，但不得同该法律的基本原则相抵触。

解释法律的权力属于全国人大常委会。依立法法，法律的规定需要进一步明确含义的或者法律制定后出现新情况，需要明确使用法律依据时，由全国人大常委会进行解释。国务院、中央军委、最高人民法院、最高人民检察院和全国人大各专门委员会以及省、自治区、直辖市的人民代表大会常委会可以向全国人大常委会提出法律解释的要求。法律解释草案表决稿由常务委员会全体组成人员的过半数通过，与法律具有同等效力。1981年《全国人民代表大会常务委员会关于加强法律解释工作的决议》中规定：①凡关于法律、法令条文需要进一步明确界限或作补充规定的，由全国人大常委会进行解释或用法令加以规定。②凡属于法院审判工作中具体应用法律、法令的问题由最高人民法院进行解释。凡属于检察院检察工作中具体应用法律、法令的问题，由最高人民检察院进行解释。最高人民法院和最高人民检察院的解释如果有原则性的分歧，报请全国人大常委会解释或决定。③不属于审判和检察工作中的其他法律、法令如何具体应用问题，由国务院及主管部门进行解释。④凡属于地方性法规条文本身需要进一步明确界限或作补充规定的，由制定法规的省、自治区、直辖市人民代表大会常务委员会进行解释或作出规定。凡属于地方性法规如何具体应用的问题，由省、自治区、直辖市人民政府工作部门进行解释。

3. 决定、任免国家机关领导人员　在全国人大闭会期间，全国人大常委会有权根据国务院总理的提名，决定各部长、委员会主任、审计长；秘书长的人选；根据中央军事委员会主席的提名，决定中央军事委员会其他组成人员的人选；根据国家监察委员会主任的提请，任免国家监察委员会副主任、委员；根据最高人民法院院长的提名，任免最高人民法院副院长、审判员、审判委员会委员和军事法院院长；根据最高人民检察院检察长的提请，任免最高人民检察院副检察长、检察员、检察委员会委员、军事检察院检察长，并且根据最高人民检察院检察长的提请，批准省、自治区、直辖市的人民检察院检察长的任免。

4. **监督权** 全国人大有权监督国务院、中央军委、国家监察委员会、最高人民法院、最高人民检察院的工作在全国人大常委会会议期间，常委会组成人员十人以上联名可以向常委会书面提出对国务院及国务院各部委和最高人民法院、最高人民检察院的质询案。

5. **其他重要事项的决定权** 全国人大常委会有权决定批准或废除同外国缔结的条约和重要协定；决定驻外全权代表的任免；规定军人和外交人员的衔级制度和其他专门衔级制度；规定和决定授予国家的勋章和荣誉称号；决定特赦；如果遇到国家遭受武装侵犯或者必须履行国际间共同防止侵略的条约的情况，有权决定宣布战争状态；决定全国总动员和局部动员；决定全国或者个别省、自治区和直辖市的戒严。

（四）全国人大常委会的会议制度

全国人大常委会举行会议的形式有两种：由全体组成人员组成的全体会议和由委员长、副委员长、秘书长组成的委员长会议。委员长会议，处理全国人大常委会重要的日常工作。全国人大常委会全体会议一般每两个月举行一次，由委员长召集并主持。有特殊需要的时候可以临时召集会议。常委会全体会议须有常委会全体组成人员过半数出席才能举行。

三、中华人民共和国主席

（一）国家主席的产生

中华人民共和国主席、副主席由全国人民代表大会选举产生。有选举权和被选举权的年满45周岁的中华人民共和国公民可以被选为中华人民共和国主席、副主席。

（二）国家主席的任期

中华人民共和国主席、副主席每届任期同全国人民代表大会每届任期相同，即自当选时起行使职权到下一届全国人民代表大会选出的主席、副主席就职为止。

（三）国家主席的继任、补选和代理

中华人民共和国主席缺位的时候，由副主席继任主席的职位。中华人民共和国副主席缺位的时候，由全国人民代表大会补选。中华人民共和国主席、副主席都缺位的时候，由全国人大补选；在补选以前，由全国人大常委会委员长暂时代理主席职位。

（四）国家主席的职权

中华人民共和国主席根据全国人大的决定和全国人大常委会的决定，公布法律，任

免国务院总理、副总理、国务委员、各部部长、各委员会主任、审计长、秘书长，授予国家的勋章和荣誉称号，发布特赦令，发布戒严令，宣布战争状态，发布动员令。

中华人民共和国主席代表中华人民共和国，接受外国使节；根据全国人大常委会的决定，派遣和召回驻外全权代表，批准和废除同外国缔结的条约和重要协定。

中华人民共和国副主席协助主席工作，受主席的委托，可以代行主席的部分职权。

中华人民共和国主席的职权均不属于对重大问题的决定权。决定权由全国人大和全国人大常委会行使。主席只是公布、发布、批准（签署）和号令。

四、国务院

（一）国务院的性质和地位

中华人民共和国国务院，即中央人民政府，是最高国家权力机关的执行机关，是最高国家行政机关。国务院在全国行政机关系统中居最高地位，但相对于最高国家权力机关来说，国务院处于从属地位，它必须对全国人大及其常委会负责并报告工作。

（二）国务院的组成和任期

国务院由总理，副总理若干人，国务委员若干人，各部部长、各委员会主任、审计长、秘书长组成。国务院总理根据国家主席的提名，由全国人大决定。副总理、国务委员、各部部长、各委员会主任、审计长和秘书长根据国务院总理的提名，由全国人大决定。在全国人大闭会期间，根据国务院总理的提名，由全国人大常委会决定各部部长、各委员会主任和秘书长的任免。国务院总理、副总理、国务委员、各部部长、各委员会主任、审计长和秘书长的任免决定以后，都由国家主席宣布任免。国务院的任期5年。总理、副总理、国务委员连续任职不得超过两届。

（三）国务院的领导体制

1. 总理负责制　国务院实行总理负责制。总理负责制是指国务院总理对其主管的工作负全部责任，与负全部责任相联系的是其对自己主管的工作有完全决定权。

2. 会议制度　国务院的会议分为国务院全体会议和国务院常务会议。国务院全体会议由国务院全体成员组成。国务院常务会议由总理、副总理、国务委员、秘书长组成。总理召集和主持国务院的全体会议和常务会议。国务院工作中的重大问题，必须经国务院常务会议或者国务院全体会议讨论决定。

（四）国务院的职权

一是行政法规的制定权和发布权。二是提出议案权。国务院有权向全国人大及其常委会提出议案。三是对各部、委和地方各级行政机关的领导权及监督权。有权改变地方各级行政机关所发布的不适当的决定、命令和规章；有权改变或者撤销各部、各委员会发布的不适当的决定和命令。四是对国防、民政、文教、经济等各项工作的领导权和管理权以及对外事务的管理权。五是国务院领导和管理民族事务，保障少数民族的平等权利和民族自治地方的自治权利；保护华侨的正当权利和利益。六是批准省、自治区、直辖市的区域划分，批准自治州、自治县、县、市的建制和区域划分。七是决定省、自治区、直辖市范围内部分地区的戒严。

五、中央军事委员会

根据宪法，中华人民共和国中央军事委员会领导全国武装力量。中央军事委员会由下列人员组成：主席，副主席若干人，委员若干人。中央军事委员会实行主席负责制。中央军事委员会每届任期同全国人民代表大会每届任期相同。中央军事委员会主席对全国人民代表大会和全国人民代表大会常务委员会负责。

中华人民共和国中央军事委员会是最高军事领导机关，统一领导和指挥全国武装力量包括中国人民解放军现役部队、中国人民武装警察部队和民兵。我国武装力量的任务是巩固国防，抵抗侵略，保卫祖国，保卫人民的和平劳动，参加国家建设事业，努力为人民服务。我国的武装力量属于人民。它由中国共产党创建，并直接由党领导和指挥。党的最高军事机构是中共中央军事委员会。

中央军事委员会每届任期同全国人民代表大会每届任期相同。宪法并没有对中央军委主席、副主席作出连续任职不得超过两届的规定，表现了最高军事领导机关较之其他的国家机关有着不同的特点。

六、监察委员会

中华人民共和国各级监察委员会是国家的监察机关。中华人民共和国设立国家监察委员会和地方各级监察委员会。监察委员会的组织和职权由法律规定。监察委员会主任每届任期同本级人民代表大会每届任期相同。国家监察委员会主任连续任职不得超过两届。中华人民共和国国家监察委员会是最高监察机关。国家监察委员会领导地方各级监察委员会的工作，上级监察委员会领导下级监察委员会的工作。国家监察委员会对全国人民代表大会和全国人民代表大会常务委员会负责。地方各级监察委员会对产生它的国家权力机关和上一级监察委员会负责。监察委员会依照法律规定独立行使监察权，不受行政机关、社会团体和个人的干涉。监察机关办理职务违法和职务犯罪案件，应当与审判机关、检察机关、执法部门互相配合，互相制约。

七、人民法院

根据宪法，中华人民共和国人民法院是国家的审判机关。中华人民共和国设立最高人民法院、地方各级人民法院和军事法院等专门人民法院。最高人民法院院长每届任期同全国人民代表大会每届任期相同，连续任职不得超过两届。最高人民法院是最高审判机关。最高人民法院监督地方各级人民法院和专门人民法院的审判工作，上级人民法院监督下级人民法院的审判工作。最高人民法院对全国人民代表大会和全国人民代表大会常务委员会负责。地方各级人民法院对产生它的国家权力机关负责。人民法院审理案件，除法律规定的特别情况外，一律公开进行。被告人有权获得辩护。人民法院依照法律规定独立行使审判权，不受行政机关、社会团体和个人的干涉。

八、人民检察院

根据宪法，人民检察院是国家的法律监督机关。人民检察院依照法律规定独立行使检察权，不受行政机关、社会团体和个人的干涉。中华人民共和国设立最高人民检察院、地方各级人民检察院和军事检察院等专门人民检察院。最高人民检察院检察长每届任期同全国人民代表大会每届任期相同，连续任职不得超过两届。最高人民检察院是最高检察机关。最高人民检察院领导地方各级人民检察院和专门人民检察院的工作，上级人民检察院领导下级人民检察院的工作。最高人民检察院对全国人民代表大会和全国人民代表大会常务委员会负责。地方各级人民检察院对产生它的国家权力机关和上级人民检察院负责。各民族公民都有用本民族语言文字进行诉讼的权利。人民法院和人民检察院对于不通晓当地通用的语言文字的诉讼参与人，应当为他们翻译。在少数民族聚居或者多民族共同居住的地区，应当用当地通用的语言进行审理；起诉书、判决书、布告和其他文书应当根据实际需要使用当地通用的一种或者几种文字。

思考题

1. 宪法权威性如何保证？
2. 公民有哪些基本政治权利？
3. 公民有哪些基本义务？

（任端平　李　雪　杨修斌）

第五章　民事法律制度

学习导航

1. 掌握民事主体的类型、民事法律行为的内涵、民事权利体系和民事责任的种类。

2. 熟悉民事法律制度的基本框架和民事诉讼的基本程序、民事法律制度与监管的基本关系等。

作为与宪法、行政法等公法相对应的私法部门，民法调整的社会关系非常广泛，包括平等主体自然人、法人和非法人组织之间的人身关系和财产关系。新中国建立以来，我国的民事法律制度不断发展完善，已经形成较为完备的法律规范体系。自1950年以来，我国先后颁布了数十部民事单行法，最为重要的包括《民法通则》《合同法》《物权法》《继承法》《婚姻法》《担保法》《公司法》《保险法》《证券法》等。目前，我国正在分阶段完成民法典的制定。2017年3月15日，第十二届全国人民代表大会第五次会议通过了《中华人民共和国民法总则》，从而开启了我国民法典时代的序幕，后续各篇亦将陆续出台。民法作为确认和保护民事主体的法律部门，以权利保护为本位，以意思自治为核心，其立法目的在于保护民事主体的合法权益，调整民事关系，维护社会和经济秩序，适应中国特色社会主义发展要求，弘扬社会主义核心价值观。自愿、公平、诚实信用、公序良俗、保护环境等民法基本原则，不但是民事主体进行民事活动的行为原则，也是监管部门在监管过程中应予以尊重的基本原则。

第一节　民事主体

问题

16岁的少年甲向邻居乙借钱1000元购买自行车，在购车时不慎将钱丢失。乙要求甲还钱，甲不得已将事情告诉父母。甲的父母一方面对儿子进行批评教育，另一方面则认为乙不应该借钱给其未成年的儿子，而且钱已经丢失，因而拒绝还钱。按照法律的规定，甲的父母是否应该向乙偿还1000元钱，为什么？我国法律上的民事主体包括哪些类型？这些民事主体在享有权利、负担义务和履行责任上有何差异？

民事主体又称民事法律关系的主体、民事权利主体，是指参加民事法律关系，享有民事权利、承担民事义务的人。在我国民法上，民事主体包括自然人、法人和非法人组织三种。在民事法律关系中，享有权利的民事主体为权利人，负有义务的民事主体为义务人。

一、自然人

（一）自然人的涵义

自然人是指基于自然规律出生而享有法律人格的人。自然人从出生时起到死亡时止，具有民事权利能力，即依法享有民事权利，承担民事义务的概括资格。该资格具有平等性、不可分割性和不可转让性，所有自然人均具备此概括资格，且一律平等。自然人的民事权利能力始于出生，包括与母体分离和出生时为活体两个要件。自然人的出生时间和死亡时间，以出生证明、死亡证明记载的时间为准；没有出生证明、死亡证明的，以户籍登记或者其他有效身份登记记载的时间为准。有其他证据足以推翻以上记载时间的，以该证据证明的时间为准。

为了加强胎儿利益保护，《民法总则》第16条规定：涉及遗产继承、接受赠与等胎儿利益保护的，胎儿视为具有民事权利能力；但是胎儿娩出时为死体的，其民事权利能力自始不存在。

（二）自然人的民事权利能力

1. 不同民事权利能力的自然人　虽然自然人的民事权利能力一律平等，但每个自然人的理性程度或者意思能力却存在差异，包括年龄、精神状态等诸多因素均会产生影响。关于行为能力的判断标准，各国法律各有不同，我国民法采用年龄和辨认能力的判断标准，将自然人分为完全民事行为能力人、限制民事行为能力人和无民事行为能力人。

十八周岁以上的自然人为成年人，具有完全民事行为能力，可以独立实施民事法律行为。

十六周岁以上的未成年人，以自己的劳动收入为主要生活来源的，视为完全民事行为能力人。

八周岁以上的未成年人为限制民事行为能力人，实施民事法律行为由其法定代理人代理或者经其法定代理人同意、追认，但是可以独立实施纯获利益的民事法律行为或者与其年龄、智力相适应的民事法律行为。

不满八周岁的未成年人为无民事行为能力人，由其法定代理人代理实施民事法律行为。不能辨认自己行为的成年人为无民事行为能力人，由其法定代理人代理实施民事法律行为。不能完全辨认自己行为的成年人为限制民事行为能力人，实施民事法律行为由其法定代理人代理或者经其法定代理人同意、追认，但是可以独立实施纯获利益的民事法律行为或者与其智力、精神健康状况相适应的民事法律行为。

2. 法定代理人制度　无民事行为能力人、限制民事行为能力人不具备或者不完全具备进行民事法律行为所需要的意思能力，故而民法上为其设定了法定代理人制度，以保护其权利和利益。无民事行为能力人、限制民事行为能力人的监护人是其法定代理人。未成年子女的监护人为父母。

未成年人的父母已经死亡或者没有监护能力的，由下列有监护能力的人按顺序担任监护人：①祖父母、外祖父母；②兄、姐；③其他愿意担任监护人的个人或者组织，但是须经未成年人住所地的居民委员会、村民委员会或者民政部门同意。

无民事行为能力或者限制民事行为能力的成年人，由下列有监护能力的人按顺序担任监护人：①配偶；②父母、子女；③其他近亲属；④其他愿意担任监护人的个人或者组织，但是须经被监护人住所地的居民委员会、村民委员会或者民政部门同意。被监护人的父母担任监护人的，可以通过遗嘱指定监护人。依法具有监护资格的人之间可以协议确定监护人，协议确定监护人应当尊重被监护人的真实意愿。监护人的职责是代理被监护人实施民事法律行为，保护被监护人的人身权利、财产权利以及其他合法权益等。对于监护人实施严重损害被监护人身心健康行为的、怠于履行监护职责导致被监护人处于危困状态等情形的，人民法院可以根据有关个人或组织的申请，撤销其监护人资格，安排必要的临时监护措施，并按照最有利于被监护人的原则依法指定监护人。

二、法人

（一）法人的涵义

1. 法人的界定 法人是具有民事权利能力和民事行为能力，依法独立享有民事权利和承担民事义务的组织，具有组织上、财产上和责任上的独立性。法人应当依法成立。法人应当有自己的名称、组织机构、住所、财产或者经费。法人成立的具体条件和程序，依照法律、行政法规的规定。设立法人，法律、行政法规规定须经有关机关批准的，依照其规定。比如，根据我国《药品管理法》第四十一条规定，从事药品生产活动，应当经所在地省、自治区、直辖市人民政府药品监督管理部门批准，取得药品生产许可证。无《药品生产许可证》的，不得生产药品。

2. 法人的分类 根据不同的分类标准，法人可以分为不同的类别。在《民法通则》中，企业法人与非企业法人为其基本分类方式，在此基础上非企业法人被分为机关法人、事业单位法人和社会团体法人。《民法总则》改变了前述分类方式，将法人分为营利法人、非营利法人和特别法人。

营利法人是指以取得利润并分配给股东等出资人为目的成立的法人，包括有限责任公司、股份有限公司和其他企业法人等。营利法人经依法登记成立，由登记机关发给营利法人营业执照，营业执照签发日期为营利法人的成立日期。设立营利法人应当依法制定法人章程，设立权力机构、执行机构和监督机构，以实现法人的有效治理。《民法总则》规定了法人人格否认制度，如果营利法人的出资人滥用法人独立地位和出资人有限责任，逃避债务，严重损害法人的债权人利益的，应当对法人债务承担连带责任。营利法人的控股出资人、实际控制人、董事、监事、高级管理人员不得利用其关联关系损害法人的利益。利用关联关系给法人造成损失的，应当承担赔偿责任。此外，基于企业社会责任原则，营利法人从事经营活动，应当遵守商业道德，维护交易安全，接受政府和社会的监督，承担社会责任。

非营利法人是为公益目的或者其他非营利目的成立，不向出资人、设立人或者会员分配所取得利润的法人，包括事业单位、社会团体、基金会、社会服务机构等。事业单位法人是具备法人条件，为适应经济社会发展需要，提供公益服务设立的事业单位，经依法登记成立的法人；依法不需要办理法人登记的，从成立之日起，具有事业单位法人资格。社会团体法人是具备法人条件，基于会员共同意愿，为公益目的或者会员共同利益等非营利目的设立的社会团体，经依法登记成立的法人；依法不需要办理法人登记的，从成立之日起，具有社会团体法人资格。捐助法人是具备法人条件并经依法登记成立的，为公益目的以捐助财产设立的基金会、社会服务机构等法人。事业单位法人、社会团体法人和捐助法人均应当依法制定法人章程，设立相应的治理机制。

特别法人是指机关法人、农村集体经济组织法人、城镇农村的合作经济组织法人、基层群众性自治组织法人等。特别法人作为与营利法人、非营利法人相并列的分类，具有特别的法律特征。这些法人除了承担私法上的功能之外，还承担了一定的公法功能或者经济社会功能。

（二）法人的民事权利能力和行为能力

法人的民事权利能力和民事行为能力，从法人成立时产生，到法人终止时消灭。法人是独立的民事主体，以其全部财产独立承担民事责任。法人可以依法设立分支机构，分支机构以自己的名义从事民事活动，产生的民事责任由法人承担；也可以先以该分支机构管理的财产承担，不足以承担的，由法人承担。由此可见，法人的分支机构作为法人的组成部分，其并不能独立承担民事责任。由于法人属于组织体，其对外进行民事活动仍然需要借助代表人或代理人。法人的法定代表人为依照法律或者法人章程的规定，代表法人从事民事活动的负责人。法定代表人以法人名义从事的民事活动，其法律后果由法人承受。法人章程或者法人权力机构对法定代表人代表权的限制，不得对抗善意相对人。法定代表人因执行职务造成他人损害的，由法人承担民事责任。法人承担民事责任后，依照法律或者法人章程的规定，可以向有过错的法定代表人追偿。除了民事责任之外，法定代表人作为法人的负责人在特定情形下还面临行政责任甚至刑事责任。比如，根据我国《药品管理法》第一百四十一条规定：药品上市许可持有人、药品生产企业、药品经营企业在药品研制、生产、经营中向国家工作人员行贿的，对法定代表人、主要负责人、直接负责的主管人员和其他责任人员终身禁止从事药品生产经营活动。

（三）法人的法律责任

从法人的设立、运行到终止过程中，存在不同的阶段和法律责任。在设立过程中，设立人为设立法人从事的民事活动，其法律后果由法人承受；法人未成立的，其法律后果由设立人承受，设立人为二人以上的，享有连带债权，承担连带债务。设立人为设立法人以自己的名义从事民事活动产生的民事责任，第三人有权选择请求法人或者设立人承担。在法人运行的过程中，存在合并或分立的需求。法人合并的，其权利和义务由合并后的法人享有和承担。法人分立的，其权利和义务由分立后的法人享有连带债权，承担连带债务，但是债权人和债务人另有约定的除外。在法人解散、被宣告破产等情形下，法人应当依法完成清算和注销登记。法人的董事、理事等执行机构或者决策机构的成员为清算义务人，法律、行政法规另有规定的，依照其规定。清算义务人未及时履行清算义务，造成损害的，应当承担民事责任；主管机关或者利害关系人可以申请人民法院指定有关人员组成清算组进行清算。

三、非法人组织

（一）非法人组织的界定

非法人组织是不具有法人资格，但是能够依法以自己的名义从事民事活动的组织。非法人组织包括个人独资企业、合伙企业、不具有法人资格的专业服务机构等。

（二）非法人组织的民事权利能力与民事行为能力

非法人组织作为组织体，具有相应的民事权利能力和民事行为能力，但并不能独立承担民事责任。非法人组织应当依照法律的规定登记，法律、行政法规规定须经有关机关批准的，还应当经过有关机关批准。非法人组织的财产不足以清偿债务的，其出资人或者设立人承担无限责任，法律另有规定的，依照其规定。非法人组织可以确定一人或者数人代表该组织从事民事活动。当章程规定的存续期间届满或者章程规定的其他解散事由出现、出资人或者设立人决定解散等情形时，非法人组织解散，并应当依法进行清算。

第二节　民事行为

问题

甲与乙是好友，某日，甲因结婚需要钱，故从乙处借款5000元，在筵席上，其他朋友与乙开玩笑讲："都是好朋友，还借什么，算成给甲的红包吧"。乙随口道："那就算了。"甲遂笑道："那就算你送我的，不还了。"时隔数月乙有事需要钱，向甲索要，甲说："这钱是你当着大家的面说的，不用还了，怎么又要？"乙多此催要无果，遂诉至法院。请问乙要归还甲的钱么？

一、民事法律行为的涵义

（一）民事法律行为的界定

民事行为是民事主体通过意思表示设立、变更、终止民事法律关系的行为。只有民事主体实施的，能够引起民事法律效果的行为才是民事法律行为。当事人因社会交往、助人为乐、情感道义等原因发生的，没有民法上权利义务意思内容的行为，属于情谊行为，与民事法律行为不同。比如，邀请朋友一起去喝咖啡，不发生民法上的权利义务。民事法律行为是形成民事法律关系的重要原因，是民事法律制度的重要内容。民事法律行为可以基于双方或者多方的意思表示一致成立，也可以基于单方的意思表示成立。通常情形下，民事法律行为自成立时生效，但是法律另有规定或者当事人另有约定的除外。民事法律行为一经生效，行为人非依法律规定或者未经对方同意，不得擅自变更或者解除民事法律行为。从形式上来看，民事法律行为可以采用书面形式、口头形式或者其他形式；法律、行政法规规定或者当事人约定采用特定形式的，应当采用特定形式。

（二）民事法律行为与意思表示

所谓意思表示，是行为人将其内心效果意思以一定方式表达于外部的行为。民事法律行为是以意思表示为要素，意思表示是法律行为的核心。有的民事法律行为由一个意思表示构成，比如遗嘱行为；有的民事法律行为由两个相对的意思表示构成，比如合同行为需要要约和承诺两个意思表示；有的民事法律行为由两个以上的同方向意思表示构成，比如合伙行为。民事法律行为是当事人进行意思自治的法律工具，法律尊重当事人的自治行为，并赋予其相应的私法效果。

意思表示存在多种类型，既有以对话方式作出的意思表示，也有非对话方式作出的意思表示；既有有相对人的意思表示，也有无相对人的意思表示；既有公告方式作出的意思表示，也有明示或默示方式作出的意思表示。以对话方式作出的意思表示，相对人知道其内容时生效。以非对话方式作出的意思表示，到达相对人时生效。以非对话方式作出的采用数据电文形式的意思表示，相对人指定特定系统接收数据电文的，该数据电文进入该特定系统时生效；未指定特定系统的，相对人知道或者应当知道该数据电文进入其系统时生效。如果当事人对采用数据电文形式的意思表示的生效时间另有约定的，按照其约定。无相对人的意思表示，表示完成时生效。法律另有规定的，依照其规定。以公告方式作出的意思表示，公告发布时生效。行为人可以明示或者默示作出意思表示。沉默只有在有法律规定、当事人约定或者符合当事人之间的交易习惯时，才可以视为意思表示。

行为人可以撤回意思表示，撤回意思表示的通知应当在意思表示到达相对人前或者与意思表示同时到达相对人。比如，如果当事人在发出合同的要约之后发现价款不合适，即可以按照上述方式撤回其要约。

意思表示的内容有时候并不十分完整，在当事人之间可能产生异议，需要通过解释方式确定其内涵。按照《民法总则》的规定，有相对人的意思表示的解释，应当按照所使用的词句，结合相关条款、行为的性质和目的、习惯以及诚信原则，确定意思表示的含义。无相对人的意思表示的解释，不能完全拘泥于所使用的词句，而应当结合相关条款、行为的性质和目的、习惯以及诚信原则，确定行为人的真实意思。

二、民事法律行为的效力

民事主体所进行的民事法律行为，需要符合特定条件方为有效。在不符合有效条件的情况下，或为无效的民事法律行为、或为效力待定的民事法律行为、或为可撤销的民事法律行为。

（一）有效民事法律行为

有效的民事法律行为需要具备以下条件：①行为人具有相应的民事行为能力；②意思表示真实；③不违反法律、行政法规的强制性规定，不违背公序良俗。

（二）无效民事法律行为

无效的民事法律行为是指欠缺民事法律行为的有效要件，不能发生当事人追求的民事法律效果的民事法律行为。无效的民事法律行为自其成立之时就归于无效，自始没有法律约束力，也无需任何人主张，对包括当事人在内的任何人都是无效的。无效的民事法律行为类型包括：①无民事行为能力人实施的民事法律行为无效；②行为人与相对人以虚假的意思表示实施的民事法律行为无效；③违反法律、行政法规的强制性规定的民事法律行为无效，但是该强制性规定不导致该民事法律行为无效的除外；④违背公序良俗的民事法律行为无效；⑤行为人与相对人恶意串通，损害他人合法权益的民事法律行为无效。如果民事法律行为部分无效，不影响其他部分效力的，其他部分仍然有效。

（三）效力待定的民事法律行为

效力待定的民事法律行为，是指已经成立但效力处于不确定状态的民事法律行为。在成立之后，效力待定的民事法律行为的效力处于不确定状态，既非有效，也非无效，其效力状态的确定，取决于有形成权的主体是否追认或者其他行为。效力待定的民事法律行为包括两种类型：①限制民事行为能力人实施的与其年龄、智力、精神健康状况不相适应的民事法律行为。限制行为能力人实施的纯获利益的民事法律行为或者与其年龄、智力、精神健康状况相适应的民事法律行为有效。对于限制行为能力人实施的效力待定的民事法律行为，相对人可以催告法定代理人予以追认，在收到通知之日起一个月内未作表示的，视为拒绝追认。被追认之前，善意相对人有撤销的权利。②行为人没有代理权、超越代理权或者代理权终止后，仍然实施代理行为，未经被代理人追认的，对被代理人不发生效力。相对人可以催告被代理人自收到通知之日起一个月内予以追认。被代理人未作表示的，视为拒绝追认。行为人实施的行为被追认前，善意相对人有撤销的权利。

（四）可撤销的民事法律行为

可撤销的民事法律行为，是指已经成立生效，因为意思表示不真实或者其他原因，行为人有撤销权的民事法律行为。如果撤销权人行使撤销权，则经撤销后其效力溯及民事法律行为成立时无效；如果撤销权人在法定期间内未行使撤销权，则该民事法律行为继续有效。可撤销的民事法律行为类型包括：①基于重大误解实施的民事法律行为，行为人有权请求人民法院或者仲裁机构予以撤销；②一方以欺诈手段，使对方在违背真实意思的情况下实施的民事法律行为，受欺诈方有权请求人民法院或者仲裁机构予以撤销；③第三人实施欺诈行为，使一方在违背真实意思的情况下实施的民事法律行为，对方知道或者应当知道该欺诈行为的，受欺诈方有权请求人民法院或者仲裁机构予以撤销；④一方或者第三人以胁迫手段，使对方在违背真实意思的情况下实施的民事法律行为，受胁迫方有权请求人民法院或者仲裁机构予以撤销；⑤一方利用对方处于危困状态、缺乏判断能力等情形，致使民事法律行为成立时显失公平的，受损害方有权请求人民法院或者仲裁机构予以撤销。在法定期间内，权利人没有行使撤销权的，撤销权消灭。

（五）附条件的民事法律行为

此外，民事法律行为可以附条件，但是按照其性质不得附条件的除外。比如，根据《票据法》的规定，票据背书不得附条件。附生效条件的民事法律行为，自条件成就时生效。附解除条件的民事法律行为，自条件成就时失效。附条件的民事法律行为，当事人为自己的利益不正当地阻止条件成就的，视为条件已成就；不正当地促成条件成就的，视为条件不成就。民事法律行为可以附期限，但是按照其性质不得附期限的除外。附生效期限的民事法律行为，自期限届至时生效。附终止期限的民事法律行为，自期限届满时失效。

三、民事法律行为的代理

（一）代理制度

由于社会生活的复杂性，民事主体并非任何事情均可亲力亲为。为此，法律规定了代理制度，民事主体可以通过代理人实施民事法律行为，更有利于民事主体进行各类民事活动。但是，依照法律规定、当事人约定或者民事法律行为的性质，应当由本人亲自实施的民事法律行为，不得代理。比如，结婚、演出等具有人身性质的行为即无法代理。代理人在代理权限内，以被代理人名义实施的民事法律行为，对被代理人发生效力。

（二）委托代理权及终止

根据法律规定，代理包括委托代理和法定代理，委托代理人按照被代理人的委托行使代理权，法定代理人依照法律的规定行使代理权。代理人不履行或者不完全履行职责，造成被代理人损害的，应当承担民事责任。代理人和相对人恶意串通，损害被代理人合法权益的，代理人和相对人应当承担连带责任。此外，《民法总则》第170条还规定了职务代理，执行法人或者非法人组织工作任务的人员，就其职权范围内的事项，以法人或者非法人组织的名义实施民事法律行为，对法人或者非法人组织发生效力。法人或者非法人组织对执行其工作任务的人员职权范围的限制，不得对抗善意相对人。

在委托代理中，委托代理授权采用书面形式的，授权委托书应当载明代理人的姓名或者名称、代理事项、权限和期间，并由被代理人签名或者盖章。代理事项应当为合法事项，代理人知道或者应当知道代理事项违法仍然实施代理行为，或者被代理人知道或者应当知道代理人的代理行为违法未作反对表示的，被代理人和代理人应当承担连带责任。由于代理行为乃是为被代理人之利益，代理人负担勤勉义务与忠实义务。代理人不得以被代理人的名义与自己实施民事法律行为，也不得以被代理人的名义与自己同时代理的其他人实施民事法律行为，但是被代理人同意或者追认的除外。代理人需要转委托第三人代理的，应当取得被代理人的同意或者追认。

如果发生了以下情形，委托代理终止：①代理期间届满或者代理事务完成；②被代理人取消委托或者代理人辞去委托；③代理人丧失民事行为能力；④代理人或者被代理人死亡；⑤作为代理人或者被代理人的法人、非法人组织终止。行为人没有代理权、超越代理权或者代理权终止后，仍然实施代理行为，未经被代理人追认的，对被代理人不发生效力。行为人没有代理权、超越代理权或者代理权终止后，仍然实施代理行为，相对人有理由相信行为人有代理权的，代理行为有效。

第三节 民事权利

? 问题

16岁的中学生甲到乙电脑城购买新开发上市的电脑，有A、B两个型号，价格均为2万元，甲表示将购买其一，先付2000元作为押金，究竟购买具体哪一型号，明日再通知。甲回家后告知其母丙，丙对甲未经其允许擅自购买贵重物品的做法甚为不悦，但是考虑到甲学习之便确实需要一台电脑，于是勉强承认甲的购买行为，同时表示对于A、B何种类型为佳，甲可以自己决定。甲与同学商量后，通知乙选择A型电脑，甲支付价金受领电脑后发现该电脑欠缺乙所保证的品质，经其母丙同意后，向乙请求解除合同并要求其返还所交付的价。问题：试说明当事人之间的法律关系？

权利是民法的核心概念，民法的体系建立在权利的基础之上。民事权利作为民事主体享有的特定利益，为宪法和法律所确认，受国家强制力保障。当义务人不履行义务或者侵害民事权利时，权利人可以通过诉诸国家强制措施以实现公力救济。民事权利的种类很多，性质各不相同，根据不同的分类标准可以作不同的分类。比如，根据民事权利所体现的利益的性质，民事权利可分为财产权和人身权；根据民事权利的作用，民事权利可分为支配权、请求权、形成权、抗辩权；根据民事权利的效力范围，民事权利可分为绝对权和相对权。我国《民法总则》第五章“民事权利”采取权利客体或权利所体现利益为权利界定标准。据此，人身权是以人身利益为内容的权利，财产权是以财产利益为内容的权利。

民事权利可以依据民事法律行为、事实行为、法律规定的事件或者法律规定的其他方式取得。在行使权利的过程中，民事主体按照自己的意愿依法行使民事权利，不受干涉，但应当履行法律规定的和当事人约定的义务，不得滥用民事权利损害国家利益、社会公共利益或者他人合法权益。此外，在民事权利的保护上，当事人向人民法院请求保护存在诉讼时效期间的限制。根据《民法总则》第一百八十八条的规定，诉讼时效期间一般为三年，但法律另有规定的除外。诉讼时效期间自权利人知道或者应当知道权利受到损害以及义务人之日起计算。

一、人身权

人身权是民事主体基于人格或身份而依法享有的民事权利，以人格利益或身份利益为内容。人身权作为与民事主体不可分割的权利，具有固有性与非财产性等特征。《民法通则》第五章第四节专设了人身权一节，充分体现了立法者对人身权保护的重视。《侵权责任法》第二条列举了生命权、健康权、姓名权、名誉权、荣誉权、肖像权、隐私权、婚姻自主权、监护权等人身权。《民法总则》在第五章“民事权利”中规定了人格权的一般规则。人身权可进一步分为人格权和身份权。人身权为民事主体的社会生存和发展提供了法律保障，在社会进步和科技发展的当今时代，人身权的保护具有更加重要的价值。

（一）人格权

人格权是民事主体享有的，经法律认可、以人格利益为内容的基本权利。自然人的人格权完全平等，且随着社会发展而逐步扩展。人格权可以分为一般人格权和具体人格权。一般人格权是指以一般人格利益为内容的人格利益，比如人格独立、人身自由、人格尊严等。具体人格权是指以具体人格利益为内容的人格权，比如生命权、健康权、身体权、姓名权、身体权等。一般人格权起着产生具体人格权、解释具体人格权和补充具体人格权的作用。《民法总则》第一百零九条规定：自然人的人身自由、人格尊严受法律保护。对于尚未被规定为具体人格权的人格利益，可通过一般人格权予以保护。

《民法总则》第一百一十条规定了自然人享有广泛的人格权，包括生命权、身体权、健康权、姓名权、肖像权、名誉权、隐私权、婚姻自主权等权利。法人、非法人组织享有名称权、名誉权、荣誉权等权利。其中，生命权是指自然人享有的以生命安全和安宁为内容的权利，其主体只能是自然人，客体则是生命的安全和安宁。身体权是指自然人维护其身体组织完整安全并支配其身体或身体组成部分的人格权。健康权是指自然人以维护身体和心理机能健康为内容的人格权，其主体是自然人，内容包括身体机能健康和心理机能健康两个方面。姓名权是指自然人对其姓名享有的决定、使用和依照规定改变，同时禁止他人干涉、盗用和假冒的权利。与自然人不同，法人、非法人组织享有名称权，即享有决定、使用、改变及转让自己的名称并排除他人非法干涉的人格权。肖像权是指自然人享有的以自己肖像所体现的人格利益为内容的人格权。肖像权主体去世后，其肖像利益依然受法律保护。名誉权是指民事主体所享有的保护自己的名誉不被以侮辱、诽谤等方式加以丑化的权利，自然人、法人、非法人组织均可享有。隐私权是指自然人对属于自己私人生活范畴的事项依法自由支配并排除他人非法干涉的权利。婚姻自主权是指自然人有权对结婚、离婚等婚姻事项进行自主决定的权利。

除了前述具体人格权之外，《民法总则》增加了对个人信息的保护规范。《民法总则》第一百一十一条规定：自然人的个人信息受法律保护。任何组织和个人需要获取他人个人信息的，应当依法取得并确保信息安全，不得非法收集、使用、加工、传输他人个人信息，不得非法买卖、提供或者公开他人个人信息。随着大数据时代的到来，个人信息的安全与保护面临着严峻形势。比如，金融机构的某些工作人员不但未能妥善保管客户信息，反而予以非法出售，导致客户资金损失的事件多次出现，甚至形成了售卖客户信息、盗取客户资金的非法利益链。对此，《民法总则》将个人信息纳入保护范畴，对加强个人信息的私法保护提供了规范依据。

（二）身份权

基于在特定的社会关系，民事主体享有不同的地位和资格。身份权，是指民事主体基于在特定社会关系中的地位和资格而依法享有的民事权利，其并不直接体现财产的内容。《民法总则》第112条规定，自然人因婚姻、家庭关系等产生的人身权利受法律保护。根据身份权内容的不同，身份权可以分为婚姻法和家庭法上的身份权。前者比如配偶权，即具有合法婚姻关系的夫妻之间基于配偶关系发生的，为夫妻双方专属且平等享有的以配偶身份利益为内容的身份权，包括住所决定权、同居的权益和义务、忠实义务、日常家事代理权等。后者比如亲权，即父母基于其身份而对未成年子女的人身和财产进行管教和保护的权利和义务。在知识产权法上，知识产权人基于其权利人身份也享有人身权。此外，自然人、法人、非法人组织还享有荣誉权，法律禁止非法剥夺民事主体的荣誉称号，对自然人的荣誉权造成侵害的，自然人还可以请求精神损害赔偿。

二、财产权

财产权是以财产利益为内容的权利，包括物权、债权、知识产权、继承权、投资性权利等权利类型。

（一）物权

民事主体依法享有物权。物权是权利人依法对特定的物享有直接支配和排他的权利，包括所有权、用益物权和担保物权。物权的客体是有体物，物包括不动产和动产，法律规定权利作为物权客体的，也可以成立物权。我国《物权法》采“物权法定”原则，即物权的种类和内容，由法律规定，当事人不能创设与法律规定不同的物权类型。为了公共利益的需要，依照法律规定的权限和程序征收、征用不动产或者动产的，应当给予公平、合理的补偿。

（二）债权

民事主体依法享有债权。债权是因合同、侵权行为、无因管理、不当得利以及法律的其他规定，权利人请求特定义务人为或者不为一定行为的权利。首先，在合同之债中，依法成立的合同，对当事人具有法律约束力。其次，在侵权行为之债中，民事权益受到侵害的，被侵权人有权请求侵权人承担侵权责任。再次，在无因管理之债中，没有法定的或者约定的义务，为避免他人利益受损失而进行管理的人，有权请求受益人偿还由此支出的必要费用。又次，在不当得利之债中，因他人没有法律根据，取得不当利益，受损失的人有权请求其返还不当利益。最后，基于法律的特别规定，也可以产生相应的债权债务关系。比如，侵权责任法上规定的补偿义务、分担损失规则等，可以构成我国民法中的独立类型之债。

（三）知识产权

知识产权是权利人对其智力成果所享有的财产权利，与动产、不动产等有体财产不同，知识产权为无体财产。知识产权的客体包括：①作品；②发明、实用新型、外观设计；③商标；④地理标志；⑤商业秘密；⑥集成电路布图设计；⑦植物新品种；⑧法律规定的其他客体。知识产权的性质具有特殊性，其中既有财产权因素，又有人身权因素，比如，著作权中的署名、发表、修改等权利，即属于人身权之列。与其他财产权相比，知识产权还有时间性、地域性，大部分知识产权的获得还需要法定的程序。

（四）继承权

在民法中，继承是将遗产依法转移给他人所有的制度。继承人依照法律规定或者被继承人的遗嘱继承遗产的权利就是继承权。《民法总则》第124条规定：自然人依法享有继承权。自然人合法的私有财产，可以依法继承。继承权作为自然人享有的权利，是以一定的身份为前提的，但从其内容来看，其以财产利益为内容，既包括动产、不动产等积极财产，也包括债务等消极财产。继承从被继承人死亡时开始，故在被继承人死亡前，继承权仅是一种期待权。

（五）投资性权利

除了前述财产权利之外，民事主体依法享有股权和其他投资性权利。在有限责任公司和股份有限公司中，股东对公司享有股权，包括资产受益、重大决策和选择管理者的权利。股权既有财产权的内容，也有社员权的内容，与物权、债权存在明显差异。除了股权之外，还存在资金信托、股权投资权、股权期权、权益投资等权利类型，均为投资性权利。

第四节　民事责任

? 问题

什么是民事责任？其与刑事责任、行政责任有何不同？当民事责任与刑事责任、行政责任发生冲突时，其关系如何？我国民法上有哪些民事责任的承担方式？

民事责任是指民事主体违反民事义务所应当承担的民事法律后果。与行政责任和刑事责任相比，民事责任具有以下特征：①民事责任是一方当事人向他方当事人承担的责任，而行政责任和刑事责任主要是向国家和社会承担的责任；②民事责任主要功能在于填补损害，一般不具有惩罚性，行政责任和刑事责任则侧重惩罚；③民事责任既有过错责任，也有无过错责任，行政责任一般以行为人有过错为条件，刑事责任也以当事人有过错为要件；④民事责任的内容可以由当事人在法律允许的范围内协商，行政责任和刑事责任通常不允许协商。此外，民事责任、行政责任和刑事责任虽然可以同时存在，但财产不足时承担顺序不同。《民法总则》第187条规定，民事主体因同一行为应当承担民事责任、行政责任和刑事责任的，承担行政责任或者刑事责任不影响承担民事责任；民事主体的财产不足以支付的，优先用于承担民事责任。

一、民事责任的分类

根据不同的标准，可以将民事责任分为不同类别。

（一）财产责任与非财产责任

根据责任的内容不同，可以将民事责任分为财产责任和非财产责任。财产责任以财产为内容，主要适用于侵害财产权的情形，比如侵害所有权等。非财产责任则不以财产为内容，主要适用于非财产损害的情形，比如侵害名誉权等人格侵权情形。在侵害人身权造成财产损失的，可以同时适用财产责任与非财产责任。

（二）违约责任、侵权责任与其他责任

根据责任的构成要件和责任方式不同，可以将民事责任分为违约责任、侵权责任和其他责任。违约责任是指违反合同的约定义务或者合同法规定义务而产生的责任；侵权责任是不法侵害他人的财产权益或人身权益所导致的责任。这是两类主要的责任类型，除此之外，还存在缔约过失和基于后合同义务等责任类型。

（三）单独责任与共同责任

根据民事责任承担主体的多寡，可以将民事责任分为单独责任和共同责任。单独责任系由一个民事主体独立承担，共同责任系由两个以上的民事主体共同承担。在单独责任中，不存在共同责任中的内部关系。共同责任包括按份责任、连带责任、补充责任等类型。就按份责任而言，二人以上依法承担按份责任，能够确定责任大小的，各自承担相应的责任；难以确定责任大小的，平均承担责任。就连带责任而言，二人以上依法承担连带责任的，权利人有权请求部分或者全部连带责任人承担责任。连带责任人的责任份额根据各自责任大小确定；难以确定责任大小的，平均承担责任。实际承担责任超过自己责任份额的连带责任人，有权向其他连带责任人追偿。连带责任，由法律规定或者当事人约定。补充责任是指责任人的财产不足以承担其应付的责任时，由有关的人对不足部分予以补充的责任，比如《担保法》中的一般保证即属此类，当债务人不履行债务时，保证人方承担保证责任。

知识链接

除了食品、药品生产者对消费者所造成的损害应当承担民事责任外，在法律规定的情形下，食品、药品检验机构也应当承担民事责任。《最高人民法院关于审理食品药品纠纷案件适用法律若干问题的规定》第十二条规定：食品、药品检验机构故意出具虚假检验报告，造成消费者损害，消费者请求其承担连带责任的，人民法院应予支持。食品、药品检验机构因过失出具不实检验报告，造成消费者损害，消费者请求其承担相应责任的，人民法院应予支持。《最高人民法院关于审理食品药品纠纷案件适用法律若干问题的规定》第十三条规定：食品认证机构故意出具虚假认证，造成消费者损害，消费者请求其承担连带责

任的，人民法院应予支持。食品认证机构因过失出具不实认证，造成消费者损害，消费者请求其承担相应责任的，人民法院应予支持。

参见《最高人民法院关于审理食品药品纠纷案件适用法律若干问题的规定》，2013年12月9日由最高人民法院审判委员会第1599次会议通过，自2014年3月15日起施行。

二、民事责任的承担与免除

《民法总则》第一百七十九条第一款规定了承担民事责任的方式：①停止侵害；②排除妨碍；③消除危险；④返还财产；⑤恢复原状；⑥修理、重作、更换；⑦继续履行；⑧赔偿损失；⑨支付违约金；⑩消除影响、恢复名誉；⑪赔礼道歉。此外，《民法总则》第一百七十九条第二款还规定了惩罚性赔偿。相比《民法通则》第一百三十四条第一款的规定，《民法总则》增加了继续履行，将合同履行方式整合到了民事责任之中。前述民事责任承担方式，可以单独适用，也可以合并适用。

案例分析

最高人民法院于2014年公布的23号指导性案例（孙银山诉南京欧尚超市有限公司江宁店买卖合同纠纷案）对“消费者”进行了界定：“消费者是相对于销售者和生产者的概念”，只要购买者“未将所购香肠用于再次销售经营”，就应当被认定为《消费者权益保护法》第二条规定的消费者。在该案中，原告在被告超市内购买了14包过期的“玉兔牌”香肠，价值558.6元。原告付款后即径直到服务台索赔，因协商未果诉至法院，请求十倍赔偿金。双方对“知假买假”的事实并无争议。该判决支持了原告的十倍赔偿请求。针对“知假买假”争议，法院除了按照前述方式界定“消费者”外，而且还进一步认为：2009年版《食品安全法》第九十六条“规定消费者有权获得支付价款十倍的赔偿金……且法律并未对消费者的主观购物动机作出限制性规定，故对其该项主张不予支持”。

自1995年“王海打假案”以来，我国司法实践和理论上对“知假买假是否有权请求惩罚性赔偿”争议颇大。2013年，最高人民法院颁布了《关于审理食品药品纠纷案件适用法律若干问题的规定》，该司法解释第三条规定，“因食品、药品质量问题发生纠纷，购买者向生产者、销售者主张权利，生产者、销售者以购买者明知食品、药品存在质量问题而仍然购买为由进行抗辩的，人民法院不予支持”。由此，该解释首次在国家司法层面明确认可了知假买假者在食品、药品领域内的惩罚性赔偿请求权。尽管《食品安全法》和《最高人民法院关于审理食品药品纠纷案件适用法律若干问题的规定》对“知假买假”的支持态度能否适用于其他商品或服务领域存在争议，但在食品药品领域应无争议。

熊丙万：“法律的形式与功能——以知假买假案为分析范例”，载《中外法学》2017年第2期。

在符合法律规定的情形下，民事责任可以不予承担。《民法总则》规定的民事责任免除情形包括：①因正当防卫造成损害的，不承担民事责任。正当防卫超过必要的限度，造成不应有的损害的，正当防卫人应当承担适当的民事责任；②因紧急避险造成损害的，由引起险情发生的人承担民事责任。危险由自然原因引起的，紧急避险人不承担民事责任，可以给予适当补偿。紧急避险采取措施不当或者超过必要的限度，造成不应有的损害的，紧急避险人应当承担适当的民事责任；③因保护他人民事权益使自己受到损害的，由侵权人承担民事责任，受益人可以给予适当补偿。没有侵权人、侵权人逃逸或者无力承担民事责任，受害人请求补偿的，受益人应当给予适当补偿；④因自愿实施紧急救助行为造成受助人损害的，救助人不承担民事责任。由此，在紧急救助情形之下，紧急救助者将受到法律保护，有助于鼓励更多的见义勇为行为。

第五节　民事诉讼

? 问题

2014年6月11日，王某在吉林省延吉市某百货大楼购买了价值共计94623元的鹿胎膏和鹿胎食用丸，该产品系吉林省某参茸制品有限公司生产。嗣后，王某将该百货大楼和参茸制品有限公司作为被告提起了诉讼，请求按照2009年版《食品安全法》第九十六条第二款承担惩罚性十倍的赔偿责任。一审法院认为王某并非消费者，且未能提供证明不符合前述法律规定的证据，驳回了其诉讼请求。请问，在人民法院驳回其诉讼请求之后，其还有哪些救济措施？应当如何证明其诉讼请求？

一、民事诉讼概述

（一）民事案件诉讼权利

社会生活复杂多样，各种矛盾纠纷无处不在。公民之间、法人之间、其他组织之间以及他们相互之间均可能产生财产关系和人身关系纠纷。为了保护当事人行使诉讼权利，保证人民法院查明事实，分清是非，正确适用法律，及时审理民事案件，确认民事权利义务关系，制裁民事违法行为，保护当事人的合法权益，必须建立明确具体的民事诉讼程序规则。《中华人民共和国民事诉讼法》是进行民事诉讼活动的基本法，于1991年4月9日经第七届全国人民代表大会第四次会议通过，并分别于2007年、2012年、2017年进行了修正。与之相适应，最高人民法院制定了大量与民事诉讼有关的司法解释，其中最重要的为2015年2月4日起施行的《最高人民法院关于适用〈中华人民共和国民事诉讼法〉的解释》（法释〔2015〕5号）。

在我国，人民法院行使审判权，不受行政机关、社会团体和个人的干涉。在审理民事案件的过程中，人民法院必须以事实为依据，以法律为准绳。当事人在诉讼中享有平等的诉讼权利，人民法院也应当保障和便利当事人行使诉讼权利，对当事人在适用法律上一律平等。比如，各民族公民都有使用当地民族通用语言、文字进行民事诉讼的权利，人民法院应当予以保障。在审理民事案件的过程中，人民法院应当严格依照法律实行合议、回避、公开审判和两审终审制度。对于民事诉讼，人民检察院有权依法实行法律监督，以确保法律的正确适用。除了对于损害当事人利益的行为可以通过民事诉讼得以救济之外，机关、社会团体、企业事业单位对损害国家、集体或者个人民事权益的行为，可以支持受损害的单位或者个人向人民法院起诉。

（二）民事案件管辖

对于民事案件，我国人民法院实行分级别和分地域管辖。就级别管辖而言，我国法院共包括基层人民法院、中级人民法院、高级人民法院和最高人民法院四级法院，实行两审终审制度。基层人民法院管辖第一审民事案件，但法律另有规定的除外。中级人民法院管辖下列第一审民事案件：重大涉外案件；在本辖区有重大影响的案件；最高人民法院确定由中级人民法院管辖的案件。高级人民法院管辖在其辖区内有重大影响的第一审民事案件。最高人民法院管辖下列第一审民事案件：在全国有重大影响的案件；认为应当由本院审理的案件。就地域管辖而言，通常采“原告就被告”的管辖原则。对公民提起的民事诉讼，由被告住所地人民法院管辖；被告住所地与经常居住地不一致的，由经常居住地人民法院管辖。对法人或者其他组织提起的民事诉讼，由被告住所地人民法院管辖。同一诉讼的几个被告住所地、经常居住地在两个以上人民法院辖区的，各该人民法院都有管辖权。对于各类特殊纠纷，则分别适用不同的地域管辖原则。比如，因合同纠纷提起的诉讼，由被告住所地或者合同履行地人民法院管辖。因侵权行为提起的诉讼，由侵权行为地或者被告住所地人民法院管辖。此外，人民法院发现受理的案件不属于本院管辖的，应当移送有管辖权的人民法院，受移送的人民法院应当受理，即移送管辖。但受移送的人民法院认为受移送的案件依照规定不属于本院管辖的，应当报请上级人民法院指定管辖，不得再自行移送。有管辖权的人民法院由于特殊原因，不能行使管辖权的，或者人民法院之间发生了管辖权争议不能协商解决的，由上级人民法院指定管辖，此即指定管辖。上级人民法院有权审理下级人民法院管辖的第一审民事案件；确有必要的，经上级人民法院批准，人民法院可将本院管辖的第一审民事案件交下级人民法院审理。

（三）审判组织与审判原则

在审理民事案件时，应当组成审判组织。在第一审程序中，由审判员、陪审员共同组成合议庭或者由审判员组成合议庭。合议庭的人数必须是单数。适用简易程序审理的民事案件，由审判员一人独任审理。在第二审程序中，由审判员组成合议庭。发回重审的案件，原审人民法院应当按照第一审程序另行组成合议庭。合议庭的审判长由院长或庭长指定审判员一人担任，院长或庭长参加审判的，由院长或庭长担任。合议庭评议案件，实行少数服从多数的原则，对于不同意见，必须如实记入笔录。审判人员应当依法秉公办案，不得接受当事人及其诉讼代理人请客送礼，存在贪污受贿、徇私舞弊、枉法裁判行为的，应当追究其法律责任，构成犯罪的依法追究其刑事责任。

我国民事诉讼法通常采取“谁主张，谁举证”的原则，当事人对自己提出的主张，有责任提出证据。法定的证据类型包括：当事人的陈述、书证、物证、视听资料、电子数据、证人证言、鉴定意见、勘验笔录。证据必须查证属实，才能作为认定事实的根据。在必要时，审判人员也可以调查收集必要的证据。

知识链接

在《最高人民法院关于审理食品药品纠纷案件适用法律若干问题的规定》中，最高人民法院规定了食品是否符合质量标准的举证责任分担规则。该解释第六条规定：食品的生产者与销售者应当对于食品符合质量标准承担举证责任。认定食品是否合格，应当以国家标准为依据；没有国家标准的，应当以地方标准为依据；没有国家标准、地方标准的，应当以企业标准为依据。食品的生产者采用的标准高于国家标准、地方标准的，应当以企业标准为依据。没有前述标准的，应当以食品安全法的相关规定为依据。

参见《最高人民法院关于审理食品药品纠纷案件适用法律若干问题的规定》，2013年12月9日由最高人民法院审判委员会第1599次会议通过，自2014年3月15日起施行。

（四）审判回避制度

当审判人员是本案当事人或当事人、诉讼代理人近亲属，或者与本案有利害关系，或者与本案当事人、诉讼代理人有其他可能影响公正审理案件关系的，审判人员应当自行回避，当事人有权用口头或者书面方式申请他们回避。审判人员接受当事人、诉讼代理人请客送礼，或者违反规定会见当事人、诉讼代理人的，当事人有权要求他们回避，同时依法追究法律责任。除了审判人员之外，书记员、翻译人员、鉴定人、勘验人也应当遵守回避规则。被申请回避的人员在人民法院作出是否回避的决定前，应当暂停参与本案的工作，但案件需要采取紧急措施的除外。院长担任审判长时的回避，由审判委员会决定；审判人员的回避，由院长决定；其他人员的回避，由审判长决定。人民法院对当事人提出的回避申请，应当在申请提出的三日内，以口头或者书面形式作出决定。申请人对决定不服的，可以在接到决定时申请复议一次。复议期间，被申请回避的人员，不停止参与本案的工作。人民法院对复议申请，应当在三日内作出复议决定，并通知复议申请人。

二、民事诉讼的审判程序

民事诉讼的审判程序主要包括第一审普通程序、简易程序、第二审程序、特别程序和审判监督程序等。

在我国，民事诉讼采取“不告不理”模式，其程序开始于当事人的起诉。当事人的起诉必须符合下列条件：原告是与本案有直接利害关系的公民、法人和其他组织；有明确的被告；有具体的诉讼请求和事实、理由；属于人民法院受理民事诉讼的范围和受诉人民法院管辖。当事人原则上应当书面起诉，确有困难的，可以口头起诉，并由人民法院记入笔录。修改后的《民事诉讼法》采取立案登记制，对于符合起诉条件的，人民法院必须在七日内予以立案。调解作为我国司法实践中重要的纠纷解决方式，被誉为“东方经验”。当事人起诉到人民法院的民事纠纷，适宜调解的，先行调解，但当事人拒绝调解的除外。

在第一审程序中，立案之日起五日内，人民法院应当将起诉状副本发送被告，被告应当在收到之日起十五日内提出答辩状。被告不提出答辩状的，不影响人民法院审理。人民法院受理案件后，应当告知当事人相关的诉讼权利和义务。当事人对管辖权有异议的，应当在提交答辩状期间提出。合议庭组成人员确定后，应当在三日内告知当事人。除了涉及国家秘密、个人隐私或者法律另有规定的以外，应当公开审理。通常的开庭程序包括开庭前准备、法庭询问、法庭调查、质证、法庭辩论等环节，法庭辩论终结后，人民法院应当依法作出判决。在发生了当事人死亡，需要等待继承人表明是否参加诉讼的、当事人丧失诉讼行为能力，尚未确定法定代理人的、因不可抗拒的事由不能参加诉讼等情形下，应当中止诉讼，在中止诉讼的原因消除后，恢复诉讼。在原告死亡，没有继承人，或者继承人放弃诉讼权利的、被告死亡，没有遗产，也没有应当承担义务的人等情形下，诉讼终结。人民法院适用普通程序审理的案件，应当在立案之日起六个月内审结，有特殊情况需要延长的，由人民法院院长批准，可以延长六个月；还需要延长的，报请上级人民法院批准。

（一）简易程序

对于事实清楚、权利义务关系明确、争议不大的简单的民事案件，基层人民法院和它的派出法庭，可以适用简易程序。对于简单的民事案件，原告可以口头起诉，人民法院可以用简便方式传唤当事人和证人、送达诉讼文书、审理案件。在简易程序中，由审判员一人独任审理，并应当在立案之日起三个月内审结。

（二）一审二审程序

当事人不服人民法院第一审判决的，有权在判决书送达之日起十五日内向上一级人民法院提起上诉。上诉时，当事人应当递交上诉状，上诉状应当通过原审人民法院提出。第二审人民法院应当对上诉请求的有关事实和适用法律进行审查，并组成合议庭开庭审理。经过审理，第二审人民法院应当根据不同情形，予以维持原判决或裁定、依法改判或撤销或变更、发回重审等。第二审人民法院的判决、裁定，是终审的判决、裁定。第二审程序应当在第二审立案之日起三个月内审结。有特殊情况需要延长的，由本院院长批准。

（三）特别程序

人民法院审理选民资格案件、宣告失踪或者宣告死亡案件、认定公民无民事行为能力或者限制民事行为能力案件、认定财产无主案件、确认调解协议案件和实现担保物权案件，适用特别程序。对于已经发生法律效力的判决、裁定、调解书，发现确有错误的，当事人可以申请启动审判监督程序。审判监督程序可以由各级人民法院启动，也可以由最高人民检察院和地方各级人民检察院启动。此外，对于特别类型的案件，还可以使用督促程序或公示催告程序。

三、民事诉讼的执行程序

（一）民事判决执行

发生法律效力的民事判决、裁定，以及刑事判决、裁定中的财产部分，由第一审人民法院或者与第一审人民法院同级的被执行的财产所在地人民法院执行。执行工作由执行员进行。采取强制执行措施时，执行员应当出示证件。执行完毕后，应当将执行情况制作笔录，由在场的有关人员签名或者盖章。当事人、利害关系人认为执行行为违反法律规定的，可以向负责执行的人民法院提出书面异议。在执行中，双方当事人自行和解达成协议的，执行员应当将协议内容记入笔录，由双方当事人签名或者盖章。

（二）强制执行程序

执行难是我国司法实践中普遍存在的问题，对此，《民事诉讼法》规定了诸多强制执行措施。被执行人未按执行通知履行法律文书确定的义务，应当报告当前以及收到执行通知之日前一年的财产情况。被执行人拒绝报告或者虚假报告的，人民法院可以根据情节轻重对被执行人或者其法定代理人、有关单位的主要负责人或者直接责任人员予以罚款、拘留。被执行人未按执行通知履行法律文书确定的义务，人民法院有权扣留、提取被执行人应当履行义务部分的收入。但应当保留被执行人及其所扶养家属的生活必需费用。被执行人不履行法律文书确定的义务的，人民法院可以对其采取或者通知有关单位协助采取限制出境，在征信系统记录、通过媒体公布不履行义务信息以及法律规定的其他措施。

思考题

1. 简述我国民事主体的种类有哪些？企业的分支机构是否为独立的民事主体？
2. 我国民事主体享有哪些民事权利类型？企业是否拥有人格权？
3. 合同是什么时候成立的？在何种情形下合同归于无效？在何种情形下合同为可撤销？
4. 有哪些承担民事责任的方式？民事责任与行政处罚的关系如何？
5. 民事诉讼中通常需要经过哪些程序？

（王轶　刘斌）

第六章　刑事法律制度

学习导航

1. 掌握与食品药品行政监管相关的六个刑法罪名的入罪标准。

2. 熟悉与食品药品行政监管相关的六个刑法罪名的量刑情节。

3. 了解犯罪概念的类型和犯罪概念的特征，犯罪构成的具体内容以及犯罪构成在认定犯罪中的关键作用，上述六个罪名与其他相关罪名的选择适用关系。

刑事法律制度包括刑法总则与刑法分则，其中刑法总则制度又包括刑法的基本原则、刑法的效力范围、犯罪论制度和刑罚论制度，刑法分则制度则是刑法的四百多个具体罪名，这些罪名被分到刑法分则的十大章中。在刑法总则制度中，犯罪论和刑罚论制度是主干，当然这不等于刑法的基本原则、刑法的效力范围不重要，而是前者占据着更庞大的篇幅。刑法总则以刑法分则为依托，指导刑法分则的适用，刑法分则是刑法总则的具体化。没有刑法分则，刑法总则的具体原理难以实现，没有刑法总则，刑法分则的具体规定就是无源之水。本章限于篇幅，仅介绍总则的犯罪概念与犯罪构成的基础知识，重点介绍分则与食品、药品监管工作密切的相关罪名。

我国刑法与食品、药品犯罪相关的罪名规定在刑法分则第三章“破坏社会主义市场经济秩序罪”中的第一节“生产、销售伪劣商品罪”中。本节涉及的法条为刑法第一百四十条到一百四十八条，共规定了九个罪名。其中与食品、药品监管工作最密切相关的罪名为生产、销售假药罪，生产、销售劣药罪，生产、销售不符合安全标准的食品罪，生产销售有毒、有害食品罪，生产、销售不符合标准的医用器材罪和生产、销售不符合卫生标准的化妆品罪这六个罪名，这六个罪名涉及的犯罪对象也即通常所说的“四品一械”。此外，本节罪中的生产、销售伪劣产品罪以及刑法章节中的其他罪名，包括侵犯著作权罪、非法经营罪、非法行医罪等等，也是食品药品行政监管工作中的常见罪名。从事食品、药品监管的国家机关工作人员至少应当了解上述六个罪名的成立犯罪的条件、主要关键词的法律含义以及与其他罪名发生竞合时的法条适用关系。这是在食品、药品案件行政执法与刑事司法衔接工作中必须掌握的基础性知识。本章围绕上述六个罪名展开叙述。

第一节　犯罪与犯罪构成概述

案例

某县市场监督管理局根据群众举报，查处了万某某销售复方关节炎胶囊、定喘胶囊等假药案，并联合公安部门捣毁了位于某省的假药生产窝点，查扣了工具、原料胶囊、包装瓶及成品假药等，涉案金额100余万元。2017年6月万某某被批准逮捕。

犯罪概念，是在具体犯罪的基础上抽象出来的、对犯罪的共性描述。如果说具体的犯罪，如故意杀人罪、故意伤害罪的概念是具体概念或种概念的话，那么“犯罪概念”则是关于“什么行为是犯罪”的一般概念或属概念。犯罪概念是犯罪构成的基础，犯罪构成是犯罪概念的具体化。

一、犯罪的概念与特征

从不同的角度都可以对犯罪做出概念，犯罪概念包括三种类型，即形式概念、实质概念和混合概念。

（一）犯罪的概念

犯罪的形式概念，从犯罪的“法律规定性”的角度对犯罪下的概念，即犯罪是法律规定为“犯罪”的行为，它不涉及国家为什么将某种行为规定为犯罪，而只是揭示了犯罪的法律特征，因此称为犯罪的形式概念。在刑事立法上，1810年《法国刑法典》第一条规定：“法律以违警刑所处罚之犯罪，称违警罪；法律以惩治刑所处之犯罪，称轻罪；法律以身体刑或名誉刑所处罚之犯罪，称重罪。”这就属于形式概念。

犯罪的实质概念，是指从犯罪的本质属性或者社会属性的角度对犯罪作出的概念，它强调的是刑法对某种行为规定为犯罪的实质根据和理由。首次在刑法典中采用犯罪的实质概念的是1919年的《苏俄刑法指导原则》，其第六条规定：“犯罪是危害某种社会关系制度的作为或不作为。”犯罪的混合概念综合了犯罪的形式概念和实质，既指出了犯罪的实质特征，又指出了犯罪的法律特征。我国刑法第十三条规定：“一切危害国家主权、领土完整和安全，分裂国家、颠覆人民民主专政的政权和推翻社会主义制度，破坏社会秩序和经济秩序，侵犯国有财产或者劳动群众集体所有的财产，侵犯公民私人所有的财产，侵犯公民的人身权利、民主权利和其他权利，以及其他危害社会的行为，依照法律应当受刑罚处罚的，都是犯罪，但是情节显著轻微危害不大的，不认为是犯罪。”这是一个混合概念。

（二）犯罪的特征

犯罪的特征包括三个，其中犯罪的本质特征是严重的社会危害性。社会危害性是指行为对刑法所保护的社会关系造成或可能造成的损害的属性。在我国，犯罪是危害国家和人民利益，危害社会主义社会的行为，如果某一行为没有对国家和人民利益造成损害，那么它就不具有社会危害性，也就不能作为犯罪处理。社会危害性作为犯罪的本质特征，在刑法之外回答了某一行为之所以构成犯罪的根据。

犯罪的形式特征是刑事违法性。刑事违法性，即行为具有违反刑事法律规范的性质。社会危害性解决了行为成立犯罪的实质标准，而刑事违法性则明确了行为构成犯罪的法律依据。受罪刑法定原则的制约，行为只有被法律规定为犯罪，才具备犯罪的刑事违法性特征。相比社会危害性，法律标准是客观的、实定的，因此刑事违法性也被称为犯罪的法律特征或者形式特征。

任何违法行为都要承担相应的法律后果，民事违法行为要承担民事责任，行政违法行为要承担行政责任，而作为犯罪后果的刑事责任则是刑罚。刑罚是最严厉的制裁手段，只适用于犯罪这种性质最严重的危害行为。行为不具有应受刑罚惩罚性意味着行为不是犯罪，也就不具有社会危害性和刑事违法性，因此，社会危害性、刑事违法性和应受刑罚惩罚性作为犯罪的特征，从不同角度和层次说明了什么是犯罪。

二、犯罪构成概述

犯罪概念是犯罪构成的基础，犯罪构成是犯罪概念的具体化。犯罪构成是认定犯罪的直接依据和标准，是囊括所有犯罪成立要件、要素的集合，因此犯罪构成的体系决定了犯罪论的体系。

犯罪构成就是依照我国刑法的规定，决定某一具体行为的社会危害性及其程度而为该行为构成犯罪所必需的一切客观和主观要件的有机统一。犯罪概念和犯罪构成是两个既有密切联系又有区别的两个概念。

（一）犯罪构成的实践意义

在任何案件的裁判过程中，规范的认知体系都是不可缺少的，这在任何国家都是如此。英美法系国家虽然没有形成大陆法系国家那样逻辑严密的概念体系，但是在某些领域如证据法上的质证规则同样繁琐、复杂。犯罪构成是系统化的犯罪认定标准，它在理论和实践中都有现实的巨大意义，因而犯罪构成理论绝不是可有可无的东西。

在刑事立法上，犯罪构成是罪刑法定原则的实现形式。犯罪构成理论是罪刑法定主义的产物，罪刑法定主义是犯罪构成理论的推动力量。学说上，人们通常以是否有利于罪刑法定的实现来衡量犯罪构成理论的优劣，也以有利于罪刑法定主义的实现为标准来建构科学的犯罪构成体系。明确而具体的犯罪构成要件反映了形式的罪刑法定主义的要求，概括的、空白的犯罪构成要件反映了实质的罪刑法定主义的要求，而具体犯罪没有规定犯罪构成则意味着罪刑法定主义名存实亡。因此犯罪构成对实现法治、保障公民自由等具有重大意义。

在刑事司法上，犯罪构成是认定犯罪的唯一标准，行为符合犯罪构成即认为是犯罪，不能在犯罪构成之外附加其他任何条件。犯罪构成在认定犯罪中的具体作用是：①区分罪与非罪；②区分此罪与彼罪；③区分重罪与轻罪；④区分一罪与数罪。根据犯罪构成的个数，可以判定罪的个数。行为符合一个犯罪构成的就构成一罪，符合数个犯罪构成的就构成数罪。此外，犯罪构成还可以保证判决的公平性。案件千差万别，而犯罪构成则是共同的，通过犯罪构成，可以保证相同的案件获得相同的判决，不同的案件获得不同的判决，从而实现判决的公平。

（二）犯罪构成的四个要件

根据我国刑法理论的通说，任何一种犯罪的成立都需要具备四个方面的要件，即犯罪客体、犯罪客观方面、犯罪主体、犯罪主观方面的构成要件。

犯罪客体是指刑法所包括而为犯罪所侵犯的社会主义社会利益。犯罪客体包括一般客体、同类客体和具体客体。任何犯罪都侵害一定的利益，否则就不可能是犯罪，刑法也不会作为犯罪处理。一般客体是所有犯罪侵害的利益的整体。利益的范围非常广泛，包括国家领土主权和安全、公共安全、市场经济秩序、公民人身权利和民主权利、财产权利、社会管理秩序、国防利益、国家机关工作人员职务行为的廉洁性、国家机关的正常公务活动等。这些利益的类型也是分则罪名划分为不同章的基础，它们也是同类客体。具体客体是具体犯罪所侵害的利益的内容。

犯罪客观方面，是指犯罪的客观外在表现，包括危害行为、危害结果、危害行为以及危害结果之间的因果关系等。其中危害行为是一切犯罪都应当具备的犯罪的客观方面，因为“无行为则无犯罪”。危害结果是部分犯罪必须具备的要件，这类犯罪被称为结果犯，而因果关系只在结果犯中存在。

犯罪的主体，是指达到法定刑事责任、具备刑事责任能力并实施危害行为的自然人。此外，单位也可以成为刑法中的犯罪主体，但是要以刑法规定为限。另外，刑法中的某些犯罪还要求犯罪主体具备特定的身份才能构成，如国家工作人员的身份等。

知识链接

刑法第一百五十条规定：单位犯本节第一百四十条至第一百四十八条规定之罪的，对单位判处罚金，并对其直接负责的主管人员和其他直接责任人员，依照各该条的规定处罚。

因此，生产、销售假药罪、生产、销售劣药罪、生产、销售不符合安全标准的食品罪、生产销售有毒、有害食品罪、生产、销售不符合标准的医用器材罪和生产、销售不符合卫生标准的化妆品罪等罪名均可以由单位构成。

犯罪主观方面，是指行为人具有主观罪过，包括故意和过失。犯罪故意是罪过的典型形态，也是故意犯罪的主观心理态度。我国刑法第14条规定：“明知自己的行为会发生危害社会的结果，并且希望或者放任这种结果发生，因而构成犯罪的，是故意犯罪。”根据该规定，犯罪故意是指，行为人明知自己的行为会发生危害社会的结果，并且希望或者放任这种结果发生的一种心理态度。犯罪过失不同于过失犯罪，犯罪过失是与犯罪故意并列的主观罪过形式，过失犯罪是在此罪过心理支配下实施的犯罪行为，当然也可以说，犯罪过失是过失犯罪时的主观罪过。我国刑法第十五条规定：“应当预见自己的行为可能发生危害社会的结果，因为疏忽大意而没有预见，或者已经预见而轻易能够避免，以致发生这种结果的，是过失犯罪。”根据该规定，所谓犯罪过失，就是应当预见自己的行为可能发生危害社会的结果，因为疏忽大意而没有预见，或者已经预见而轻信能够避免的心理态度。

第二节　生产、销售不符合安全标准的食品罪

案例

被告人刘某在某市旅馆内租赁房屋，用蜂蜜精、明矾、白糖、死蜜蜂等生产假蜂蜜，在其销售假蜂蜜时因群众举报而被当场抓获，并扣押假蜂蜜26kg。经该市计量质量检测研究院测试，该假蜂蜜中铝含量为244mg/kg。经该市疾病预防控制中心鉴定，该蜂蜜中铝的残留量可能造成严重食物中毒或食源性疾患。法院经审理认为，被告人刘某生产、销售不符合食品安全标准的食品，足以造成严重食物中毒或者其他严重食源性疾病，构成生产、销售不符合食品安全标准的食品罪。

我国刑法第一百四十三条规定：生产、销售不符合食品安全标准的食品，足以造成严重食物中毒事故或者其他严重食源性疾病的，处三年以下有期徒刑或者拘役，并处罚金；对人体健康造成严重危害或者有其他严重情节的，处三年以上七年以下有期徒刑，并处罚金；后果特别严重的，处七年以上有期徒刑或者无期徒刑，并处罚金或者没收财产。这是刑法关于生产、销售不符合安全标准的食品罪的规定。

一、入罪标准和量刑情节

生产、销售不符合安全标准的食品，有以下情形的，应当认为“足以造成严重食物中毒事故或者其他严重食源性疾病”，并可以构成生产、销售不符合安全标准的食品罪：①含有严重超出标准限量的致病性微生物、农药残留、兽药残留、重金属、污染物质以及其他危害人体健康的物质的；②属于病死、死因不明或者检验检疫不合格的畜、禽、兽、水产动物及其肉类、肉类制品的；③属于国家为防控疾病等特殊需要明令禁止生产、销售的；④婴幼儿食品中生长发育所需营养成分严重不符合食品安全标准的；⑤其他足以造成严重食物中毒事故或者严重食源性疾病的情形。

知识链接

“足以造成严重食物中毒事故或者其他严重食源性疾病”难以确定的，司法机关可以根据检验报告并结合专家意见等相关材料进行认定。必要时，人民法院可以依法通知有关专家出庭作出说明。

此外，在食品加工、销售、运输、贮存等过程中，违反食品安全标准，超限量或者超范围滥用食品添加剂，足以造成严重食物中毒事故或者其他严重食源性疾病的，以生产、销售不符合安全标准的食品罪定罪处罚。在食用农产品种植、养殖、销售、运输、贮存等过程中，违反食品安全标准，超限量或者超范围滥用添加剂、农药、兽药等，足以造成严重食物中毒事故或者其他严重食源性疾病的，也以生产、销售不符合安全标准的食品罪定罪处罚。

知识链接

生产、销售不符合食品安全标准的食品添加剂，用于食品的包装材料、容器、洗涤剂、消毒剂，或者用于食品生产经营的工具、设备等，构成犯罪的，依照刑法第一百四十条的规定以生产、销售伪劣产品罪定罪处罚。

以提供给他人生产、销售食品为目的，违反国家规定，生产、销售国家禁止用于食品生产、销售的非食品原料，情节严重的，依照刑法第二百二十五条的规定以非法经营罪定罪处罚。

违反国家规定，生产、销售国家禁止生产、销售、使用的农药、兽药，饲料、饲料添加剂，或者饲料原料、饲料添加剂原料，情节严重的，依照刑法第二百二十五条的规定以非法经营罪定罪处罚。

本罪的第二量刑档次是三年以上七年以下有期徒刑，第二量刑标准是“对人体健康造成严重危害或者有其他严重情节”。“对人体健康造成严重危害”包括：①造成轻伤以上伤害的；②造成轻度残疾或者中度残疾的；③造成器官组织损伤导致一般功能障碍或者严重功能障碍的；④造成十人以上严重食物中毒或者其他严重食源性疾病的；⑤其他对人体健康造成严重危害的情形。

属于第二量刑档次的“其他严重情节”包括：①生产、销售金额二十万元以上的；②生产、销售金额十万元以上不满二十万元，不符合食品安全标准的食品数量较大或者生产、销售持续时间较长的；③生产、销售金额十万元以上不满二十万元，属于婴幼儿食品的；④生产、销售金额十万元以上不满二十万元，一年内曾因危害食品安全违法犯罪活动受过行政处罚或者刑事处罚的；⑤其他情节严重的情形。

本罪的第三量刑档次是“七年以上有期徒刑或者无期徒刑”，量刑标准是“后果特别严重”，具体是指：①致人死亡或者重度残疾的；②造成三人以上重伤、中度残疾或者器官组织损伤导致严重功能障碍的；③造成十人以上轻伤、五人以上轻度残疾或者器官组织损伤导致一般功能障碍的；④造成三十人以上严重食物中毒或者其他严重食源性疾病的；⑤其他特别严重的后果。

二、共同犯罪的认定

明知他人生产、销售不符合食品安全标准的食品，有毒、有害食品，具有下列情形之一的，以生产、销售不符合安全标准的食品罪或者生产、销售有毒、有害食品罪的共犯论处：①提供资金、贷款、账号、发票、证明、许可证件的；②提供生产、经营场所或者运输、贮存、保管、邮寄、网络销售渠道等便利条件的；③提供生产技术或者食品原料、食品添加剂、食品相关产品的；④提供广告等宣传的。

知识链接

广告主、广告经营者、广告发布者违反国家规定，利用广告对保健食品或者其他食品作虚假宣传，情节严重的，依照刑法第二百二十二条的规定以虚假广告罪定罪处罚。

三、负有监督管理职责的国家机关工作人员的刑事责任

负有食品安全监督管理职责的国家机关工作人员，滥用职权或者玩忽职守，导致发生重大食品安全事故或者造成其他严重后果，同时构成食品监管渎职罪和徇私舞弊不移交刑事案件罪、商检徇私舞弊罪、动植物检疫徇私舞弊罪、放纵制售伪劣商品犯罪行为罪等其他渎职犯罪的，依照处罚较重的规定定罪处罚。

负有食品安全监督管理职责的国家机关工作人员滥用职权或者玩忽职守，不构成食品监管渎职罪，但构成前款规定的其他渎职犯罪的，依照该其他犯罪定罪处罚。

负有食品安全监督管理职责的国家机关工作人员与他人共谋，利用其职务行为帮助他人实施危害食品安全犯罪行为，同时构成渎职犯罪和危害食品安全犯罪共犯的，依照处罚较重的规定定罪处罚。

第三节 生产、销售有毒、有害食品罪

案例

2011年5月，被告人郝某从唐某处购买三箱盐酸克伦特罗片（俗称“瘦肉精”），后陈某帮助孙某从郝某处代为购买一箱该药品。孙某在自己的养殖场内，使用陈某从郝某处购买的盐酸克伦特罗片喂养肉牛。2011年12月，孙某将喂养过盐酸克伦特罗片的9头肉牛出售，被查获。经检测，其中4头肉牛尿液样品中所含盐酸克伦特罗成分超标。检察机关以孙某等人犯生产、销售有毒、有害食品罪，向人民法院提起公诉。人民法院以孙某等人犯生产、销售有毒、有害食品罪，分别判处有期徒刑并处罚金。

生产、销售有毒、有害食品罪，是指生产者、销售者违反国家食品卫生管理法规，故意在生产、销售的食品中掺入有毒、有害的非食品原料的或者销售明知掺有有毒、有

害的非食品原料的食品的行为。我国刑法第一百四十四条规定：在生产、销售的食品中掺入有毒、有害的非食品原料的，或者销售明知掺有有毒、有害的非食品原料的食品的，处五年以下有期徒刑，并处罚金；对人体健康造成严重危害或者有其他严重情节的，处五年以上十年以下有期徒刑，并处罚金；致人死亡或者有其他特别严重情节的，依照本法第一百四十一条的规定处罚。”

一、入罪标准

依照有关2013年最高人民法院、最高人民检察院《关于办理危害食品安全刑事案件适用法律若干问题的解释》，在食品加工、销售、运输、贮存等过程中，掺入有毒、有害的非食品原料，或者使用有毒、有害的非食品原料加工食品的，依照刑法第一百四十四条的规定以生产、销售有毒、有害食品罪定罪处罚。

知识链接

下列物质应当认定为“有毒、有害的非食品原料”：①法律、法规禁止在食品生产经营活动中添加、使用的物质；②国务院有关部门公布的《食品中可能违法添加的非食用物质名单》《保健食品中可能非法添加的物质名单》上的物质；③国务院有关部门公告禁止使用的农药、兽药以及其他有毒、有害物质；④其他危害人体健康的物质。

在食品加工、销售、运输、贮存等过程中，掺入有毒、有害的非食品原料，或者使用有毒、有害的非食品原料加工食品的，依照刑法第一百四十四条的规定以生产、销售有毒、有害食品罪定罪处罚。

在食用农产品种植、养殖、销售、运输、贮存等过程中，使用禁用农药、兽药等禁用物质或者其他有毒、有害物质的，依照刑法第一百四十四条的规定以生产、销售有毒、有害食品罪定罪处罚。

在保健食品或者其他食品中非法添加国家禁用药物等有毒、有害物质的，依照刑法第一百四十四条的规定以生产、销售有毒、有害食品罪定罪处罚。

案例分析

案例： 被告人刁某于2001年注册成立了A生物技术开发有限公司。2010年以来，被告单位A公司以600元/千克的价格购进生产保健食品的原料后，加工制作成用于辅助降血糖的保健食品A牌山芪参胶囊，并销售至全国多个地区。2012年5月至9月，销往上海等地的山芪参胶囊分别被检测出含有盐酸丁二胍。被告人刁某明知其所生产、销售的保健品中含有盐酸丁二胍后，仍然继续生产山芪参胶囊并销售。

盐酸丁二胍是丁二胍的盐酸盐。目前盐酸丁二胍未获得国务院药品监督管理部门批准生产或进口，不得作为药物在我国生产、销售和使用。扬州大学医学院葛晓群教授出具的专家意见和南京医科大学司法鉴定所的鉴定意见证明：盐酸丁二胍具有降低血糖的作用，很早就撤出我国市场，长期使用添加盐酸丁二胍的保健食品可能对机体产生不良影响，甚至危及生命。

江苏省扬州市广陵区人民法院于2014年1月10日作出刑事判决：被告单位A生物技术开发有限公司犯生产、销售有毒、有害食品罪，判处罚金人民币一千五百万元；被告人习某犯生产、销售有毒、有害食品罪，判处有期徒刑十五年，剥夺政治权利三年，并处罚金人民币九百万元。

分析：行为人在食品生产经营中添加的虽然不是国务院有关部门公布的《食品中可能违法添加的非食用物质名单》和《保健食品中可能非法添加的物质名单》中的物质，但如果该物质与上述名单中所列物质具有同等属性，并且根据检验报告和专家意见等相关材料能够确定该物质对人体具有同等危害的，应当认定为《中华人民共和国刑法》第一百四十四条规定的“有毒、有害的非食品原料”。

使用盐酸克仑特罗等禁止在饲料和动物饮用水中使用的药品或者含有该类药品的饲料养殖供人食用的动物，或者销售明知是使用该类药品或者含有该类药品的饲料养殖的供人食用的动物的，依照刑法第一百四十四条的规定，以生产、销售有毒、有害食品罪追究刑事责任。

明知是使用盐酸克仑特罗等禁止在饲料和动物饮用水中使用的药品或者含有该类药品的饲料养殖的供人食用的动物，而提供屠宰等加工服务，或者销售其制品的，依照刑法第一百四十四条的规定，以生产、销售有毒、有害食品罪追究刑事责任。

监管关键点

禁止在饲料和动物饮用水中使用的药品，依照国家有关部门公告的禁止在饲料和动物饮用水中使用的药物品种目录确定。

二、“地沟油”犯罪的认定

“地沟油”犯罪，是指用餐厨垃圾、废弃油脂、各类肉及肉制品加工废弃物等非食品原料，生产、加工“食用油”，以及明知是利用“地沟油”生产、加工的油脂而作为食用油销售的行为。

案例分析

案例： 2007年12月至2011年7月，柳某等人将收购的餐厨废弃油（俗称“地沟油”）加工提炼成劣质油脂，销售给经营食用油生意的商户，导致后者将从柳某处购买的劣质油脂直接或经勾兑后作为食用油销售给个体粮油店、饮食店、食品加工厂以及学校食堂，或冒充豆油等油脂销售给饲料、药品加工等企业。截至案发，柳某等人的行为最终导致金额为926万余元的劣质油脂流向食用油市场供人食用，金额为9065万余元的劣质油脂流入非食用油加工市场。

检察机关以柳某等人犯生产、销售有毒、有害食品罪和生产、销售伪劣产品罪向人民法院提起公诉。人民法院判决柳某犯生产、销售有毒、有害食品罪和生产、销售伪劣产品罪，数罪并罚，判处无期徒刑，剥夺政治权利终身，并处没收个人全部财产；其余被告人均犯生产、销售有毒、有害食品罪和生产、销售伪劣产品罪，数罪并罚，被判处有期徒刑并处罚金。

分析： 对于明知对方是食用油经销者，仍将用餐厨废弃油（俗称“地沟油”）加工而成的劣质油脂销售给对方，导致劣质油脂流入食用油市场供人食用的，构成生产、销售有毒、有害食品罪；明知油脂经销者向饲料生产企业和药品生产企业等单位销售豆油等食用油，仍将用餐厨废弃油加工而成的劣质油脂销售给对方，导致劣质油脂流向饲料生产企业和药品生产企业等单位的，构成生产、销售伪劣产品罪。

对于利用“地沟油”生产“食用油”的，依照刑法第一百四十四条生产有毒、有害食品罪的规定追究刑事责任。明知是利用“地沟油”生产的“食用油”而予以销售的，依照刑法第一百四十四条销售有毒、有害食品罪的规定追究刑事责任。认定是否“明知”，应当结合犯罪嫌疑人、被告人的认知能力，犯罪嫌疑人、被告人及其同案人的供述和辩解，证人证言，产品质量，进货渠道及进货价格、销售渠道及销售价格等主、客观因素予以综合判断。对于利用“地沟油”生产的“食用油”，已经销售出去没有实物，但是有证据证明系已被查实生产、销售有毒、有害食品犯罪事实的上线提供的，依照刑法第一百四十四条销售有毒、有害食品罪的规定追究刑事责任。

虽无法查明“食用油”是否系利用“地沟油”生产、加工，但犯罪嫌疑人、被告人明知该“食用油”来源可疑而予以销售的，应分别情形处理：经鉴定，检出有毒、有害成分的，依照刑法第一百四十四条销售有毒、有害食品罪的规定追究刑事责任；属于不符合安全标准的食品的，依照刑法第一百四十三条销售不符合安全标准的食品罪追究刑事责任；属于以假充真、以次充好、以不合格产品冒充合格产品或者假冒注册商标，构成犯罪的，依照刑法第一百四十条销售伪劣产品罪或者第二百一十三条假冒注册商标罪、第二百一十四条销售假冒注册商标的商品罪追究刑事责任。

知识链接

对违反有关规定，掏捞、加工、贩运“地沟油”，没有证据证明用于生产“食用油”的，交由行政部门处理。

对于国家工作人员在食用油安全监管和查处“地沟油”违法犯罪活动中滥用职权、玩忽职守、徇私枉法，构成犯罪的，依照刑法有关规定追究刑事责任。

三、加重量刑情节

生产、销售有毒、有害食品罪的第二量刑档次是“对人体健康造成严重危害”或者有“其他严重情节”的。所谓“对人体健康造成严重危害”，是指以下五种情形：①造成轻伤以上伤害的；②造成轻度残疾或者中度残疾的；③造成器官组织损伤导致一般功能障碍或者严重功能障碍的；④造成十人以上严重食物中毒或者其他严重食源性疾病的；⑤其他对人体健康造成严重危害的情形。也就是说，生产销售不符合安全标准的食品罪与生产、销售有毒、有害食品罪的“对人体健康造成严重危害”的认定标准是一样的，两者都是各自犯罪的加重量刑情节，但是前者是在三年以上七年以下有期徒刑的量刑幅度内量刑，而后者则要在五年以上十年以下有期徒刑的量刑幅度内量刑，这也体现了立法对生产、销售有毒、有害食品罪的严厉打击态度。

本罪的“其他严重情节”是指：①生产、销售金额二十万元以上不满五十万元的；②生产、销售金额十万元以上不满二十万元，有毒、有害食品的数量较大或者生产、销售持续时间较长的；③生产、销售金额十万元以上不满二十万元，属于婴幼儿食品的；④生产、销售金额十万元以上不满二十万元，一年内曾因危害食品安全违法犯罪活动受过行政处罚或者刑事处罚的；⑤有毒、有害的非食品原料毒害性强或者含量高的；⑥其他情节严重的情形。

生产、销售有毒、有害食品，生产、销售金额五十万元以上，或者具有以下情形之一的，应当认定为刑法第一百四十四条规定的“致人死亡或者有其他特别严重情节”：①致人死亡或者重度残疾的；②造成三人以上重伤、中度残疾或者器官组织损伤导致严重功能障碍的；③造成十人以上轻伤、五人以上轻度残疾或者器官组织损伤导致一般功能障碍的；④造成三十人以上严重食物中毒或者其他严重食源性疾病的；⑤其他特别严重的后果。

第四节　生产、销售假药罪

案例

2007年3月至12月，被告人申某购买假冒“人血白蛋白”、假冒“人用狂犬病疫苗”，销售给被告人赵某，销售金额共计人民币17665元。赵某在明知所购“人血白蛋白”“人用狂犬病疫苗”为假药的情况下，将该假药销售给被告人高某（另案处理），销售金额共计人民币25860元。高某又将该假药销售给被告人佘某（另案处理）等人，销售金额共计人民币145900元。申某将购得的假药销售给叶某（另案处理）等人，被害人赵某被狗咬后由叶某注射涉案假“人用狂犬病疫苗”，后致狂犬病发作死亡。佘某将购得的假药销售给李某等人，导致假药被逐层销售给终端患者使用，多名患者注射涉案假“人血白蛋白”后，出现不同程度不良反应，其中五人经鉴定为重伤，一人为轻伤。南通市中级人民法院依法以生产、销售假药罪判处被告人申某死刑，缓期二年执行，剥夺政治权利终身，并处没收个人全部财产；以销售假药罪判处被告人赵某无期徒刑，剥夺政治权利终身，并处没收个人全部财产；以销售假药罪判处被告人高某有期徒刑十五年，剥夺政治权利三年，并处罚金人民币20万元；以销售假药罪判处被告人佘某有期徒刑十四年，剥夺政治权利二年，并处罚金人民币15万元；没收各被告人违法所得。

药品安全，直接关系每个人的切身利益，关系到人民群众的生命安全和社会的长治久安。发生在药品领域的假冒伪劣事件，不但可能会给受害者本人带来持久的肉体损害和精神创伤，也会直接或间接波及受害者的家庭，甚至酿成社会公共事件。近些年来，一系列药品的公共安全事件和卫生事件严重损害了广大消费者的切身利益，也引起了社会舆论的极大愤怒和关注。药品是一种特殊的商品，生产、销售假药行为的危害性不仅体现在生产、销售的假药的货值金额和犯罪分子获得的不法利润上，更主要地体现在假药对人身体健康的损害上。为此1997年刑法在分则第三章第一节“生产、销售伪劣商品罪”中，在生产、销售伪劣产品罪之外另行规定了“生产、销售假药罪”（第一百四十一条）。2011年2月25日第十一届全国人大常委会第十九次会议通过的《中华人民共和国刑法修正案（八）》对刑法第一百四十一条的生产、销售假药罪进行了修改。目前刑法第一百四十一条为：“生产、销售假药的，处三年以下有期徒刑或者拘役，并处罚金；对人体健康造成严重危害或者有其他严重情节的，处三年以上十年以下有期徒刑，并处罚金；致人死亡或者有其他特别严重情节的，处十年以上有期徒刑、无期徒刑或者死刑，并处罚金或者没收财产。”与原法条相比，本次立法最主要的修正在于取消了犯罪成立条件中“足以严重危害人体健康”的要件，降低了入罪门槛，这对于司法实践中强化对假药犯罪的刑事惩罚起到了积极作用。

一、犯罪对象

生产、销售假药罪的犯罪客体是复杂客体，侵害了国家对药品的管理制度和不特定多数人的身体健康和生命安全。药品是一种特殊商品，它与人民群众的生命安全息息相关，为了保障人民群众的健康和生命安全，国家建立了严格的药品从生产到流通、使命的监管制度。生产、销售假药罪侵害了国家对药品的监管制度。本罪的犯罪对象是假药，依照《药品管理法》第九十八条界定为假药的情形。

（一）药品所含成分与国家药品标准规定的成分不符

国家药品标准载明的药品成分，是经过药理、毒理等临床和非临床的反复试验，在试生产期又经过药品质量、稳定性及临床疗效和不良反应的检验，证明对某种疾病确有疗效并能保证使用安全后才确定下来的。药品标准作为强制性标准，必须执行。药品中缺少国家药品标准规定的成分或者在药品规定成分之外又有其他药品成分的，是假药。例如，《中国药典》规定，复方氨酚葡锌片每片含对乙酰氨基酚100毫克，葡萄糖酸锌70毫克，盐酸二氧丙嗪1毫克，板兰根浸膏粉250毫克。如果企业在生产过程中添加了其他成分的原料药的，则因不符合国家药典的规定而可能被判定为假药。当然，这里的“药品所含成分”应当指的是对预防和治愈疾病具有实质作用的药品活性成分，不包括药品辅料。

（二）是以非药品冒充药品或者以他种药品冒充此种药品

例如，以香精和水勾兑冒充止咳糖浆，以淀粉压片直接冒充药品片剂，以清咽润喉的药品冒充止咳平喘的药品等，以苏打压片冒充阿司匹林片，把茄子杆、辣椒杆等切碎放在藿香切片中，用兽药冒充人用药，将“氯化琥珀胆碱注射液”的标签撕去换成“硫酸卡那霉素注射液”等。

（三）变质的药品

药品的生产、储存等都需要相应的温度、湿度等限制，以及特殊工艺方面的要求。违反上述条件都可能引发药品变质即活性成分发生变化。药品变质既可能发生在生产环节，也可能发生在运输和销售环节。前者多为原料药出现问题，而后者则可能是运输和储存条件不符合要求导致成分改变。

（四）所标明的适应证或者功能主治超出规定范围的药品

这类药品的问题主要在于违法包装上，药品本身的品质虽然符合相应的药品质量标准，但是如果在标签、说明书等中任意夸大功效或虚假宣传，其危害后果仍会很严重，属于假药。

知识链接

是否属于刑法规定的"假药"难以确定的，司法机关可以根据地市级以上药品监督管理部门出具的认定意见等相关材料进行认定。必要时，可以委托省级以上药品监督管理部门设置或者确定的药品检验机构进行检验。

二、入罪标准和量刑情节

依照刑法第一百四十一条，生产、销售假药罪分为三个量刑档次，第一量刑档次为"三年以下有期徒刑或者拘役，并处罚金"，对应的量刑标准（实际也是本罪的入罪标准）为具有生产、销售假药的行为；第二量刑档次为"三年以上十年以下有期徒刑，并处罚金"，对应的量刑情节为"对人体健康造成严重危害或者有其他严重情节的"；第三量刑档次为"十年以上有期徒刑、无期徒刑或者死刑，并处罚金或者没收财产"，对应的量刑情节为"致人死亡或者有其他特别严重情节的"。

（一）入罪标准

目前生产、销售假药罪是行为犯，即只要有生产、销售假药的行为即构成犯罪，对于生产、销售假药的，无论数量多少，都应当依法追究刑事责任。目前的刑事司法解释也不再对生产、销售假药罪设置入罪门槛，但是也有例外。

知识链接

司法解释规定：销售少量根据民间传统配方私自加工的药品，或者销售少量未经批准进口的国外、境外药品，没有造成他人伤害后果或者延误诊治，情节显著轻微危害不大的，不认为是犯罪。

以生产、销售假药为目的，实施下列行为之一的，应当认定为本罪的"生产"：①合成、精制、提取、储存、加工炮制药品原料的行为；②将药品原料、辅料、包装材料制成成品过程中，进行配料、混合、制剂、储存、包装的行为；③印制包装材料、标签、说明书的行为。此外，医疗机构、医疗机构工作人员明知是假药、劣药而有偿提供给他人使用，或者为出售而购买、储存的行为，应当认定为刑法第一百四十一条规定的"销售"。

（二）药品注册申请单位的工作人员适用虚假材料骗取药品批准证明文件生产、销售药品的定性

药品注册申请单位的工作人员，故意使用符合下列规定的虚假药物非临床研究报告、

药物临床试验报告及相关材料，骗取药品批准证明文件生产、销售药品的，应当以生产、销售假药罪定罪处罚：①在药物非临床研究或者药物临床试验过程中故意使用虚假试验用药品的；②瞒报与药物临床试验用药品相关的严重不良事件的；③故意损毁原始药物非临床研究数据或者药物临床试验数据的；④编造受试动物信息、受试者信息、主要试验过程记录、研究数据、检测数据等药物非临床研究数据或者药物临床试验数据，影响药品安全性、有效性评价结果的；⑤曾因在申请药品、医疗器械注册过程中提供虚假证明材料受过刑事处罚或者二年内受过行政处罚，又提供虚假证明材料的；⑥其他情节严重的情形。

（三）"对人体健康造成严重危害"与"其他严重情节"的认定

"对人体健康造成严重危害"与存在"其他严重情节"是生产、销售假药罪的第二量刑档次规定的条件。所谓"对人体健康造成严重危害"，是指以下四种情况：①造成轻伤或者重伤的，"轻伤""重伤"按照《人体损伤程度鉴定标准》进行鉴定；②造成轻度残疾或者中度残疾的，"轻度残疾""中度残疾"按照相关伤残等级评定标准进行评定；③造成器官组织损伤导致一般功能障碍或者严重功能障碍的；④其他对人体健康造成严重危害的情形。

生产、销售假药的"其他严重情节"包括以下四种情况：①造成较大突发公共卫生事件的。突发公共卫生事件，是指突然发生，造成或者可能造成社会公众健康严重损害的重大传染病疫情、群体性不明原因疾病、重大食物和职业中毒以及其他严重影响公众健康的事件。我国于2003年颁布了《突发公共卫生事件应急条例》，对突发公共卫生事件的应急处置等进行了规定；②生产、销售金额二十万元以上不满五十万元的；③生产、销售金额十万元以上不满二十万元，并具有酌情从重处罚情节的；④根据生产、销售的时间、数量、假药种类等，应当认定为情节严重的。

知识链接

"酌情从重处罚情节"，是指存在该情节的，要在原有量刑的基础上从重处罚。酌情从重处罚情节包括以下七类：①生产、销售的假药以孕产妇、婴幼儿、儿童或者危重病人为主要使用对象的；②生产、销售的假药属于麻醉药品、精神药品、医疗用毒性药品、放射性药品、避孕药品、血液制品、疫苗的；③生产、销售的假药属于注射剂药品、急救药品的；④医疗机构、医疗机构工作人员生产、销售假药的；⑤在自然灾害、事故灾难、公共卫生事件、社会安全事件等突发事件期间，生产、销售用于应对突发事件的假药的；⑥两年内曾因危害药品安全违法犯罪活动受过行政处罚或者刑事处罚的；⑦其他应当酌情从重处罚的情形。

（四）“其他特别严重情节的”的认定

“其他特别严重情节”包括以下八种情况：①致人重度残疾的；②造成三人以上重伤、中度残疾或者器官组织损伤导致严重功能障碍的；③造成五人以上轻度残疾或者器官组织损伤导致一般功能障碍的；④造成十人以上轻伤的；⑤造成重大、特别重大突发公共卫生事件的；⑥生产、销售金额五十万元以上的；⑦生产、销售金额二十万元以上不满五十万元，并具有酌情从重处罚情节的；⑧根据生产、销售的时间、数量、假药种类等，应当认定为情节特别严重的。

（五）生产、销售假药罪与其他罪名的选择适用

违反国家药品管理法律法规，未取得或者使用伪造、变造的药品经营许可证，非法经营药品，情节严重的，以非法经营罪定罪处罚。

以提供给他人生产、销售药品为目的，违反国家规定，生产、销售不符合药用要求的非药品原料、辅料，情节严重的，以非法经营罪定罪处罚。实施前述行为，同时又构成生产、销售伪劣产品罪、以危险方法危害公共安全罪等犯罪的，依照处罚较重的规定定罪处罚。

广告主、广告经营者、广告发布者违反国家规定，利用广告对药品作虚假宣传，情节严重的，依照虚假广告罪定罪处罚。实施生产、销售假药、劣药犯罪，同时构成生产、销售伪劣产品、侵犯知识产权、非法经营、非法行医、非法采供血等犯罪的，依照处罚较重的规定定罪处罚。

监管难点

关于具有药品经营资质的企业通过非法渠道从私人手中购进药品后销售的如何适用法律问题。

对具有药品经营资质的企业通过非法渠道从私人手中购销的药品的性质进行认定，区分不同情况，分别定性处理：一是对于经认定属于假药、劣药，且达到“两高”《关于办理危害药品安全刑事案件适用法律若干问题的解释》规定的销售假药罪、销售劣药罪的定罪量刑标准的，应当以销售假药罪、销售劣药罪依法追究刑事责任。二是对于经认定属于劣药，但尚未达到《药品解释》规定的销售劣药罪的定罪量刑标准的，可以依据刑法第一百四十九条、第一百四十条的规定，以销售伪劣产品罪追究刑事责任。三是对于无法认定属于假药、劣药的，可以由药品监督管理部门依照《药品管理法》的规定给予行政处罚，不宜以非法经营罪追究刑事责任。

第五节　生产、销售劣药罪

生产、销售劣药罪，是指生产、销售劣药，对人体健康造成严重危害的行为。本罪的主体为一般主体，即达到刑事责任年龄、具有刑事能力的自然人，均可构成本罪，单位也有可能成为本罪主体。主观方面表现为故意，即明知生产、销售的是劣药，具有对人体健康造成严重危害的危险，却希望或者放任这种危害结果的发生的心理状态。本罪侵害的客体为国家药品监管秩序和人的生命健康权利。客观方面表现为生产、销售劣药的行为，生产劣药表现为采集、收集、制造、加工等一系列的活动，销售劣药则是指向他人有偿提供劣药的行为。

刑法第一百四十二条规定：生产、销售劣药，对人体健康造成严重危害的，处三年以上十年以下有期徒刑，并处销售金额百分之五十以上二倍以下罚金；后果特别严重的，处十年以上有期徒刑或者无期徒刑，并处销售金额百分之五十以上二倍以下罚金或者没收财产。本条所称劣药，是指依照《药品管理法》的规定属于劣药的药品。这是我国刑法关于生产、销售劣药罪的规定。

一、犯罪对象与行为方式

生产、销售劣药罪的犯罪对象是劣药。按照《药品管理法》第九十八条的规定，所谓劣药，是指：①药品成分的含量不符合国家药品标准；②被污染的药品；③未标明或者更改有效期的药品；④未注明或者更改产品批号的药品；⑤超过有效期的药品；⑥擅自添加防腐剂、辅料的药品；⑦其他不符合药品标准的药品。

是否属于“劣药”难以确定的，司法机关可以根据地市级以上药品监督管理部门出具的认定意见等相关材料进行认定。必要时，可以委托省级以上药品监督管理部门设置或者确定的药品检验机构进行检验。

以生产、销售劣药为目的，实施下列行为之一的，应当认定为本罪的“生产”：①合成、精制、提取、储存、加工炮制药品原料的行为；②将药品原料、辅料、包装材料制成成品过程中，进行配料、混合、制剂、储存、包装的行为；③印制包装材料、标签、说明书的行为。

所谓销售是有偿提供的行为。医疗机构、医疗机构工作人员明知是劣药而有偿提供给他人使用，或者为出售而购买、储存的行为，应当认定为刑法第142条规定的“销售”。

二、入罪标准和加重量刑标准

构成生产、销售劣药罪，需要达到“对人体健康造成严重危害”的程度。具体而言，包括以下四种情况：①造成轻伤或者重伤的；②造成轻度残疾或者中度残疾的；③造成器官组织损伤导致一般功能障碍或者严重功能障碍的；④其他对人体健康造成严重危害的情形。

生产、销售劣药罪的加重量刑标准是“后果特别严重”。所谓后果特别严重，包括以下六种情形：①致人死亡；②致人重度残疾的；③造成三人以上重伤、中度残疾或者器官组织损伤导致严重功能障碍的；④造成五人以上轻度残疾或者器官组织损伤导致一般功能障碍的；⑤造成十人以上轻伤的；⑥造成重大、特别重大突发公共卫生事件的。

知识链接

“酌情从重处罚情节”，是指存在该情节的，要在原有量刑的基础上从重处罚。酌情从重处罚情节包括以下七类：①生产、销售的劣药以孕产妇、婴幼儿、儿童或者危重病人为主要使用对象的；②生产、销售的劣药属于麻醉药品、精神药品、医疗用毒性药品、放射性药品、避孕药品、血液制品、疫苗的；③生产、销售的劣药属于注射剂药品、急救药品的；④医疗机构、医疗机构工作人员生产、销售劣药的；⑤在自然灾害、事故灾难、公共卫生事件、社会安全事件等突发事件期间，生产、销售用于应对突发事件的劣药的；⑥两年内曾因危害药品安全违法犯罪活动受过行政处罚或者刑事处罚的；⑦其他应当酌情从重处罚的情形。

三、生产、销售假劣药罪的共同犯罪

与生产、销售假药罪、生产、销售劣药罪成立共同犯罪，需要具备共同犯罪的行为和共同犯罪的故意。依照有关司法解释的规定，明知他人生产、销售假药、劣药，而有下列情形之一的，以共同犯罪论处：①提供资金、贷款、账号、发票、证明、许可证件的；②提供生产、经营场所、设备或者运输、储存、保管、邮寄、网络销售渠道等便利条件的；③提供生产技术或者原料、辅料、包装材料、标签、说明书的；④提供广告宣传等帮助行为的。

第六节　生产、销售不符合标准的医用器材罪

案例

被告人李某受黄某（另案处理）雇佣，未经批准，于2013年6月至2014年3月，在李某家中私自生产医用脱脂纱布方和医用脱脂绷带。产品包装成箱后，通过物流公司发往黄某处。黄某接收后，通过物流公司向外销售。2014年3月26日、27日，分别在李某家中查获标识为A有限公司生产，批号为14031813的医用脱脂纱布方9件（每件14400片），标识为14031813的同厂产品医用脱脂纱布方2件，批号为14031813的医用脱脂绷带192包。标识为B厂生产，批号13081813的医用纱布方8件。生产设备3台、打码机2台，纱布原料8包及其他

医用脱脂纱布方、脱脂绷带成品、半成品，成品合格证、包装袋、包装纸箱若干。在黄某租房处查获成品184箱，半成品及包装袋24箱。经鉴定，医用脱脂纱布方规格6×8×8经纬密度不合格。

法院认为，被告人李某受他人雇佣，生产不符合保障人体健康的国家标准、行业标准的医用卫生材料，足以严重危害人体健康，其行为已构成生产不符合标准的医用器材罪。

生产、销售不符合标准的医用器材罪，是指违反国家产品质量管理法规，生产不符合保障人体健康的国家标准、行业标准的医疗器械、医用卫生材料，或者销售明知是不符合国家标准、行业标准的医疗器械、医用卫生材料，对人体健康造成严重危害的行为。本罪侵犯的客体是复杂客体，既包括国家对生产、销售医疗器械、医用卫生材料的产品质量的监督管理制度，又包括公民的健康权利。我国刑法第一百四十五条规定：生产不符合保障人体健康的国家标准、行业标准的医疗器械、医用卫生材料，或者销售明知是不符合保障人体健康的国家标准、行业标准的医疗器械、医用卫生材料，足以严重危害人体健康，处三年以下有期徒刑或者拘役，并处销售金额百分之五十以上二倍以下罚金；对人体健康造成严重危害的，处三年以上十年以下有期徒刑，并处销售金额百分之五十以上二倍以下罚金；后果特别严重的，处十年以上有期徒刑或者无期徒刑，并处销售金额百分之五十以上二倍以下罚金或者没收财产。

知识链接

医疗器械产品应当符合医疗器械强制性国家标准；尚无强制性国家标准的，应当符合医疗器械强制性行业标准。没有国家标准、行业标准的医疗器械，注册产品标准可视为“保障人体健康的行业标准”。

一、犯罪对象与入罪标准

本罪的犯罪对象是医疗器械和医用卫生材料。根据《医疗器械监督管理条例》第76条的规定，所谓医疗器械，是指直接或者间接用于人体的仪器、设备、器具、体外诊断试剂及校准物、材料以及其他类似或者相关的物品，包括所需要的计算机软件；其效用主要通过物理等方式获得，不是通过药理学、免疫学或者代谢的方式获得，或者虽然有这些方式参与但是只起辅助作用；其目的是：①疾病的诊断、预防、监护、治疗或者缓解；②损伤的诊断、监护、治疗、缓解或者功能补偿；③生理结构或者生理过程的检验、替代、调节或者支持；④生命的支持或者维持；⑤妊娠控制；⑥通过对来自人体的样本进行检查，为医疗或者诊断目的提供信息。

医用卫生材料，是指用于诊断、治疗、预防疾病、调节生理机能的辅助材料和消耗性物品。医用卫生材料主要包括医用纱布、脱脂棉、绷带、一次性手术衣等非药用物品。

从广义上讲，医用卫生材料也是一种医疗器械。根据原国家食品药品监督管理总局医疗器械司发布的2002版《医疗器械分类目录》，医用卫生材料及敷料已经归于医疗器械的一个分类，即“6864医用卫生材料及敷料”。根据2017年8月31日原国家食品药品监督管理总局《关于发布医疗器械分类目录的公告》(2017年第104号)，新修订的《医疗器械分类目录》自2018年8月1日起施行。该版《医疗器械分类目录》确认了2002年版分类目录对医用卫生材料的分类。因此可以说，生产、销售不符合标准的医用器材罪中的“医用器材”与医疗器械行政管理领域的医疗器械的含义是一致的。

生产不符合保障人体健康的国家标准、行业标准的医疗器械、医用卫生材料，或者销售明知是不符合保障人体健康的国家标准、行业标准的医疗器械、医用卫生材料，涉嫌下列情形之一的，应予立案追诉：①进入人体的医疗器械的材料中含有超过标准的有毒有害物质的；②进入人体的医疗器械的有效性指标不符合标准要求，导致治疗、替代、调节、补偿功能部分或者全部丧失，可能造成贻误诊治或者人体严重损伤的；③用于诊断、监护、治疗的有源医疗器械的安全指标不合符强制性标准要求，可能对人体构成伤害或者潜在危害的；④用于诊断、监护、治疗的有源医疗器械的主要性能指标不合格，可能造成贻误诊治或者人体严重损伤的；⑤未经批准，擅自增加功能或者适用范围，可能造成贻误诊治或者人体严重损伤的；⑥其他足以严重危害人体健康或者对人体健康造成严重危害的情形。

知识链接

医疗机构或者个人知道或者应当知道是不符合保障人体健康的国家标准、行业标准的医疗器械、医用卫生材料而购买并有偿使用的，视为本条规定的“销售”。

二、加重量刑情节

生产、销售不符合标准的医用器材罪曾被2002年12月28日第九届全国人大常委会第三十一次会议通过的《中华人民共和国刑法修正案(四)》第一条所修订。本次修订将生产、销售不符合标准的医用器材罪由结果犯修改为危险犯。本罪修订后，刑事司法解释没有对本罪加重量刑情节的“对人体健康造成严重危害的”，以及“后果特别严重”进行解释。因此目前司法实践中还是依照2001年4月9日最高人民法院、最高人民检察院《关于办理生产、销售伪劣商品刑事案件具体应用法律若干问题的解释》第六条的规定的处罚进行认定。依照本条，生产、销售不符合标准的医疗器械、医用卫生材料，致人轻伤或者其他严重后果的，应认定为刑法第一百四十五条规定的“对人体健康造成严重危害”。生产、销售不符合标准的医疗器械、医用卫生材料，造成感染病毒性肝炎等难以治愈的疾病、一人以上重伤、三人以上轻伤或者其他严重后果的，应认定为“后果特别严重”。

第七节　生产、销售不符合卫生标准的化妆品罪

案例

被告人朱某以非法盈利为目的，在其未取得《化妆品生产企业卫生许可证》的情况下，私下印制了塑料软管和包装盒，并委托王某为其灌装A系列化妆品，以人民币56750元的价格（零售价人民币283750元）销售给郭某所经营的美体中心，从中牟取暴利。

被害人黄某在郭某经营的美体中心使用了A系列产品后出现腿肿、脚肿等"汞中毒，膜性肾病"症状，经北京通达首诚司法鉴定所鉴定，被害人黄某"汞中毒，膜性肾病"与使用了汞量严重超标的A莹白净肤爽，莹白净肤焕颜霜存在因果关系，损伤程度符合《劳动能力鉴定职工工伤与职业病致残等级》第5.6.70条之规定，符合六级伤残。

法院认为，被告人朱某以营利为目的，在未取得《化妆品生产企业卫生许可证》情况下，销售A系列化妆品，导致一人出现"汞中毒，膜性肾病"的损害后果，其行为构成销售不符合卫生标准的化妆品罪。

生产、销售不符合卫生标准的化妆品罪，是指生产不符合卫生标准的化妆品，或者销售明知是不符合卫生标准的化妆品，造成严重后果的行为。在客观方面表现为行为人违反有关化妆品管理法规，生产、销售不符合卫生标准的化妆品，并造成严重后果的行为。我国刑法第一百四十八条规定：生产不符合卫生标准的化妆品，或者销售明知是不符合卫生标准的化妆品，造成严重后果的，处三年以下有期徒刑或者拘役，并处或者单处销售金额百分之五十以上二倍以下罚金。

根据2007年8月27日原国家质检总局公布的《化妆品标识管理规定》，化妆品是指以涂抹、喷洒或者其他类似方法，散布于人体表面的任何部位，如皮肤、毛发、指趾甲、唇齿等，以达到清洁、保养、美容、修饰和改变外观，或者修正人体气味，保持良好状态为目的的化学工业品或精细化工产品。

化妆品与人民群众的健康息息相关。国家为加强对化妆品生产监督，保障化妆品卫生质量和使用安全，保障消费者的人身健康和正当权益，在《产品质量法》《化妆品卫生标准》《化妆品卫生监督条例》《化妆品卫生监督条例实施细则》等一系列法律、法规中规定了化妆品生产的卫生标准、产品质量监督、审查批准化妆品生产企业卫生许可证、化妆品质量管理和使用安全监督等制度，形成了较为完整的化妆品卫生质量监督管理制度。《化妆品卫生监督条例》第八条规定：生产化妆品所需的原料、辅料以及直接接触化妆品的容器和包装材料必须符合国家卫生标准。《化妆品卫生监督条例》第十一条规定：生产企业在化妆品投放市场前，必须按照国家《化妆品卫生标准》对产品进行卫

生质量检验，对质量合格的产品应当附有合格标记。未经检验或者不符合卫生标准的产品不得出厂。《化妆品卫生监督条例实施细则》第十一条规定：特殊用途化妆品投放市场前必须进行产品卫生安全性评价。产品卫生安全性评价单位由国务院卫生行政部门实施认证。

国家对化妆品采取如此严格的管理制度，主要是由化妆品的特性决定的。化妆品直接接触人的身体，不符合卫生标准的化妆品会对人体健康造成较大损害。根据2008年6月25日最高人民检察院、公安部《关于公安机关管辖的刑事案件立案追诉标准的规定（一）》第二十四条，生产不符合卫生标准的化妆品，或者销售明知是不符合卫生标准的化妆品，涉嫌下列情形之一的，应予立案追诉：①造成他人容貌毁损或者皮肤严重损伤的；②造成他人器官组织损伤导致严重功能障碍的；③致使他人精神失常或者自杀、自残造成重伤、死亡的；④其他造成严重后果的情形。

难点释疑

食品、药品相关犯罪与生产、销售伪劣产品罪的适用关系。

依照刑法第一百四十九条的规定，生产、销售本节第一百四十一条至第一百四十八条所列产品，不构成各该条规定的犯罪，但是销售金额在五万元以上的，依照本节第一百四十条生产、销售伪劣产品罪定罪处罚。生产、销售本节第一百四十一条至第一百四十八条所列产品，构成各该条规定的犯罪，同时又构成本节第一百四十条规定之罪的，依照处罚较重的规定定罪处罚。

也就是说，即使行为不构成具体的食品、药品相关犯罪，但是销售金额在五万元以上的，依然可以按照生产、销售伪劣产品罪处罚。如果行为既构成食品、药品相关犯罪，又构成生产、销售伪劣产品罪（即生产、销售金额达到五万元以上），则按照处罚更重的罪名处罚。

思考题

1. 生产、销售假药罪中的“生产”行为有哪几种方式？
2. 生产、销售假药罪与生产、销售劣药罪的共同犯罪的表现形式？
3. 有毒、有害的非食品原料包括哪些？
4. 食品、药品相关犯罪与生产、销售伪劣产品罪的适用关系？

（于志刚　李怀胜）

第七章　行政法律制度

学习导航

1. 掌握行政法的基本概念、主要原则和适用要求。
2. 熟悉监管部门的组织体系。
3. 了解行政行为的种类与划分。

现代国家，一般在宪法下，把刑法、民法、行政法并列为三大法律部门。行政法是一国法治中最重要最基本的法律部门之一，行政法独自构成一个部门法，与其他学科具有密切联系，共同构成一国法秩序体系。本章从行政与行政法的概念入手，介绍行政法的渊源和特点，阐述行政法的基本原则、行政主体和行政行为。

第一节　行政法的基本概念

问题

行政主体在行使行政职权和接受行政法制监督过程中而与行政相对人、行政法制监督主体之间发生的各种关系，以及行政主体内部发生的各种关系的法律规范称为什么？作为三大法律部门之一的行政法有哪些特点？

一、行政的概念

（一）行政的涵义

学习行政法首先应当了解什么是行政。“行政”一词，在日常生活中通常指对某类事务的管理和执行的行为或活动，或者指管理或执行某类事务的组织。从所管理和执行事务的范围上可将行政分为“公共行政”与“私人行政”两种，“公共行政”表示国家与公共事务的行政，“私人行政”表示社会组织和企业的行政。行政法上的行政通常指公共行政，即国家行政机关或者法律、法规授权行使行政职能的组织对国家与公共事务的组织、管理、决策与调控，同时也包括国家行政机关所进行的准立法与准司法活动。

（二）行政的种类划分

1. 形式行政与实质行政　形式行政，是指行政机关作为划分行政的根据，只要是行政机关从事的职权活动及与其职权直接相关的活动，无论是制定规则的，处理具体事项的，还是裁决争议案件的活动，都可以被认为是行政活动。实质行政，是指以国家机关的职能活动作为划分行政的根据，制定规则和裁决争议案件以外的执行性活动被认为是属于行政活动，无论它们是由哪个国家机关实施的。

2. 负担行政与授益行政 负担行政是对当事人设定义务，限制或剥夺其权益的行政行为，如行政处罚、税收征收、行政收费、行政强制措施。授益行政是为当事人提供利益和赋予权利的行政行为，如准予许可、行政物质帮助等。

3. 秩序行政与给付行政 秩序行政和给付行政，是以公民自由权为中心划分的，为防止滥用自由权导致社会危害而实施的秩序性管理是秩序行政，为消除和减少过度自由竞争带来的社会差别和维护社会公平而提供公共服务的是给付行政。也就是说，秩序行政与给付行政的区分，关注的是行政目的的不同。

4. 羁束行政与裁量行政 法律规范拘束力较强，在具备法定条件时，行政机关就应其规定作出的行政行为，属于羁束行政；在具备法定条件时，行政机关对是否作出行政行为以及作出何种行政行为具有斟酌权衡余地的，就属于裁量行政。

二、行政法的涵义

（一）行政法是一类法律规范和原则

行政法是指调整行政关系，对行政权进行控制的法律规范和原则的总称。行政法是一类法律规范和原则的总称，调整对象是行政关系，实质则是控制和规范行政权。

行政法是国家重要的法律部门之一，由各种法律规范和原则构成。而这一系列的法律规范和原则又是通过各种各样的法律形式表现出来的。

（二）行政法的调整对象

任何一个部门法都有自己的调整对象，行政法的调整对象是行政关系。所谓行政关系是指行政权力在获得、行使与受监督过程中与相关各方所产生的各种关系。主要包括：行政权力在获得过程中与权力机关所产生的关系；行政权力在行使过程中与行政管理的相对一方，包括公民、法人或者其他组织之间所产生的各种关系；对行政权力进行监督过程中所产生的关系；行政机关对其内部进行管理所产生的行政关系。

行政法的实质是对行政权的控制和规范。行政法是规范和调整行政权运行的法律规范的总称。行政法控制行政权运行，首先是界定行政权的范围，然后规定行政权行使的程序和行政权行使的表现形式，最后是对行政权的法律监督。行政法通过控制行政权的运行，从而保障行政相对人的权利。同时，行政权存在和运行的目的在于，保障公共利益和行政相对人的权益。因此，行政法的另一个重要作用就是需要按照一定的原则，具体地规范行政权的协调运行。

法律名言

法律的效力是以它所引起的爱戴和尊重为转移的，而这种爱戴和尊重是以内心感到法律公正和合理为转移的。

——【法国】罗伯斯庇尔《革命法制和审判》

三、行政法的特点

行政法与其他法律部门相比，在内容和形式上有自己的独特之处。

（一）内容特点

1. 行政法涉及的领域极为广泛，内容非常丰富 现代行政权力的极度膨胀使行政管理活动的范围扩展到社会生活的各个方面，作为上层建筑的法律必定要反映这一现实，并对其进行全方位调整，这就决定了行政法内容的广泛性。

2. 行政法规范具有易变性 以宪法、法律的形式表现的行政法规范因其具有一定的原则性和抽象性而具有一定的稳定性，但是国家的行政管理形势变动频繁，而以行政法规、规章的形式表现出来的行政法规范由于其涉及的内容具体，必须及时对规范内容进行调整才能适应管理的需要。这里需要注意的是，行政法的易变性是相对于其他法律部门而言的，作为法律规范，它仍然具有相对稳定性，不允许朝令夕改。

3. 行政法的实体性规范与程序性规范相交织并共存于一个法律文件之中 由于行政权力的特殊性，出于公平、公正、效率等考虑，必须对行政权力行使的步骤、顺序、方式、时限等予以规定。因此，有关行政权力的实体性规范和程序性规范通常相互交织，集实体与程序于一身。

法律名言

法律决非一成不变的，相反地，正如天空和海洋因风浪而起变化一样，法律也因状况和时运而变化。

——【德国】黑格尔《法哲学原理》

（二）形式特点

1. 行政法在实体上没有完整、统一的法典 行政法不同于民法和刑法，没有一部集基本规范于一体的统一法典，行政法赖以存在的法律规范散见于各种法律、行政法规、规章文件中。这与其内容广泛且易变也有较大关系。

2. 行政法在程序上有统一的行政程序法典 进入20世纪以来，很多国家制定了行政程序法典，如美国联邦行政程序法、德国行政程序法等。我国目前也正在着手制定统一的行政程序法典，这是行政法在形式上的重要特点之一。

第二节　行政法的基本原则

? 问题

李某系从事饮食业的个体工商户，出售自制的蛋糕，李某蛋糕未经有关部门进行检验。这一行为被某监管部门查获。根据《个体饮食业监督管理办法

（试行）》的规定，对此类违法行为，应予以警告、没收违禁区食品和违法所得，并处以违法所得一倍以上五倍以下罚款；没有违法所得的，处以1万元以下罚款；情节严重的，可责令停业整顿或者吊销其营业执照。在查获前李某出售蛋糕共获利590元。根据上述有关规定，该监管部门没收了李某尚未出售的蛋糕，没收其违法所得590元，并且认为李某曾因伤害罪而被判刑3年，一年前刚出狱，因此要重罚，又处以李某1500元的罚款。该监管部门对李某的违法行为进行的行政处罚是否合法适当？是否符合行政法的基本原则？

行政法的基本原则，是指指导和规范行政法的立法、执法以及行政争议的处理的最主要、最具有普遍价值的原则。行政法的基本原则从根本上讲是行政法治原则，它贯穿于行政法律关系之中，体现行政法的基本价值观念。

一、行政合法性原则

行政合法性原则是指行政权的存在、行使必须依据法律，符合法律，不得与法律相抵触。行政合法性原则要求行政机关进行行政管理时不仅应遵循宪法、法律，还应遵循行政法规、地方性法规、行政规章、自治条例和单行条例等。合法不仅指合乎实体法，也指合乎程序法。行政合法性原则的具体内容如下。

（一）行政职权法定

合法性原则要求行政主体在其法定的权限内行使职权，任何没有法律根据的职权都是不应存在的。任何行政行为都必须以法定的行政职权为基础，不合法产生的行政职权不可能构成合法行政。法定权限不容非法超越，“是否超越职权”是司法审查的一个重要标准。药品监管部门的行政职权主要是来自于《药品管理法》《医疗器械监督管理条例》等法律、法规等设定与授予。

（二）行政职权依法行使

行政主体实施行政行为必须依照行政法律规范，依据行政法律规范行使行政职权是行政合法性原则为行政主体设定的一项义务或职责，而行政职权和行政职责是统一的。行政主体的职权相对于行政相对人而言是一种权力，而相对于国家而言则是一种义务。合法性原则要求行政主体行使职权既不能违反行政实体规范和也不能违反行政程序规范。不履行或拖延履行法定职责，要承担相应的行政法律责任。药品监管法律、法规中大多规定了执法人员中行政监管职能中必须遵守的监督管理规定及行使监管职权的程序。

（三）行政授权、行政委托依法进行

在一般情况下，行政职权由法律明文规定的行政机关行使，但由于行政管理事务的复杂性，行政机关往往无法承担管理工作，而如果由具有一定资质的社会组织代为进行

管理，能够更有效地处理一些技术性或者公益性较强的问题。因此，行政法律规范往往规定授权或者委托的形式。行政合法性原则要求行政授权或行政委托都必须有行政法律规范的明文规定，并严格按照法定程序进行，不得违反行政法律规范的规定。《中华人民共和国行政许可法》（简称《行政许可法》）、《中华人民共和国行政强制法》（简称《行政强制法》）、《中华人民共和国行政处罚法》（简称《行政处罚法》）对委托、授权都进行了明确具体的规定。

二、行政合理性原则

行政合理性原则是指行政主体不仅应当按照行政法律规范所规定的条件、种类和幅度范围作出行政行为，而且要求行政行为的内容要符合立法精神和目的，符合公平正义等法律理性。

行政合理性原则产生的主要原因，是由于行政裁量权的存在。行政裁量权是指在法律规定的条件下，行政主体根据其合理的判断，决定作为或不作为，以及如何作为的权力。由于社会事务的复杂多变，使法律无法对所有的行政活动都作出明确规定，行政主体只能在法律原则的指导下，运用裁量权，根据客观情况采取适当的措施或作出合适的决定。行政主体拥有裁量权并不意味着行政主体可以为所欲为，而是要基于立法精神和目的以及社会大多数人的公平正义观念来实施。药品监管部门在具体法律、法规、规章实施中，针对行政裁量权的行使，从裁量规则和裁量基准都作出了明确的规定，目的是维护执法的统一性。

行政合理性原则和行政合法性原则既有区别又有联系。行政合法性原则适用于行政法的所有领域，主要解决行政合法与非法的问题；行政合理性原则主要适用于裁量领域，主要解决行政是否适当的问题。通常一个行为如果触犯了行政合法性原则，就不再追究其是否存在合理性问题；而一个裁量行为，即使没有违反行政合法性原则，也可能引起合理性问题。

行政合理性原则作为一个普遍适用的行政法基本原则，具体内容如下。

（一）行政行为的动因应符合立法目的

任何行政法律规范的制定都是基于一定的社会需要，为了达到某种社会目的。而行政法律规范授予行政主体某种行政权力都是为了实现该项立法目的。即使没有成文法的规定，行政主体在运用行政权力时也必须符合立法目的。特别是在行政主体被赋予自由裁量权时，立法目的尤其要进行特别考虑。凡是有悖于立法目的的行为都是不合理的行为。

（二）行政行为应建立在正当考虑的基础上

行政行为实施时不得考虑不相关因素，适用法律规范平等，不得对相同事实给予不同对待。所谓正当考虑，是指行政主体在作出某一行政行为时，在其最初的出发点和动机上，不得违背社会公平观念或法律精神，必须客观、实事求是，而不能主观臆断，脱离实际或存在法律动机以外的目的追求。正当考虑要求行政主体不能以执行法律的名义，将自己的偏见、歧视、恶意等强加于公民或组织，同时要求其在实施行政活动时必须出于公心，不抱成见、偏见，平等地对待所有行政相对人。相同的事实给予相同的对待，不同的事实给予不同的对待。

三、程序正当原则

保障当事人程序权利，在行政法上具有极其重要的价值，它贯穿于行政法律制度的整个过程，这是行政法规范通常既具有实体法规范又具有程序法规范的原因所在。在行政法上，对行政程序的规定非常严格，要求行政机关必须按照行政程序的规定实施行政行为，这一程序性的规定，既是行政机关的行政职责，同时也是当事人的程序性权利。

（一）行政公开原则

除涉及国家秘密和依法受到保护的商业秘密、个人隐私外，行政机关实施行政管理应当公开，以保障当事人和公众的知情权。药品监管部门近年来大力推行的阳光行政、政务公开等各项工作就是履行行政公开原则的义务。

（二）公众参与原则

行政机关作出重要规定或者决定之前，应当听取公民法人和其他组织的意见。起草规范性文件草案，应当采取多种形式，广泛听取意见，重大或者关系人民群众切身利益的草案，要采取听证会、论证会、座谈会，或者向社会公布草案等方式，向社会公开听取意见，尊重多数人的意愿，充分反映最广大人民的根本利益。行政机关作出对当事人不利的行政决定之前，应当告知当事人，并给予其陈述和申辩的机会，对重大事项，当事人依法要求听证的，行政机关应当组织听证。

（三）回避原则

行政机关工作人员履行职责与当事人存在利害关系时，应当回避。《行政处罚法》《行政许可法》《药品管理法》等法律、法规、规章中明确规定了执法人员应当回避的情形及回避程序。

案例分析

案例：2014年9月11日，某县食品药品监督管理局在对某眼镜店进行检查时发现，眼镜店在没有办理《医疗器械经营企业许可证》的情况下，从某省眼镜有限公司购进隐形眼镜和护理液一批，在该店柜台上销售。当日，该局扣押了这批医疗器械并开始立案调查，2015年3月，眼镜店接到《行政处罚事先告知书》后，提出在《行政处罚事先告知书》所认定的销售金额1876元中，含已经退货的24盒隐形眼镜护理液，因该批货进货验收时发现外包装损毁，早已退回采购商，并提供退货单据给该局。但该局认为，眼镜店缺乏退货的其他佐证，不予采纳。2015年4月，该局对眼镜店作出行政处罚决定：没收被查扣的第三类医疗器械隐形眼镜和护理液；没收违法所得1876元；处以5000元罚款；责令该眼镜店停止经营医疗器械。眼镜店不服，向市食品药品监督管理局申请行政复议。

分析：该局的行政处罚行为，违反了程序正当原则。从《行政处罚法》第三十二条和第四十一条的规定来看，在当事人行使陈述和申辩权的情况下，当事人举证是一种权利，本案中，眼镜店提出申辩和陈述时，该局应当依法充分听取意见，并对提出的事实理由和证据进行复核，如果新提出的事实理由和证据成立的，该局应当采纳，并根据新的事实和理由适用法律作出行政行为。但是，该局认为，眼镜店在陈述申辩时才提供退货清单，此外并无其他相关证据，所以未予采纳。在未获得充分证据，并未对申请人主张的证据和事实进行复核的情况下，仍将已经退货的医疗器械列入无证经营医疗器械数量之中，作出了行政处罚。该局的行为显然违反了程序正当原则，违反了《行政处罚法》第三十二条的规定，该局没有充分听取眼镜店的陈述和申辩，也没有对证据进行全面的审核，所以，行政处罚证据不足，事实不清，行政处罚决定不能成立。

四、高效便民原则

高效，要求行政机关实施行政管理，应当遵守法定时限，积极履行法定职责，提高办事效率，禁止不作为和不完全作为，禁止不合理迟延。便民，要求行政机关实施行政管理，应当提供优质服务，方便当事人。近年来，各级食品药品监管部门在受理行政许可申请、举报投诉等工作中，普遍成立了受理和投诉举报的平台、窗口或者电话，有的按照政府统一部署，在政务大厅设立食品药品监管窗口，并严格按照法定的时限和程序运行，体现了行政法中的高效便民原则。

五、诚实守信原则

首先要求诚信公开，要求行政机关公布的政府信息应当全面、准确、真实。其次是信赖保护，限制“出尔反尔”。一是禁擅改，机关不得擅自改变已经生效的行政决定，非因法定事由并经法定程序，行政机关不得撤回、变更、撤销已经生效的行政决定；二是因国家利益、公共利益或者其他法定事由需要撤回或者变更行政决定的，应当依照法定权限和程序进行，并对当事人因此而受到的损失依法应予补偿；三是因违法或不当等法定事由，需要撤销或者变更行政决定的，应当依照法定权限和程序进行，并对当事人因此而受到的损失依法予以赔偿。

六、权责统一原则

在宏观上，权责统一原则要求：“依法做到执法有保障，有权必有责，用权受监督，违法受追究，侵权须赔。”其具体要求包括：一是行政效能，要求行政机关依法履行经济社会和文化事务管理职责，要有法律法规，赋予其相应的执法手段，以实现职责与职权的统一；二是行政责任，要求行政机关违法或者不当行使职权，应当依法承担法律责任，以实现职权和责任的统一。

第三节 行政行为

? 问题

行政行为的裁量性体现在哪里？

一、概念和特征

（一）行政行为的概念

行政行为是指行政主体行使行政职权所作出的能够产生行政法律效果的行为。行政行为的概念包含以下几层含义。

1. **是行政主体所为的行为** 行政主体包括行政机关和法律法规授权的组织，行政机关的公务员与法律法规授权组织的工作人员以及行政机关委托的组织或个人，以行政主体的名义实施的行为，被视为行政主体的行为。

2. **是行使行政职权进行行政管理的行为** 行政机关虽然可以以多种身份进行活动，包括以民事主体的身份进行民事活动、以相对人的身份进行行政活动、以行政主体的身份进行行政管理活动。但是其中，只能是以行政主体身份行使行政职权、进行行政管理活动，才是行政行为。

3. **是行政主体实施的能够产生行政法律效果的行为** 所谓能够产生行政法律效果，是指行政主体的行为能对行政相对人的权利、义务产生影响，包括有利的影响，如给行政相对人发放许可证、提供行政物质帮助等，也包括不利的影响，如对违法的行政相对人给予行政处罚等。并非行政主体所有的行使行政职权的行为都能够产生行政法律效果，如那些纯粹的工作汇报、通知等行为，由于不会对相对人的权利义务产生影响，因此不属于行政行为。

（二）行政行为的特征

1. **是执行法律的行为** 任何行政行为均需有法律根据，具有从属法律性，没有法律的明确规定或授权，行政主体不得作出任何行政行为。这一点与对公民、组织的要求是不同的。公民、组织只要不做法律禁止的事情即为守法、合法，而行政主体则只能做法律明文规定或授权其做的事情，即“法无授权不可为，法无禁止皆可为”。

2. **具有一定的裁量性** 这是由立法技术本身的局限性和行政管理的广泛性、变动性、灵活性的特点所决定的。作出行政行为必须有法律根据的要求，并不意味着行政主体只能按照法律的预先设计亦步亦趋，没有任何主动性。法律不管如何严密，也不可能将所有的细节予以规定，况且法律具有相对稳定性，而行政事务则有较大的变动性，如果不赋予行政行为较大的裁量空间，整个社会的行政管理将陷于被动甚至混乱的状态。

行政行为的裁量性与其必须从属于法律这两方面并不是冲突对立的，而是矛盾统一体。裁量是在法律范围内的裁量，而从属于法律也是在充分发挥主观能动性的前提下，根据立法精神和立法目的积极灵活地执行法律，从而能够更好地进行行政管理。

3. 实施行政行为时具有单方意志性 行政主体不必与行政相对人协商或征得其同意即可依法自主作出。即使是在行政合同行为中，在行政合同的缔结、变更、接触与履行等诸方面，行政主体均有与民事合同不同的单方意志性。

4. 是以国家强制力保障实施的 行政相对人必须服从并配合行政行为，否则，行政主体将依据《行政强制法》的规定，予以制裁或强制执行。这种强制性与单方意志性是紧密联系在一起的，没有行政行为的强制性，就无法实现行政行为的单方意志性。

二、内容和效力

（一）行政行为内容的特征

行政行为的内容是指某个行政行为对行政相对人的权利、义务等产生的具体影响。不同内容的行政行为，有不同的法律效果。行政主体正是通过不同的行政行为来行使其行政职能，达到对社会进行有效管理的目的。行政行为的内容体现如下特征。

1. 行政行为的内容是行政行为中明确表达出来的 行政行为作出后，行政机关通过直接表达其意思表示希望达到的目的。当然有些行政行为的意思表示虽然明确，但行政行为的目的是隐含的，如抽象行政行为中，行政行为的意思表示明确，但是目的未必在行为中表现出来。

2. 行政行为的内容是行政行为的主要构成要件 行政行为如何发生效力以及发生什么样的效力，行政行为是否在行使行政权力，是否会影响相对人的权利义务，都是通过行政行为的内容表现出来。因此，在这种意义上，行政行为必须具备相应的内容。

3. 行政行为的内容具有多样性 行政管理活动涉及各个领域，行政机关可以采取多种手段实行行政管理目的，因此行政行为的内容呈现多种形式。

（二）行政行为的内容

1. 赋予权益和剥夺权益 赋予权益是指赋予行政相对人法律上的权能、权利或利益。所谓权能，是指从事某种活动或行为的资格，如准许食品经营企业经营资格、颁发药品生产企业许可证等。所谓权利，是指使行政相对人自己能够实施某种行为，或要求他人不为某种行为的自由，如颁发执业药师资格证，使其获得执业药师资格等。所谓利益，是指基于某种权利所得到的好处或便利，如依法发放社会保障金，给予行政奖励等。

剥夺权益是指剥夺行政相对人已有的法律上的权能、权利或利益，如吊销企业经营许可证、收回药品GMP证书等。剥夺权益一般是以行政相对人有违法行为为前提，是对违法行为的制裁。

2. 科以义务或免除义务 科以义务是指行政主体使行政相对人承担某种作为或不作为义务，如税务机关的征税行为使行政相对人承担纳税义务；药品监管部门责令停止违法行为使行政相对人承担停止违法行为的义务。免除义务是指行政主体免除行政相对人原有的义务。

3. 确认法律事实与法律地位 确认法律事实是指行政主体依法确认对某个法律关系有重大影响的事实是否存在，如交通事故或医疗事故的鉴定结论就属于对交通事故或医疗事故的事实予以确认，确认结果将会对法律责任的分担起重要作用。确认法律地位是指行政主体依法对某个法律关系中的当事人的权利义务是否存在以及存在的范围加以确认，如房屋管理部门对房屋产权的确认、土地管理部门或人民政府对土地所有权或使用权的确认等。一般来说，确认法律事实是确认法律地位的基础，确认了法律事实的性质，才能明确当事人双方的权利和义务。

三、分类

为了更好地规范行政行为，可以按照不同的标准对行政行为进行分类。

（一）行政立法行为、行政执法行为和行政司法行为

依据实施行政行为时所形成的法律关系的不同，可以将行政行为分为行政立法行为、行政执法行为和行政司法行为三类。

行政立法行为是指国家行政机关依照法律规定的权限和程序，制定规范性文件的活动。其所形成的法律关系是以行政机关为一方，以不特定的行政相对人为另一方的普遍性的法律关系。其内容涉及对行政法律规范的制定、修改和废止。药品监管部门制定规章并对其适用相关问题进行解释就属于典型的行政立法行为。

行政执法行为是指国家行政机关或法律法规授权的组织执行或适用法律、法规和规章，使法律、法规和规章在实际生活中得以实现的活动。它所形成的法律关系是双方法律关系，以行政主体为一方，以被采取措施的特定相对人为另一方。其内容涉及行政法律规范的执行和行政措施的运用。药品监管部门在日常监管、监督检查、稽查措施等大多数行为都属于行政执法行为。

行政司法行为是指行政机关作为第三方，裁决行政争议的行为，行政司法中的法律关系是三方法律关系，以行政机关为一方，以发生纠纷的双方当事人各为一方。药品监管部门尚未有其法定的裁决争议的职责。

（二）要式行政行为和不要式行政行为

以行政行为是否具备一定的法定形式为标准，可以将行政行为分为要式行政行为和不要式行政行为。要式行政行为与不要式行政行为的区别，关键不在于有无行为的形式，而在于法律是否要求某种行为必须具备特定形式。

要式行政行为是指必须根据法定方式进行或者必须具备法定的形式才能产生法律效力的行为。药品监管部门在行政执法过程中的大部分行为都是要式行政行为。

不要式行政行为是指不需要具备特定形式或特定程序，只需行为人口头意思表示就可以生效的行政行为。一般在紧急情况出现或情况比较简单的条件下实施的行政行为，多是不要式行政行为。

（三）抽象行政行为和具体行政行为

根据行政行为实施的对象及适用力的不同，可以将行政行为分为抽象行政行为和具

体行政行为。抽象行政行为与具体行政行为的主要区别是适用的相对人是否具有特定性：抽象行政行为所针对的相对人是不特定的，而具体行政行为所针对的相对人则是特定的。

抽象行政行为是指行政主体针对特定的事项而不特定的相对人实施的行政行为，包括行政主体制定行政法规和行政规章的行为，也包括行政主体制定行政措施、发布行政命令、通知、通告、决议、决定的行为等。抽象行政行为通常具有普遍性。药品监管部门发布的规章、公告、通告、通知等都属于此行为。

具体行政行为是指国家行政主体针对特定的行政管理对象实施的行政行为，包括行政许可、行政强制、行政处罚等行为，通常以具体、完整的行政决定的形式表现出来。

具体行政行为与抽象行政行为的区分标准是：①指向的相对人是否特定。前者指向的相对人是特定的；后者指向的相对人是不特定的。②是否具有规范性。前者不具有规范性；而后者具有规范性。③是否具有一般效力。前者因为是针对特定相对人，只具有个别效力，不能反复适用；后者是针对不特定的相对人，具有一般效力，能够反复适用。④影响相对人的权利义务不同。前者因为是指向特定的相对人，因而对特定相对人的权利义务的影响是直接的、确定的；而后者并不指向特定的相对人，因而对相对人权利义务的影响是间接的、不确定的。

因为具体行政行为和抽象行政行为对相对人权利义务的影响是不同的，所以，相对人认为具体行政行为或者抽象行政行为侵犯其合法权益时，法律上所提供的救济手段是不同的。相对人对具体行政行为不服，可以申请行政复议、提起行政诉讼、请求国家赔偿；而如果对抽象行政行为不服，则只能附带地申请行政复议，不得提起行政诉讼和请求国家赔偿。

（四）依职权行政行为与依申请行政行为

依据行政行为的实施是否必须由行政相对人的申请为标准，将行政行为划分为依职权行政行为与依申请行政行为。依职权行政行为是指行政主体根据其职权，而无须行政相对人的申请，就能主动实施的行政行为，如药品监管部门组织飞行检查、开展专项抽查的行为，依法处罚违法行为的行为等。依申请行政行为是指行政主体只有在行政相对人提出申请后才能实施的行政行为，如药品监管部门发放企业经营许可证的行为等。

（五）单方行政行为、双方行政行为与多方行政行为

根据决定行政行为时参与意思表示的当事人数目为标准，可将行政行为分为单方行政行为、双方行政行为与多方行政行为。

单方行政行为是指由行政机关单方面决定，无须取得行政相对人同意的一种行政行为。除非法律作特殊规定，行政机关实施行政行为，大多采取单方行政行为的形式。双方行政行为是指行政机关与行政相对人互相协商，经双方意思表示一致后才能采取的行政行为。多方行政行为是双方行政行为的延伸，参与意思表示的相对人由一方增至多方。双方或多方行政行为并不表示相对人也有权实施行政行为，相对人参与意思表示只是实施行政行为的前提条件，而不是实施行政行为本身。

我国在行政管理中单方行政行为运用较多。近几年来，行政机关对双方行政行为与多方行政行为运用增多。例如目前人事管理中普遍采用的招聘合同即属于双方行政行为；

药品监管部门在解决食品安全纠纷中采用的行政调解通常则属于多方行政行为。

（六）羁束行政行为和裁量行政行为

依行政机关在作出行政行为时能否进行主观判断为标准，将行政行为分为羁束行政行为和裁量行政行为。羁束行政行为是指法律对行政机关所进行的行政行为作了明确具体的规定，行政机关只能依照法律的明确规定实施的行政行为。如药品监管部门批准药品注册的行为，法律对批准注册的条件和期限已经作了非常明确的规定，行政机关只能按照法律的规定实施。

裁量行政行为是指法律对行政机关的行政行为没有作出明确的规定，而只是规定了实施该行政行为的原则、幅度、精神、条件等，行政机关依据这些原则、幅度、精神、条件等而实施的行政行为。如《食品安全法》规定，药品监管部门对当事人的违法行为可以作出10万以下的罚款，药品监督管理部门就可以根据当事人违法行为的性质、程度、情节等在这个幅度以内进行裁量处理。

区分羁束行政行为和裁量行政行为的意义。羁束行政行为的情况下，因为法律对该行为作了明确的规定，行政机关不得进行判断，因而，行政机关违反了该行为的直接后果是违法；而裁量行政行为的情况下，行政机关可以根据法律的规定作出自己的判断，因此，行政机关违反该行为的直接后果是不合理或者不适当，进一步的后果才是违法。

除上述分类以外，行政行为还可以依据不同的标准作不同的分类。如依行政行为有无限制条件为标准，分为附条件行政行为与不附条件行政行为；依行政行为是否合法，包括是否符合法定权限、法定程序为标准，将行政行为分为合法行政行为与违法行政行为；依行政行为能否纳入行政诉讼范围为标准，将行政行为分为可诉性行政行为与不可诉性行政行为；根据行政行为是否授予行政相对人权利与利益为标准，将行政行为分为授益行政行为与负担行政行为。

四、成立和合法要件

行政行为是行政主体行使职权的行为，行政行为一旦成立即具有法律效力，但并不意味着行政行为具有了实质上的合法性。只有当行政行为具备合法要件之后，才能是合法的。

（一）行政行为的成立

行政行为发生法律效力是以其成立为前提的。所谓行政行为的成立，是指行政行为的形成或作出。一般来说，行政行为的成立应当具备以下条件。

1. 主体条件 行政行为的作出主体必须是拥有行政职权的国家行政机关的公务人员，或者法律、法规授权的组织的工作人员，或者是接受行政主体委托的组织的工作人员。非有上述身份的主体所为的行为必定不是行政行为。药品监管部门则主要是指取得药品监管执法资格的人员。

2. 主观条件 行政行为的作出主体主观上有凭借行政职权产生、变更或消灭某种行政法律关系的意图，并且显露出达到该种效果的意思表示，无论其意思表示是否真实，均不影响行政行为的成立。

3. 客观条件 行政行为的作出主体客观上有行使行政职权的行为，并通过一定的外部行为方式表现出来。这里的行政职权并不一定是其法定权限内的职权，即使是超越法定权限的越权行为或滥用职权行为，也不影响行政行为的成立，只不过将来会产生被撤销的后果。

4. 法律效果条件 行政行为作出后能够产生一定直接或间接的法律效果，使某种行政法律关系产生、变更或消灭，使行政相对人的权利义务因此受到影响。药品监管部门的执法行为会对行政相对人产生直接或者间接的法律后果，也会对监管的对象和领域产生直接的影响。

5. 行政行为的生效 行政行为的成立只是为了确定行政行为在何种情况下已经完成，但行政行为的作出并不一定立即生效。只有在行政行为的内容为行政相对人知晓后才能生效。一般而言，行政行为要经历作出、成立和生效“三部曲”。行政行为对行政相对人产生法律效力应当遵循以下规则。

（1）即时生效。行政行为一经作出即对相对方产生法律效力。如药品监管部门对问题食品作出立即下架、责令召回的行为等。即时生效的行为因为是当场作出，立即生效，其适用范围相对较窄，适用条件相对较为严格。它一般适用于紧急情况下所作出的需要立即实施的行为。

（2）受领生效。行政行为须为相对人受领，才开始生效。所谓受领，是指行政机关将行政行为告知相对人，并为相对人所接受。受领并不意味着必须得到相对人同意，相对人的同意与否并不影响行政行为的生效，只要行政机关告知相对人，即开始生效。受领生效适用的对象为具体的确定的相对人。

（3）告知生效。告知生效是指行政机关将行政行为的内容采取公告或宣告等有效形式，使相对人知悉、明了行政行为的内容，该行政行为对相对人才能开始生效。告知形式主要有公告、布告、通告等。与受领生效不同，告知生效所适用的对象是难以具体确定的相对人，包括不特定的多数人和具体的相对人。

（4）附条件生效。附条件生效是指行政行为的生效附有一定的期限或其他条件，在所附期限来到或条件消除时，行政行为才开始生效。

上述五项是行政行为成立的条件，即行政行为已经确实存在，但并不意味着该存在的行政行为合法有效。只有具备合法要件，才能认定行政行为是合法的。

（二）行政行为的合法要件

1. 主体合法 是指作出行政行为的组织必须具备行政主体资格，能以自己的名义作出行政行为，并能独立承担法律责任。根据我国有关法律、法规规定，能够成为行政主体的应当是依法设置的行政机关或依法被授予行政职权的组织。

由于行政行为通常是由行政主体的具体工作人员实施的，因此这些工作人员应具备法定条件，才能保证行政行为的合法有效性。如果是行政机关或法律、法规授权组织的工作人员，则须审查这些工作人员是否确为该机关或授权组织所委派行使相应行政职权的人员；如果是行政机关委托的组织或个人，则须审查有无委托的依据或凭证，受委托者的行为是否超出委托范围等。药品监管部门的执法行为应严格遵守主体合法的基本条件。

另外，主体合法除了要求行为主体必须是行政主体之外，还要求其行为必须在权限范围内，如果行政主体的行为超越权限，则其行为不合法。

2. 内容合法 内容合法要求包括：行为有确凿的证据证明，有充分的事实根据；行为有明确的法律依据，正确适用了法律、法规、规章，以及其他规范性文件；行为必须公正、合理，符合立法目的和立法精神。

3. 程序合法 程序是实施行政行为所经过的步骤、时限方式等。任何行政行为均须通过一定的程序表现出来，没有脱离程序的行政行为。行政行为程序是否合法影响着行政行为实体的合法性。程序合法要求：①行政行为符合《行政处罚法》《行政许可法》《行政强制法》等所确定的基本原则和制度，如行政行为公开、公正、效率原则以及为确保上述原则的实现而确立的情报公开制度、调查制度、职能分离制度、回避制度、辩论制度、听证制度、案卷制度、时效制度等。②行政行为应当符合法定的步骤和顺序。如药品监管行政处罚的先调查取证后裁决的顺序不得颠倒，否则即构成违法。

案例

2014年5月17日，某市食品药品监督管理局接到举报，反映某医疗器械公司仓库存有大量违法产品。执法人员查处时，对仓库内的一批无菌注射器及一次性输液器采取了先行登记保存措施，给公司送达了先行登记保存物品通知书。后于5月22日，该局作出了行政处理通知书，决定对公司立案查处，先行登记保存物品的期限依法顺延。因多种原因拖至2016年12月17日，该局作出了行政处罚决定，认定某医疗器械公司在在未取得一次性使用输液器生产注册证书的情况下，生产一次性使用输液器。依据《医疗器械监督管理条例》第35条的规定处罚如下：没收违法生产的产品一次性使用输液器217件。

医疗器械公司对处罚不服，向法院提起诉讼称：该局实施的先行登记保存强制措施违反《行政处罚法》第37条的规定：先行登记保存应当在七日内及时作出处理决定，本案中先行登记保存长达2年多没有作出处理决定，造成原告产品超出保持期变为废品。请求法院确认先行登记保存行为违法；撤销行政处罚决定；赔偿因行政强制措施造成的损失。

思考题

1. 行政法的特点有哪些？
2. 行政法的基本原则有哪些？
3. 行政行为成立的条件是什么？
4. 什么样的行政行为是合法的行政行为？

（罗　杰）

第八章　行政许可

学习导航

1. 掌握行政许可的基本程序和要求。
2. 熟悉监管部门在行政许可中的主要职责和责任以及行政许可违法行为的处罚规定。
3. 了解行政许可的概念和基本原则以及药品行政许可项目。

行政许可是一种重要的行政管理方式，在行政法律制度中具有重要地位。贯彻“发挥市场在资源配置中的决定性作用，更好发挥政府作用”和“提升政府治理能力和治理水平”精神，国务院就“放管服”工作作出一系列部署安排，取消和下放了多批行政许可项目，但在药品监管领域，行政许可仍然具有重要地位。《行政许可法》《食品安全法》《药品管理法》《医疗器械监督管理条例》《化妆品卫生监督条例》等法律法规以及《药品注册管理办法》一系列规章，对行政许可的程序和要求、违反相关管理规定的处理和处罚等，作出了相应规定。本章以上述法律法规和规章为主要依据，分别讲述行政许可的基本概念、基本原则、主要制度和具体程序以及管理措施等。

第一节　基本概念

问题

药品进口企业应当向口岸所在地药品监管部门办理进口药品登记备案，海关凭进口药品通关单放行。请问：进口药品通关单发放是否属于行政许可？

一、行政许可的定义

行政许可是政府管理经济和社会事务的重要手段，是行政权力的组成部分。基于法治原则，为防止行政权力滥用，各国对行政许可均以不同形式的法律规定予以规制。2003年8月27日，第十届全国人民代表大会常务委员会第四次会议审议通过《行政许可法》，2004年7月1日起实施。这是世界上第一部统一的、综合性的行政许可法。这部法律针对我国长期以来在行政管理活动中存在的行政许可过多过滥的问题，从源头上加以规范和清理，目的是规范行政许可的设立和实施，保护公民、法人和其他组织的合法权益，维护公共利益和社会秩序，保障和监督行政机关有效实施行政管理。《行政许可法》明确了行政许可的定义，并对行政许可的设定和实施作出了具体规定。

行政许可，是指行政机关根据公民、法人和其他组织的申请，经依法审查，准予其从事特定活动的行为。从定义也可看出，行政许可制度，由许可的实施机关、许可的条件、许可的程序、许可的监督以及相关法律责任等内容组成。

（一）行政许可的实施主体是行政机关

行政许可是一项行政行为，其实施主体是法定的行使许可权的行政机关。在我国，还有一类特殊的主体，虽然不属于行政机关，但根据法律、法规的规定也行使部分行政权力，其中包括行政许可权。因此，根据《行政许可法》的规定，在我国，行政许可的实施主体，除了行政机关外，还包括法律、法规授权的具有管理公共事务职能的组织。如，中国铁路总公司虽不属于行政机关，但是，根据《食品安全法》和国务院规定，负责铁路运营食品安全监管，其铁路食品安全监管机构也依法享有行政许可权。

（二）行政许可是一种依申请的行为

也就是说，对于行政机关来说，行政许可是一项被动性的行政行为，以行政相对人的申请为前提，行政机关的决定不能超出行政相对人的申请范围。这与行政机关依职权主动实施的检查、处罚等行政行为有着明显区别。

（三）许可内容是准许从事某项特定活动或者赋予资质

行政许可虽然是行政机关的一项被动性行政行为。但是，行政机关基于其行政权力，享有依法审查的职权，有权确定是否准许申请人从事特定活动或者授予其特定资质。行政许可以法律法规对某项特定活动或者特定资质规定了一定的条件和限制为前提，行政许可的内容就是认定申请人是否具备相应条件，行政相对人获得行政许可，即获得了从事特定活动的权利和资格。

（四）行政许可是一种要式行政行为

行政许可的实施具有严格的法定程序，通过法律规定的形式予以体现，通常是法定的许可证件或者签章。

二、行政许可的界定

在行政管理层面，行政许可与行政审批、审批时常混用。但是，并不是所有的审批均属于行政许可。

《行政许可法》第十二条明确规定了可以设定行政许可的事项，包括：直接涉及国家安全、公共安全、经济宏观调控、生态环境保护以及直接关系人身健康、生命财产安全等特定活动，需要按照法定条件予以批准的事项；有限自然资源开发利用、公共资源配置以及直接关系公共利益的特定行业的市场准入等，需要赋予特定权利的事项；提供公众服务并且直接关系公共利益的职业、行业，需要确定具备特殊信誉、特殊条件或者特殊技能等资格、资质的事项；直接关系公共安全、人身健康、生命财产安全的重要设备、设施、产品、物品，需要按照技术标准、技术规范，通过检验、检测、检疫等方式进行审定的事项；企业或者其他组织的设立等，需要确定主体资格的事项；法律、行政法规规定可以设定行政许可的其他事项。因此，判断是否属于行政许可，可以通过以下几个方面来界定。

（一）行政许可是行政机关对经济和社会事务的管理行为

行政机关对民事权利、民事关系以及特定事实的确认或者登记不属于行政许可。产权登记、机动车登记、婚姻登记、户籍登记、抵押登记、工伤认定等，这类登记或者确认行为多属于对事实或者权利的确认和宣示，目的在于向社会公示某项权利或者状态，从而维持某项秩序，行政机关对登记或者确认的内容一般没有自由裁量权，因此，不属于行政许可。专利许可、商标注册的目的在于国家保护其知识产权不受他人侵犯，在授予专利权、商标注册之前，申请人已经可以使用相应的发明、技术或者商标，因此，也不属于行政许可；但是，对法律、行政法规规定的必须使用注册商标的商品（如烟草制品）的商标注册除外。对于普通药品的进口药品通关单，由于口岸药品监管局在审查进口药品注册证、企业资质材料等全部资料无误后，就应当发出《进口药品通关单》，实际上是对该药品是否合法注册、进口单位资质是否合法的核实、确认，并不属于行政许可；对于法律规定应当经过检验方可进口的生物制品等药品，虽然在办理进口通关单前需要经过检验，口岸药品监管部门凭检验合格证明方可发放《进口药品通关单》，由于这类进口药品的强制检验属于《行政许可法》第十二条第四项规定的情形，因此，发放《进口药品通关单》仍不属于一个独立的行政许可事项，而是对这类进口药品是否经过合法注册、是否经过强制检验的核实和确认。

（二）行政许可是一种针对行政相对人的外部行政行为

行政机关内部的审批行为，包括行政机关系统内容、上下级之间、行政机关与其机关内设机构和人员之间的行为，不是行政许可。如，有关行政机关对其他机关人事、财务、外事等事项的审批，行政机关对直属事业单位有关事项的审批，上级行政机关基于行政隶属关系对下级行政机关有关请示报告事项的审批，行政机关以出资人的身份对国有企业资产处置事项的审批等，均不属于行政许可。对由政府直接投资和注入资本金方式投资的审批，不是行政许可；对企业申请以贴息、转贷和补助方式使用政府投资的项目的审批，审批结果不影响投资项目本身能否进行的，不是行政许可；对企业投资的重大和限制类投资项目的审批，则属于行政许可。

（三）行政许可是一种事前管理行为

事后的管理行为一般不属于行政许可。如，政府为了鼓励或者引导某一行业或者事业的发展，常常通过审批，对特定行业或者事业的发展直接或者间接提供一定的物质（包括资金）支持，减免税收或者其他应征费用，这些行为不是行政许可。建设工程在开工前要经过规划、施工、消防等部门的许可，工程完成后，要经过相关部门验收合格后方可投入使用，工程验收是独立于规划、施工等的一项许可，相对于工程是否可以投入使用，它仍然是事前的控制手段，即工程未经验收，不能使用。

（四）行政许可是一项授益性行政行为

对于只是给予行政相对人一定负担或者不授予相对人权利和资格的行为，不属于行政许可。如麻醉药品和精神药品年度生产计划审批。通过劳动部门职业培训获得的资格，如果获得资格只是对从业人员专业水平的一种客观评定，从业人员以此可以获得更好的竞争地位，对其是否可以从事特定活动没有影响，这种资格的给予不是行政许可；如果获得资格不只是对从业人员专业水平的一种客观评定，未获得此种资格，从业人员就不能从事特定活动，这种资格的给予就属于行政许可。

（五）行政备案不属于行政许可

行政备案是一种比较常见的行政管理措施。药品监管法律法规中也有许多要求相对人实施备案的具体要求。这种备案虽然也属于行政机关对经济和社会事务的管理行为，是针对相对人的外部行为，通常也是一种事前行为，但是，并不是行政许可。行政备案（从行政许可界定角度，仅讨论要求行政相对人的备案）是行政机关履行监督管理职能需要，要求相对人主动提供规定的信息和材料并存档备查。行政备案与行政许可在法律地位上有着明显区别。

（1）行为性质不同。虽然理论界对行政备案性质存在一定争议，但是，从《行政许可法》的精神和国务院相关规定看，行政备案属于告知性质的行为，备案行为本身并不对当事人的实体权利或者义务产生影响，一般认为其属于一种事实行为。

（2）行政机关地位不同。行政机关在行政备案过程中通常只有形式审查的权力，对于符合形式要求的，不得拒绝备案。

（3）法律后果不同。行政备案都不以产生特定法律效果为目的，通过备案进行信息收集、信息披露，主要是为行政决策或行政执法提供基础，对于相对人而言，这种行政备案只是一种程序性行为。通过备案存档备查，主要是检查监督相对人的相关行为是否合乎法律，合乎法律则行为完结，不合乎法律则可能产生行政处罚等行政行为。行政备案并不赋予相对人权利或者资格。相对人不履行备案义务，通常不影响备案涉及行为或者事由的合法性，只是就不备案行为本身承担一定的不利后果。

（4）设定要求不同。与行政许可的设定有着严格法定要求不同，备案的设定相对比较灵活，规章和规范性文件均可规定。当然，基于尽量减轻行政相对人负担的原则，备案的设定也应当有一定限制，行政机关通过主动地检查等行为能够收集相关信息的，应当尽量不再要求当事人主动备案。

国务院明确规定，不得以备案等形式变相设定行政许可，对以备案、登记、年检、监制、认定、认证、审定等形式变相设定行政许可的，要按照规定的程序严格处理、坚决纠正。

三、行政许可的分类

关于行政许可，学理上基于不同标准有不同分类，例如，按照许可的内容，分为行为许可和资格许可；按照许可的范围，分为一般许可和特许；按照许可机关的自由裁量度，分为羁束许可与裁量许可；按照许可能否转让，分为可转让许可与不可转让许可；按照许可享有程度，分为排他性许可和非排他性许可等。参考《行政许可法》起草过程，根据《行政许可法》第十二条，我国的行政许可可以分为以下五类。

（一）普通许可

普通许可是由行政机关确认自然人、法人或者其他组织是否具备从事特定活动的条件。它是运用最广泛的一种行政许可，适用于直接关系国家安全、经济安全、公共利益、人身健康、生命财产安全的事项。普通许可的功能主要是防止危险、保障安全，是对相对人行使法定权利或者从事法律没有禁止但附有条件的活动的准许，一般没有数量控制。主要指的是《行政许可法》第十二条第一项规定的直接涉及国家安全、公共安全、经济宏观调控、生态环境保护以及直接关系人身健康、生命财产安全等特定活动，需要按照法定条件予以批准的事项，如药品注册、药品生产经营许可、药品广告审批等。

（二）特许

特许是由行政机关代表国家向被许可人授予某种权利，主要适用于有限自然资源的开发利用、有限公共资源的配置、直接关系公共利益的垄断性企业的市场准入等。海域使用许可、无线电频率许可是典型的特许。特许的功能主要是分配稀缺资源，一般有数量控制。主要指的是《行政许可法》第十二条第二项规定的有限自然资源开发利用、公共资源配置以及直接关系公共利益的特定行业的市场准入等，需要赋予特定权利的事项。

（三）认可

认可是由行政机关对申请人是否具备特定技能的认定，主要适用于为公众提供服务、直接关系公共利益并且要求具备特殊信誉、特殊条件或者特殊技能的资格、资质。认可的主要功能是提高从业水平或者某种技能、信誉，没有数量限制。主要指的是《行政许可法》第十二条第三项规定的提供公众服务并且直接关系公共利益的职业、行业，需要确定具备特殊信誉、特殊条件或者特殊技能等资格、资质的事项，如执业药师注册等。

（四）核准

核准是由行政机关对某些事项是否达到特定技术标准、经济技术规范的判断、确定，主要适用于直接关系公共安全、人身健康、生命财产安全的重要设备设施的设计、建造、安装和使用，直接关系人身健康、生命财产安全的特定产品、物品的检验、检疫。核准的功能也是为了防止危险、保障安全，没有数量控制。主要指的是《行政许可法》第十二条第四项规定的直接关系公共安全、人身健康、生命财产安全的重要设备、设施、产品、物品，需要按照技术标准、技术规范，通过检验、检测、检疫等方式进行审定的事项，如生物制品批签发、肉类检疫等。

（五）登记

登记是由行政机关确立个人、企业或者其他组织的特定主体资格。登记的功能主要是确立申请人的市场主体资格，没有数量控制。主要指的是《行政许可法》第十二条第五项规定的企业或者其他组织的设立等，需要确定主体资格的事项，如企业登记等。

第二节 基本原则

? 问题

某企业拟开展某项药品研发工作，向国家药品监督管理局咨询该类药品注册批准情况和审批时限。请问：国家药品监督管理局是否应当公开相关内容？为什么？

一、许可法定原则

行政许可法定是法治原则在行政许可领域的具体体现，是指行政许可的设定、许可范围、许可条件和要求、实施机关及其权限、许可程序和时限以及相应法律后果等，都必须有法律法规的明确规定，符合法律要求。《行政许可法》第四条明确规定，设定和实施行政许可，应当依照法定的权限、范围、条件和程序。行政许可法定原则主要包括行政许可项目法定、实施机关法定、条件法定、程序法定。

（一）许可项目法定

《行政许可法》明确规定，设定行政许可应当遵循经济和社会发展规律，有利于发挥公民、法人或者其他组织的积极性、主动性，维护公共利益和社会秩序，促进经济、社会和生态环境协调发展。《行政许可法》第十二条对可以设定行政许可的事项作出了具体限定，也就是说，只有对于该条规定的六种情形方可设定行政许可。对这些事项，公民、法人或者其他组织能够自主决定，市场竞争机制能够有效调节，行业组织或者中介机构能够自律管理，或者行政机关采用事后监督等其他行政管理方式能够解决的，可以不设行政许可。

对于具体行政许可项目的设定，《行政许可法》提出了明确要求，也就是对《行政许可法》第十二条所列事项，法律可以设定行政许可；尚未制定法律的，行政法规可以设定行政许可；必要时，国务院可以采用发布决定的方式设定行政许可，实施后，除临时性行政许可事项外，国务院应当及时提请全国人民代表大会及其常务委员会制定法律，或者自行制定行政法规；尚未制定法律、行政法规的，地方性法规可以设定行政许可；尚未制定法律、行政法规和地方性法规的，因行政管理的需要，确需立即实施行政许可的，省、自治区、直辖市人民政府规章可以设定临时性的行政许可，临时性的行政许可实施满一年需要继续实施的，应当提请本级人民代表大会及其常务委员会制定地方性法规。

可见，具体行政许可项目的设定，只能通过法律、行政法规（包括国务院决定）、地方法规，省、自治区、直辖市人民政府规章只能设定临时性行政许可。而且，地方性法规和省、自治区、直辖市人民政府规章，不得设定应当由国家统一确定的公民、法人或者其他组织的资格、资质的行政许可；不得设定企业或者其他组织的设立登记及其前置性行政许可；设定的行政许可，不得限制其他地区的个人或者企业到本地区从事生产经营和提供服务，不得限制其他地区的商品进入本地区市场。法规、规章对实施上位法设定的行政许可作出的具体规定，不得增设行政许可；对行政许可条件作出的具体规定，不得增设违反上位法的其他条件；其他规范性文件一律不得设定行政许可。随着法治政府建设的深入推进和简政放权工作的不断深化，在药品领域，相关的行政许可项目均是在《药品管理法》及其实施条例以及《医疗器械监督管理条例》《化妆品卫生监督条例》这些法律、行政法规中设定，已没有地方法规和地方规章设定的行政许可。

设定行政许可，对人民群众生产、生活影响很大，随着深化行政审批制度改革的不断推进，对行政许可的设定要求越来越严，2013年，国务院下发《国务院关于严格控制新设行政许可的通知》（国发〔2013〕39号），严格控制新设行政许可，规定今后起草法律草案、行政法规草案一般不新设行政许可，确需新设的，必须严格遵守《行政许可法》的规定，严格设定标准。该通知进一步严格了行政许可的设定标准和法律、行政法规设定行政许可的程序要求，规定法律草案、行政法规草案拟设定行政许可的，起草单位和审查机关都要深入调查研究，加强合法性、必要性和合理性审查论证，附拟设定行政许可的论证材料、各方面对拟设定行政许可的意见和意见采纳情况以及其他国家、地区的相关立法资料，并须事先报经中央编办审核同意。

（二）实施机关法定

《行政许可法》第十八条规定，设定行政许可，应当规定行政许可的实施机关、条件、程序、期限。也就是说，法律、法规在设定行政许可项目的同时，应当规定行政许可的实施机关。符合法律法规规定的行政机关和组织方可在职权范围内实施行政许可。根据《行政许可法》，实施行政许可的主体有两类，即行政机关和具有管理公共事务职能的组织，这两类主体实施行政许可，以其具有法定的行政许可权为前提，且应当在其法定职权范围内实施。法律、法规授权的具有管理公共事务职能的组织，在法定授权范围内，以自己的名义实施行政许可，相应的责任也由该组织承担。药品行政许可，主要是由县级以上各级主管药品监管的部门实施。下设的事业单位虽具有管理公共事务职能，但由于缺乏法律、法规的授权，尚不具备行政许可的实施资格。

根据《行政许可法》，行政机关在其法定职权范围内，依照法律、法规、规章的规定，可以委托其他行政机关实施行政许可。对于委托实施，受托机关也应当是行政机关，不得为具有管理公共事务职能的组织；委托必须有法律、法规或者规章的规定，其他规范性文件不得设定委托事项；受托机关以委托机关的名义实施行政许可，责任由委托机关承担；受托机关不得再委托。

（三）许可条件法定

许可条件和标准法定，是行政许可法定必然要求，只有法律、法规明确了行政许可的条件和标准，行政相对人才能按照要求提出申请，行政机关才能依法进行审查。

《行政许可法》规定，设定行政许可，应当规定行政许可的条件，也就是说，法律、法规在设定行政许可时，应当同时规定行政许可的条件。当然，由于法律、法规一般规定都比较原则，而具体的行政许可事项纷繁复杂，通常法律、法规仅是对行政许可条件作出原则规定。行政法规可以在法律设定的行政许可事项范围内，对实施该行政许可作出具体规定；地方性法规可以在法律、行政法规设定的行政许可事项范围内，对实施该行政许可作出具体规定；规章可以在上位法设定的行政许可事项范围内，对实施该行政许可作出具体规定。因此，行政许可的具体标准和条件一般是由行政机关在规章中予以细化。但是，法规、规章对实施上位法设定的行政许可作出的具体规定，不得增设行政许可；对行政许可条件作出的具体规定，不得增设违反上位法的其他条件。如，《药品管理法》第四十二条规定从事药品生产活动，应当具备以下条件：①有依法经过资格认定的药学技术人员、工程技术人员及相应的技术工人；②有与药品生产相适应的厂房、设施和卫生环境；③有能对所生产药品进行质量管理和质量检验的机构、人员及必要的仪器设备；④有保证药品质量的规章制度，并符合国务院药品监督管理部门依据本法制定的药品生产质量管理规范要求。

许可的条件和标准法定包括为实质条件与标准法定和形式条件与标准法定。实质条件与标准指的是对当事人是否能够从事某项活动或者具有某项资质的具体要求，通常包括资金、人员、设备、知识、能力等。形式条件和标准则指的是当事人提申请行政许可时应当提交的以证明其符合实质条件与标准的具体资料。形式条件和标准法定，要求在设定行政许可时，应当对当事人申请行政许可时递交的资料也作出相对明确的规定。这一方面是对当事人提出有效申请作出明确的、具体的指引，避免其准备资料的盲目和受中介机构或者第三方误导；另一方面，也防止行政机关通过随意增减资料而导致许可行为失范，特别是防止行政机关违反规定提高资料要求，刁难当事人或者谋求非法利益。

（四）许可程序法定

程序是实体的保障。许可法定要求许可事项、实施机关、条件和标准法定，同样也要求许可的程序法定。只有遵循严格的法定程序，才能确保行政相对人的合法权益，才能有效防止权力滥用。《行政许可法》对行政许可的程序作出了详细规定，包括申请、受理、审查、听证、决定、许可证发放以及行政许可的变更、延续等。程序法定，要求行政机关严格按照法定程序受理和审查行政相对人的申请。程序法定，还包括许可的期限法定，也就是说，行政机关应当严格遵守有关期限要求，在规定时间内受理、审查并作出决定，及时通知相对人和发放许可证件。

二、公开原则

公开是对行政行为的一项基本要求。其基本含义是政府行为除涉及国家秘密、商业秘密或者个人隐私等依法应当保密以外，应当公开进行。《行政许可法》明确公开原则是行政许可领域的基本原则。公开主要包括两点：法律、法规、政策的公开，行政许可行为本身的公开。

根据《行政许可法》的规定，实施行政许可的公开包括：

第一，行政许可的依据应当公开。有关行政许可的规定应当公布；未经公布的，不得作为实施行政许可的依据。

第二，实施行政许可的主体以及统一受理行政许可申请、统一送达行政许可决定的机构名称要公开。

第三，有关行政许可的事项、条件、数量、程序要公开。

第四，需要申请人提交的全部材料的目录和申请书示范文本要公开。

第五，行政机关在审查行政许可申请过程中听取利害关系人意见以及举行听证、招标、拍卖、考试、考核、检验、检测、检疫，要公开进行。

第六，行政许可的结果要公开。行政机关作出的准予行政许可的决定要予以公开，公众有权查阅。行政许可决定未送达当事人的，不发生法律效力。

行政许可的公开一般通过法定的形式进行，主要有公告、查阅、送达、公报刊载或者网站发布等方式。

三、公平公正原则

公平、公正的基本精神是要求行政机关及其工作人员办事公道，不徇私情，合理考虑相关因素，平等对待相对人，不因相对人的不同身份、民族、种族、性别或者不同宗教信仰而予以歧视。与合法相比，公平公正更加注重法律实施的结果和实现法律的最终价值取向。公平公正原则是行政法的基本原则之一，对于规制行政机关自由裁量权，培育社会和公众法治意识，确保法律法规的贯彻实施具有重要意义。

通常认为，行政许可的公平公正包括行政许可的设定应当合理、公正，行政许可应当符合法定目的，行政许可的实施应当公平等。如，《行政许可法》明确规定，符合法定条件、标准的，申请人有依法取得行政许可的平等权利，行政机关不得歧视；地方性法规和省、自治区、直辖市人民政府规章设定的行政许可，不得限制其他地区的个人或者企业到本地区从事生产经营和提供服务，不得限制其他地区的商品进入本地区市场；公民、法人或者其他组织依法取得的行政许可受法律保护，行政机关不得擅自改变已经生效的行政许可；行政许可所依据的法律、法规、规章修改或者废止，或者准予行政许可所依据的客观情况发生重大变化，为了公共利益，行政机关需要依法变更或者撤回已经生效的行政许可，由此给公民、法人或者其他组织造成财产损失的，行政机关应当依法给予补偿。

公平公正包括实体公平公正和程序公平公正。实体公平公正，是指行政机关应当准确认定事实，公平、正确适用法律。程序公正，是指行政机关应当平等对待当事人，同样情况，同样对待；不同情况，不同对待。

行政许可法律制度规定了许多具体内容，确保公平公正原则的实现。在实体公平公正方面，要求相同情况相同对待，合理考虑相关因素，遵守比例原则合理行使自由裁量权。在程序公平公正方面，规定了回避制度、听取申辩与说明理由制度、听证制度、遵守法定程序和期限等。《行政许可法》规定，对于特许项目，一般应当通过招标、拍卖等公平竞争的方式作出决定；有数量限制的行政许可，两个或者两个以上申请人的申请均符合法定条件、标准的，应当根据受理行政许可申请的先后顺序作出准予行政许可的决定；赋予公民特定资格，依法应当举行国家考试的，行政机关根据考试成绩和其他法定条件作出行政许可决定；公民特定资格的考试依法由行政机关或者行业组织实施，公开举行。

四、便民原则

我国的国家性质、行政机关的性质决定了行政机关在执行职务过程中，要密切同人民群众的联系，方便人民群众办事。便民原则，就是行政许可的设定和实施应当方便行政相对人，尽可能减少相对人的负担。便民原则要求从法律的制度上解决行政许可环节过多、手续繁琐、时限过长、“暗箱操作”等问题。

（1）行政许可的设定应当方便人民群众和发挥市场在资源配置中的决定作用。公民、法人或者其他组织能够自主决定的，市场竞争机制能够有效调节的，行业组织或者中介机构能够自律管理的，行政机关采用事后监督等其他行政管理方式能够解决的，可以不设行政许可。

（2）行政许可的实施机关应当方便申请人办理行政许可事项。行政许可需要行政机关内设的多个机构办理的，应当确定一个机构统一受理行政许可申请，统一送达行政许可决定，实行“一个窗口”对外，防止多头受理，多头对外。依法应当由地方人民政府两个以上部门分别实施的行政许可，本级人民政府可以确定由一个部门受理行政许可申请并转告有关部门分别提出意见后统一办理，或者组织有关部门联合办理、集中办理，尽量减少“多头审批”。省级人民政府经国务院批准，可以将几个行政机关行使的行政许可权相对集中，由一个行政机关行使有关行政机关的行政许可权。

（3）行政许可事项的具体办理应当方便行政相对人。除依法应当由申请人到行政机关办公场所提出行政许可申请的外，申请人可以委托代理人提出行政许可申请。行政机关应当将法律、法规、规章规定的有关行政许可事项、依据、条件、数量、程序、期限以及需要提交的全部材料的目录和申请书示范文本等在办公场所公示。行政许可申请可以通过信函、电报、电传、传真、电子数据交换和电子邮件等方式提出。随着科技手段的发展，应当逐步采用信息化手段进行行政许可公示、行政许可受理和审批、结果送达等工作，减少当事人负担。

五、高效原则

高效原则，是指行政机关在行使职能时，应当以尽可能短的时间，尽可能少的人员，尽可能低的经济耗费办尽可能多的事，取得尽可能大的社会、经济效益。效率原则是行政管理的基本原则之一，要求行政机关提高办事效率，节约行政成本，减少当事人负担。效率原则既体现了对行政相对人的尊重和对申请人权利的保护，也体现了对国家利益的维护，高效原则要求如下。

（1）明晰职责分工。行政许可的实施机关机构设置要精干，职权分工要明确，减少管理环节和职责交叉。依法应当先经下级行政机关审查后报上级行政机关决定的行政许可，下级行政机关应当在法定期限内将初步审查意见和全部申请材料直接报送上级行政机关；上级行政机关不得要求申请人重复提供申请材料。

（2）严格遵守法定时限。行政机关对申请人提出的行政许可申请，申请事项依法不需要取得行政许可的，应当即时告知申请人不受理；申请事项依法不属于本行政机关职权范围的，应当即时作出不予受理的决定，并告知申请人向有关行政机关申请；申请材料存在可以当场更正的错误的，应当允许申请人当场更正；申请材料不齐全或者不符合法定形式的，应当当场或者在五日内一次告知申请人需要补正的全部内容。申请人提交的申请材料齐全、符合法定形式，行政机关能够当场作出决定的，应当当场作出书面的行政许可决定；不能当场作出行政许可决定的外，一般应当自受理行政许可申请之日起二十日内作出行政许可决定。作出准予行政许可的决定，应当自作出决定之日起十日内向申请人颁发、送达行政许可证件，或者加贴标签、加盖检验、检测、检疫印章。

（3）注重节约行政成本。行政机关应当推行电子政务，在行政机关的网站上公布行政许可事项，方便申请人采取数据电文等方式提出行政许可申请；应当与其他行政机关共享有关行政许可信息，提高办事效率。

第三节　主要制度

问题

某企业申请医疗器械注册，药品监管部门要求其缴纳费用。请问：这一要求是否符合法律规定？行政许可是否均应当收取费用？

一、行政许可设定

行政许可设定制度包括哪些国家机关有权设定行政许可、设定何种行政许可以及以何种形式设定行政许可。行政许可设定制度包括以下内容。

（一）行政许可设定机关法定

根据《行政许可法》的规定，法律可以设定行政许可；尚未制定法律的，行政法规可以设定行政许可。必要时，国务院可以采用发布决定的方式设定行政许可。尚未制定法律、行政法规的，地方性法规可以设定行政许可；尚未制定法律、行政法规和地方性法规的，因行政管理的需要，确需立即实施行政许可的，省级人民政府规章可以设定临时性的行政许可。但是，地方性法规和省级政府规章，不得设定资格、资质的行政许可；不得设定企业或者其他组织的设立登记及其前置性行政许可。法律、法规、国务院决定以及省级政府规章以外的其他规范性文件一律不得设定行政许可。因此，有权设定行政许可的机关，主要是全国人大及其常委会和国务院；尚没有法律、行政法规规定的领域，地方人大及其常委会可以设定行政许可；省级人民政府只有在没有法律、法规规定，因行政管理的需要确需立即实施行政许可时，方可设定临时性的行政许可，时间不能超过一年。药品领域，因为《药品管理法》及其实施条例及其实施条例和《医疗器械监督管理条例》《化妆品卫生监督条例》已有规定，因此，地方人大及其常委和省级人民政府无权设定行政许可。个别地方以保健品监管等名义设定的许可，由于其规范的范围实际上属于药品或者医疗器械产品准入，是违反《行政许可法》规定的，应当纠正。

（二）行政许可事项法定

行政许可设定制度还包括行政许可事项范围法定，即只能对法律、行政法规规定可以设定行政许可的领域设定行政许可事项。根据《行政许可法》的规定，可以设定行政许可的事项包括：直接涉及国家安全、公共安全、经济宏观调控、生态环境保护以及直接关系人身健康、生命财产安全等特定活动，需要按照法定条件予以批准的事项；有限自然资源开发利用、公共资源配置以及直接关系公共利益的特定行业的市场准入等，需要赋予特定权利的事项；提供公众服务并且直接关系公共利益的职业、行业，需要确定具备特殊信誉、特殊条件或者特殊技能等资格、资质的事项；直接关系公共安全、人身健康、生命财产安全的重要设备、设施、产品、物品，需要按照技术标准、技术规范，通过检验、检测、检疫等方式进行审定的事项；企业或者其他组织的设立等，需要确定主体资格的事项以及法律、行政法规规定可以设定行政许可的其他事项。但对前述事项并不是都要设行政许可，如果公民、法人或者其他组织能够自主决定、市场竞争机制能够有效调节、行业组织或者中介机构能够自律管理以及行政机关采用事后监督等其他行政管理方式能够解决的，也可以不设行政许可。这些规定在政府管理与市场主体自主决定、行政管理与市场自由、行政管理与社会自律、事前许可与事中事后监管的关系方面，确立了市场自主决定优先、市场竞争优先、社会自律优先以及事后监督优先的原则。

知识链接

权利清单制度

2015年3月24日，中国政府网公布中共中央办公厅、国务院办公厅印发的《关于推行地方各级政府工作部门权力清单制度的指导意见》指出：分门别类进行全面彻底梳理行政职权，逐项列明设定依据；对没有法定依据的行政职权，应及时取消；依法逐条逐项进行合法性、合理性和必要性审查；在审查过程中，要广泛听取基层、专家学者和社会公众的意见；公布权力清单；积极推进责任清单。

要把推行权力清单制度与简政放权、政府职能转变等结合起来，形成改革合力。

（三）设定行政许可说明理由

根据《行政许可法》，即使是有权设定行政许可的机关就法定事项设定许可，也不能随意设置具体行政许可项目，需要设定行政许可的，应当说明理由。起草拟新设行政许可的法律、法规时，起草单位应当采取听证会、论证会等形式广泛听取意见，并向制定机关说明拟新设行政许可的必要性、对经济和社会产生的影响以及听取意见和采纳意见的情况，提交充分的研究论证材料。根据行政审批制度改革精神，通常需要事先获得行政审批制度改革办公室的同意。

（四）定期评价

行政许可定期评价，要求行政许可的设定机关定期对其设定的行政许可进行评价，对已设定的行政许可的事项，如果公民、法人或者其他组织能够自主决定、市场竞争机制能够有效调节、行业组织或者中介机构能够自律管理以及行政机关采用事后监督等其他行政管理方式能够解决的，应当对设定该行政许可的规定及时予以修改或者废止。行政许可的实施机关也可以对行政许可的实施情况及存在的必要性适时进行评价，并将意见报告该行政许可的设定机关。省、自治区、直辖市人民政府对行政法规设定的有关经济事务的行政许可，根据本行政区域经济和社会发展情况，认为公民、法人或者其他组织能够自主决定、市场竞争机制能够有效调节、行业组织或者中介机构能够自律管理以及行政机关采用事后监督等其他行政管理方式能够解决的，报国务院批准后，可以在本行政区域内停止实施该行政许可。

《国务院关于严格控制新设行政许可的通知》（国发〔2013〕39号）进一步严格了行政许可的监督，要求对已设定的行政许可加强跟踪评估、监督管理。行政许可目录应当向社会公布。要定期对其负责实施的行政许可实施情况进行评价，并将意见报告该行政许可的设定机关；没有达到预期效果或不适应经济社会发展要求的行政许可，应当及时提出修改或废止建议。法律、行政法规修订时，起草单位要对该法律、行政法规设定的行政许可的实施情况进行重点评估，对没有达到预期效果或不适应经济社会发展要求的行政许可，应当提出修改或废止建议。要建立制度、畅通渠道，听取公民、法人或其他组织对其负责实施的行政许可提出的意见和建议。

二、行政许可程序

行政许可程序制度，是指实施机关遵循何种方式、步骤、时限和顺序对行政许可申请进行审查和作出决定，包括一般程序和特别程序。一般程序针对的是普通许可；特别程序针对的主要是特许、认可、核准和登记。

（一）一般程序

行政许可的一般程序包括申请、受理、审查、听证、决定、变更与延续。《行政许可法》规定了严格的行政许可实施程序。比如，听取意见和说明理由制度，即行政许可事项直接关系他人重大利益的，应当告知利害关系人，在作出许可决定前要听取申请人、利害关系人的意见，不予许可的，要说明理由。一次性告知制度，即申请材料不齐全或者不符合法定形式的，应当一次性告知需要补正的全部内容。听证制度，即对涉及公共利益的重大行政许可事项或者直接涉及申请人与他人之间重大利益关系的行政许可事项，在作出决定之前依法需要听证的，应当举行听证。时限制度，即对办理各种行政审批事项规定了明确的时限。

（二）特别程序

公平竞争程序，即对于特许事项，除法律、行政法规另有规定外，行政机关应当通过招标、拍卖等公平竞争的方式作出决定。按照招标、拍卖程序确定中标人、买受人后，应当作出准予行政许可的决定，并依法向中标人、买受人颁发行政许可证件。

考试考核程序，即对于认可事项中，除法律、行政法规另有规定外，赋予公民特定资格，依法应当举行国家考试的，行政机关根据考试成绩和其他法定条件作出行政许可决定；赋予法人或者其他组织特定的资格、资质的，行政机关根据申请人的专业人员构成、技术条件、经营业绩和管理水平等的考核结果作出行政许可决定。公民特定资格的考试依法由行政机关或者行业组织实施，公开举行。行政机关或者行业组织应当事先公布资格考试的报名条件、报考办法、考试科目以及考试大纲。但是，不得组织强制性的资格考试的考前培训，不得指定教材或者其他助考材料。

检验检疫程序，即对于核准事项，应当按照技术标准、技术规范依法进行检验、检测、检疫，行政机关根据检验、检测、检疫的结果作出行政许可决定。行政机关实施检验、检测、检疫，应当自受理申请之日起五日内指派两名以上工作人员按照技术标准、技术规范进行检验、检测、检疫。不需要对检验、检测、检疫结果作进一步技术分析即可认定设备、设施、产品、物品是否符合技术标准、技术规范的，行政机关应当当场作出行政许可决定。行政机关根据检验、检测、检疫结果，作出不予行政许可决定的，应当书面说明不予行政许可所依据的技术标准、技术规范。

当场登记程序，即对于登记事项，申请人提交的申请材料齐全、符合法定形式的，行政机关应当当场予以登记。需要对申请材料的实质内容进行核实的，仍应当按程序进行核查。

先到先得程序，即对有数量限制的行政许可，两个或者两个以上申请人的申请均符合法定条件、标准的，行政机关应当根据受理行政许可申请的先后顺序作出准予行政许可的决定。但是，法律、行政法规另有规定的，依照其规定。

三、行政许可效力

行政许可效力制度，即行政许可决定有何效力、何时生效以及何时效力终止。包括以下几个方面。

（一）行政许可的生效

包括行政许可的生效要件和生效时间。

行政许可的生效要件包括主体要件、程序要件和形式要件。主体要件是指行政许可必须由有权实施的行政机关或者具有管理公共事务职能的组织作出。程序要件是指实施机关作出行政决定的程序符合法定要求。形式要件是指行政许可决定应当以法定的形式作出。

行政许可生效时间，是指行政许可决定何时发生效力。行政许可一经送达立即生效，也就是送达之时生效。值得注意的是，送达时生效是指送达后即发生行政许可的效力，并不意味着未送达前不具有任何效力，对于实施机关，作出行政许可决定后，审查和决定程序即完成，应当依法送达，否则就应当承担违反法定程序的后果。

（二）行政许可的效力内容

行政许可生效，被许可人即享有相应权利或者资格，其法律效果自动实现，无需另行采取执行程序。相应的行政许可证明文件或者签章具有法律上的证明力，为被许可人具有相应权利或者资格的证据。

（三）行政许可的变更

行政许可生效后，对实施机关和被许可人均产生约束力，被许可人应当在许可范围内实施特定事项或者享有相应资格，如果需要变更许可的内容，应当按程序向实施机关申请变更。

（四）行政许可的延续

行政许可决定通常具有有效期限，有效期届满，行政许可即失去效力，如果被许可人希望继续享有相应权利或者资格，应当按程序申请行政许可的延续。

（五）行政许可效力的终止

包括行政许可被撤销、被吊销、被废止以及自然终止。

行政许可被撤销，是指行政许可决定作出之时存在违法行为，法定的主体按照法定程序使已经生效的行政许可失去法律效力。行政机关工作人员滥用职权或者玩忽职守作出准予行政许可决定，行政机关超越法定职权、违反法定程序作出准予行政许可决定、对不具备申请资格或者不符合法定条件的申请人准予行政许可以及依法可以撤销行政许可的其他情形时，做出行政许可决定的机关及其上级机关可以撤销行政许可，被许可人的合法权益受到损害的，行政机关应当依法给予赔偿；被许可人以欺骗、贿赂等不正当手段取得行政许可的，应当予以撤销，被许可人基于行政许可取得的利益不受保护；但是，撤销行政许可可能对公共利益造成重大损害的，不予撤销。

行政许可被吊销，是指被许可人实施违法行为，被取消基于行政许可而获得的权利或者资格。行政许可被撤销，一般是自始无效；被吊销，一般是从吊销决定作出之日起无效。《行政许可法》中规定的撤销是一项行政行为，不是行政处罚，不受追溯时效约束；吊销则属于行政处罚，受《行政处罚法》规定的追溯时效约束。

行政许可被撤回，是指对合法有效的行政许可，因为其所依据的法律法规修改、废止或者客观事实发生变化而依法终止其效力。《行政许可法》规定，行政许可所依据的法律、法规、规章修改或者废止，或者准予行政许可所依据的客观情况发生重大变化的，为了公共利益的需要，行政机关可以依法变更或者撤回已经生效的行政许可；由此给公民、法人或者其他组织造成财产损失的，行政机关应当依法给予补偿。

行政许可自然终止，一般指行政许可有效期届满未延续，也包括赋予公民特定资格的行政许可，该公民死亡或者丧失行为能力，法人或者其他组织依法终止，或者因不可抗力导致行政许可事项无法实施。

（六）行政许可的注销

行政许可效力终止的，应当依法注销相应的行政许可。注销仅是一项事实行为，其本身并不属于导致行政许可效力终止的法律行为。

四、行政许可收费

行政许可收费制度，是指行政许可是否可以收费以及按照什么标准和程序收取费用。《行政许可法》规定，行政机关实施行政许可不得收取任何费用，除非法律、行政法规另有规定。药品领域，相关法律法规规定可以收取费用，但是，应当按照公布的法定项目和标准执行，所收取的费用必须全部上缴国库，并严格实行收支两条线管理。

五、行政许可监督检查

行政许可监督检查制度，是指对行政许可实施以及被许可人开展监督检查，以确保行政许可实施合法和被许可人履行法定义务。包括对许可实施机关的监督检查和对被许可人的监督检查。

第一，对许可实施机关的监督检查。上级行政机关应当加强对下级行政机关实施行政许可的监督检查，及时纠正行政许可实施中的违法行为。

第二，对被许可人的监督检查。《行政许可法》规定，行政机关应当建立健全监督制度，通过核查反映被许可人从事行政许可事项活动情况的有关材料，履行监督责任，对被许可人是否依法从事行政许可事项的活动进行监督，检查情况要作详细记录，并接受公众查阅。具体监督检查方式包括对被许可人生产经营的产品依法进行抽样检查、检验、检测，对其生产经营场所依法进行实地检查，受理和依法处理个人和组织的举报等。行政机关实施监督检查，不得妨碍被许可人正常的生产经营活动，不得索取或者收受被许可人的财物，不得谋取其他利益。对直接关系公共安全、人身健康、生命财产安全的重要设备、设施，行政机关应当督促设计、建造、安装和使用单位建立相应的自检制度。

六、行政许可法律责任

行政许可法律责任制度，是指行政许可实施机关及其工作人员以及被许可人违反法律规定应当承担相应的法律责任。包括实施机关及其工作人员法律责任和被许可人法律责任。

第一，实施机关及其工作人员法律责任。《行政许可法》规定，对该许可不许可，不该许可乱许可以及不依法履行监督责任或者监督不力的，有关机关除责令其改正外，直接负责的主管人员和其他责任人员应当承担行政责任；构成犯罪的，还要依法追究刑事责任。

第二，被许可人法律责任。被许可人违反法律规定的，可能导致行政许可被撤销、被吊销，依法被追究行政责任，甚至一定期限内不得再次申请行政许可；构成犯罪的，依法追究刑事责任。《行政许可法》规定，申请人提交虚假材料申请或者骗取行政许可的，应当依法予以处理；被许可人未依法履行开发利用自然资源义务或者未依法履行利用公共资源义务的，行政机关应当责令限期改正；被许可人在规定期限内不改正的，行政机关应当依照有关法律、行政法规的规定予以处理。取得直接关系公共利益的特定行业的市场准入行政许可的被许可人，应当按照国家规定的服务标准、资费标准和行政机关依法规定的条件，向用户提供安全、方便、稳定和价格合理的服务，并履行普遍服务的义务；未经作出行政许可决定的行政机关批准，不得擅自停业、歇业；被许可人不履行这些义务的，行政机关应当责令限期改正，或者依法采取有效措施督促其履行义务。行政机关在监督检查时，发现直接关系公共安全、人身健康、生命财产安全的重要设备、设施存在安全隐患的，应当责令停止建造、安装和使用，并责令设计、建造、安装和使用单位立即改正。

第四节　行政许可程序

问题

某企业向市场监管部门申请食品经营许可。请问：食品经营许可的基本程序是什么？一般多长时间？

一、申请

行政许可是依申请的行政行为，申请人提出申请，是行政许可的前提，也是启动行政程序的基础。

（一）申请的主体

《行政许可法》第二十九条规定，公民、法人或者其他组织从事特定活动，依法需要取得行政许可的，应当向行政机关提出申请。申请行政许可的主体可以是公民、法人或者其他组织。药品领域行政许可的申请主体主要如下。

第一，企业法人。药品领域的行政许可事项大多属于市场经营领域，在申请主体上，企业法人是主要的申请主体。有些行政许可事项只有企业法人方可提出申请，如药品生产许可。

第二，医疗机构。药品和医疗器械领域，医疗机构也可以成为有关行政许可的申请主体。如，医疗机构制剂配制许可、医疗机构制剂跨省调剂等。

第三，科研机构。在药品和医疗器械产品研发方面，科研机构可以成为行政许可的申请主体。如，药品上市许可持有人制度允许药物研发单位申请药品上市许可等。

第四，自然人。虽然药品经营领域以企业法人为主，但是，在某些方面，自然人个人也可以成为申请主体。如，自然人申请执业药师注册，在食品经营领域，相关法律法规并未限定食品销售和餐饮服务单位必须为企业法人，因此，自然人也可以以个体工商户的形式申请食品经营许可。

根据《行政许可法》的规定，除依法应当由申请人到行政机关办公场所提出行政许可申请的以外，申请人无需亲自到场，可以委托代理人提出行政许可申请。

（二）申请的方式

理论上，行政许可申请可以以口头或者书面形式提出，但是，由于行政机关需要对申请人的申请进行审查，口头申请内容难以固定，不利于审查和许可，因此，行政许可申请通常是以书面形式提出。书面形式不限于通过纸质材料，随着信息技术的发展和电子政务的不断推进，越来越多的行政许可申请以电子形式提出。《行政许可法》规定，行政许可申请可以通过信函、电报、电传、传真、电子数据交换和电子邮件等方式提出。

（三）申请的内容与形式

行政许可申请是公民、法人或者其他组织向行政机关申请从事特定活动，因此，申请人提交申请的内容明确，具体表述拟申请从事的特定活动，有些申请，如企业登记，还应当明确申请许可的具体有效期限。

行政许可申请的内容一般通过申请材料体现。申请书需要采用格式文本的，行政机关应当向申请人提供行政许可申请书格式文本。行政机关应当将行政许可需要提交的全部材料的目录和申请书示范文本等在办公场所公示。申请人要求行政机关对公示内容予以说明、解释的，行政机关应当说明、解释，提供准确、可靠的信息。申请人申请行政许可，应当如实向行政机关提交有关材料和反映真实情况，并对其申请材料实质内容的真实性负责。在药品领域，特别是药品、医疗器械、特殊用途化妆品、特殊食品等产品注册，申请人除了提交相关资料外，还应当按照要求提供产品样品，供审查使用。

（四）申请的时间

行政许可为依申请的被动式行政行为，通常对行政相对人的申请时限没有要求，申请人认为自己符合相应条件或者拟开展相关活动，即可随时提出申请。但是，对于某些许可，通常是核准或者需要通过公平竞争方式实施行政许可以及对已获得行政许可事项发生变更或者需要延续时，从行政管理和维护公共安全、人身健康、生命财产安全考虑，有时法律、法规会对申请时间和期限提出要求。如，申请批签发一般应当是在产品完成生产、检验后，变更药品生产许可证或者经营许可证许可事项，应当在许可事项发生变更30日前。

（五）申请的效力

行政许可申请人向行政机关提交行政许可申请后，行政许可程序即启动，对行政许可实施机关和申请人均产生约束力。

对于行政许可实施机关，申请人提出行政许可申请后，即应当按照法律法规要求，在规定时间内对申请材料进行审核，决定是否受理；符合受理条件的，应当按程序开展审查并作出行政许可决定。

对于申请人，提出行政许可申请后，即应当对申请材料的真实性负责，并根据行政许可实施机关的要求进行补正或者提供补充材料，接受行政许可实施机关依法作出的决定。申请时提交的材料不真实的，依法承担相应责任。

二、受理

申请人向行政机关提交行政许可申请后，行政许可程序开始启动，行政机关应当在规定时间内对申请材料进行审核，决定是否受理。为规范行政机关的行政许可行为，防止行政机关擅设门槛和阻扰、刁难，《行政许可法》对受理作出了严格规定。

（一）符合形式要件即应当受理

《行政许可法》规定，申请事项属于本行政机关职权范围，申请材料齐全、符合法定形式的，应当受理。申请人提交申请后，在受理环节，行政机关仅只是对申请材料进行形式审查，不对申请材料的内容进行实质性审查，即，仅对申请事项是否属于本机关职责、材料是否齐全、形式是否符合法定要求进行审核。对申请材料的实质审查必须在受理后，通过严格的审查程序进行。

（二）时限法定

《行政许可法》对行政机关的申请处理时间作出了详细规定，原则上，应当在受到时当场即作出是否受理的决定，最长不得超过五个工作日。

申请事项依法不需要取得行政许可的，应当即时告知申请人不受理；不属于本行政机关职权范围的，应当即时作出不予受理的决定，并告知申请人向有关行政机关申请。

申请材料存在错误，可以当场更正的，应当允许申请人当场更正，更正后符合要求即应当受理。

申请材料不齐全或者不符合法定形式的，应当当场或者在五个工作日内一次告知申请人需要补正的全部内容，否则，收到申请材料之日起即为受理。申请人按照要求提交全部补正申请材料的，应当立即受理。

（三）形式法定

行政机关受理或者不予受理行政许可申请，均应当出具书面凭证，且需要加盖本行政机关专用印章和注明日期。

三、审查

行政机关受理行政许可申请后，即进入审查环节。审查，就是对申请人提交的材料进行审核，以决定申请人是否符合法定的许可条件和标准的过程。审查分为形式审查和实质审查。形式审查仅对申请材料是否齐全、是否符合法定形式等形式要件进行审查。实质审查除对申请材料进行形式审查外，还要对申请材料的真实性、有效性和材料的实质内容是否符合要求进行审查。形式审查一般限于登记类事项，药品领域的审查，均为实质审查。审查通常包括以下几个方面的工作。

（一）资料审查

实质审查，首先就是对资料的实质审查，以判断申请材料是否足以证明申请人符合法定的许可条件。对于需要详细技术审评或者现场检查的，通常首先是对申请材料进行初步的实质审查。初步的实质审查是通过对申请材料内容的初步查阅，以判断申请人提交的资料是否能初步证明其符合法定的基本条件，具备实质审查和检验检验的基础，通常是产品注册等需要对申请进行详细技术审评的行政许可事项。如，在药品注册审评中，审评机构接到申请材料后，进行初步审查，以决定直接不予批准还是进入下一步的详细技术审评。对于药品生产经营许可，通常是受理后便直接进入对资料的详细实质审查。

《行政许可法》规定，依法应当先经下级行政机关审查后报上级行政机关决定的行政许可，下级行政机关应当在法定期限内将初步审查意见和全部申请材料直接报送上级行政机关。随着行政审批制度改革的深入推进、监管事权的科学划分和药品注册的集中受理，这类初审与最终审查拆分的情况已较为少见。

（二）现场核查

也叫实地核查或者现场检查。《行政许可法》规定，根据法定条件和程序，需要对申请材料的实质内容进行核实的，行政机关应当指派两名以上工作人员进行核查。现场核查就是通过工作人员对行政许可申请涉及生产经营或者产品研制的实际场所进行检查，对照申请资料核实实际生产经营场所或者生产经营行为、研制行为是否符合法定要求、是否与申请资料内容一致。行政许可事项对申请人有着一定技术要求或者场所和设备要求的，在实质审查时通常需要开展现场核查。药品领域，通常的许可事项均需要开展现场核查。值得注意的是，现场核查严格意义上仍属于行政执法检查，但是，根据《行政许可法》的规定，应由行政机关指派的工作人员具体实施。实施现场核查的工作人员并不一定是行政执法人员，可以是具有相应资格的从事检查的工作人员。

（三）样品检验

在产品注册或者核准时，审查阶段通常需要申请人提交样品，已证明申请人具有研制或者生产、经营、使用符合法定要求的产品的能力。行政机关需要对申请人提交的样品进行检验，已验证申请人的能力。根据《行政许可法》的规定，对样品检验的时间不计入许可期限中。随着市场机制的不断健全和简政放权工作的深入推进，样品检验工作越来越多交由申请人自己或者社会第三方来实施，行政机关不再投入行政资源对申请人提交的样品进行检验。对样品的检验结果更多的是作为申请资料的一部分，在申请时提交行政机关。

（四）听取陈述申辩和听证

行政许可申请虽然是依申请行为，但并不意味着仅在申请人和行政机关双方之前发生关系。为确保行政许可的公平公正，防止对第三人造成损害，《行政许可法》规定，行政机关对行政许可申请进行审查时，发现行政许可事项直接关系他人重大利益的，应当告知该利害关系人，申请人、利害关系人有权进行陈述和申辩。其中，行政许可直接涉及申请人与他人之间重大利益关系的，行政机关在作出行政许可决定前，应当告知申请人、利害关系人享有要求听证的权利。行政机关应当听取申请人、利害关系人的意见；

申请人、利害关系人在被告知听证权利后依法提出听证申请的，行政机关应当组织听证。

为维护公共利益，对于法律、法规、规章规定实施行政许可应当听证的事项，或者行政机关认为需要听证的其他涉及公共利益的重大行政许可事项，行政机关应当向社会公告，并举行听证。听证的基本程序包括：行政机关于举行听证的七日前将举行听证的时间、地点通知申请人、利害关系人，必要时予以公告；听证公开举行；行政机关指定审查该行政许可申请的工作人员以外的人员为听证主持人，申请人、利害关系人认为主持人与该行政许可事项有直接利害关系的，有权申请回避；举行听证时，审查该行政许可申请的工作人员应当提供审查意见的证据、理由，申请人、利害关系人可以提出证据，并进行申辩和质证；制作听证笔录，交听证参加人确认无误后签字或者盖章。行政机关应当根据听证笔录，作出行政许可决定。

听取申请或者利害关系人陈述申辩与依申请听证均为保障当事人知情权和申辩权的行为，但也有区别。听取陈述申辩时间比较灵活，方式也比较随意，程序比较简单，陈述申辩意见的拘束力较弱。听证则是在形成审查意见、作出行政许可决定前，有着严格的程序和方式要求，听证笔录对行政许可决定具有拘束力。

四、决定

决定，即行政机关根据实质审查结果，作出准予或者不准予许可的决定。《行政许可法》对决定有着严格的时限和形式要求，行政机关必须在规定期限内作出书面决定。

申请人提交的申请材料齐全、符合法定形式，行政机关能够当场作出决定的，应当当场作出书面的行政许可决定；不能当场作出决定的，应当在法定期限内作出行政许可决定。《行政许可法》规定，行政机关应当自受理行政许可申请之日起二十日内作出行政许可决定。二十日内不能作出决定的，经本行政机关负责人批准，可以延长十日，并应当将延长期限的理由告知申请人。但是，法律、法规对行政许可的期限另有规定的除外。药品领域，相应的法律法规均对行政许可期限作出了相应的规定。

申请人的申请符合法定条件、标准的，行政机关应当依法作出准予行政许可的书面决定。

行政机关依法作出不予行政许可的书面决定的，应当说明理由，并告知申请人享有依法申请行政复议或者提起行政诉讼的权利。

行政机关作出的准予行政许可决定，应当予以公开，公众有权查阅。当然，涉及国家秘密、商业秘密、个人隐私的内容不得公开。

五、送达

行政机关决定准予行政许可的，需要向申请人出具相应的代表公权力认可的证明，通常是许可证件。《行政许可法》规定，行政机关准予行政许可的决定，应当依法向申请人颁发相应的许可证件或者相应证明；需要颁发行政许可证件的，行政许可证件应当加盖本行政机关印章。行政机关实施检验、检测、检疫的，可以在检验、检测、检疫合格的设备、设施、产品、物品上加贴标签或者加盖检验、检测、检疫印章，已证明申请人获得相应的行政许可。

行政机关作出准予行政许可的决定，应当自作出决定之日起十日内向申请人颁发、送达行政许可证件，或者加贴标签、加盖检验、检测、检疫印章。

行政许可证件的送达方式，依据《民事诉讼法》的规定执行，包括直接送达、留置送达、委托送达、邮寄送达、公告送达等。

第五节　行政许可法律责任

问题

某医疗器械企业向国家药品监督管理局申请进口医疗器械注册，为使产品获得注册，企业伪造产品境外已经上市的证明。国家药品监督管理局审评人员在审查中发现该上市证明不真实，继续进行审评并建议批准注册。国家药品监督管理局依据技术审评结论批准了该产品的注册。请问：该产品注册证是否有效？申请人应当承担什么责任？相关审评工作人员是否违反法律规定？如果是，应当承担怎样的责任？

一、行政许可法律责任的分类

法律责任，是指行为人违反法定义务或者约定义务应当承担的法律后果，一般分为民事责任、行政责任、刑事责任。民事责任发生在平等主体之间；刑事责任是对严重违法行为给予的比较严厉的惩治，通常涉及限制当事人人身自由。行政许可领域，行政许可法律责任包括行政责任和刑事责任，主要是行政责任。根据《行政许可法》的规定，按照违法行为主体的不同，行政许可法律责任可以分为违法设定行政许可的法律责任、违法实施行政许可的法律责任以及违法申请行政许可和不履行法定义务的法律责任。

在责任形式上，行政许可法律责任包括不予受理、不予许可、改正、撤销、行政处分、行政处罚、行政补偿、行政赔偿、刑事责任等。

值得注意的是，根据《行政许可法》的规定，出现特定事件时，虽然行政机关并没有实施违法行为，但也应承担相应的责任。《行政许可法》第八条规定，行政许可所依据的法律、法规、规章修改或者废止，或者准予行政许可所依据的客观情况发生重大变化的，为了公共利益的需要，行政机关可以依法变更或者撤回已经生效的行政许可。由此给公民、法人或者其他组织造成财产损失的，行政机关应当依法给予补偿。也就是说，此种情况下的责任形式是行政补偿。

二、行政机关及其工作人员的法律责任

行政机关及其工作人员的法律责任包括违法设定行政许可的法律责任和违法实施行政许可的法律责任。

（一）违法设定行政许可的法律责任

违法设定行政许可的法律责任，是指行政机关违反法律规定设置行政许可应当承担的法律责任。《行政许可法》规定，只有法律、法规方可依法设定行政许可，省级政府规章只能设定临时性行政许可，其他规范性文件一律不得设定行政许可。行政机关违反规定，通过规范性文件设定行政许可的，由有关机关责令该行政机关改正或者依法予以撤销。有关行政机关通常为该行政机关的上一级机关或者所属的人民政府。违法设定行政许可的，主体只能是行政机关，责任形式是改正或者被撤销。

如果法规、规章违反规定设定行政许可，通常是通过立法监督的形式，由立法机关或者国务院责令修改相关法规和规章，并不通过追究行政法律责任的方式来解决。

（二）违法实施行政许可的法律责任

违法实施行政许可的法律责任，是指实施行政许可的行政机关及其工作人员违反法律规定，不按照规定程序和条件、标准审查当事人行政许可申请或者作出行政许可决定应当承担的法律责任。违法实施行政许可法律责任的主体包括实施机关及其工作人员。违法实施行政许可的行为主要包括：违反法定程序、违反法定职权、不履行法定监管职责、违反廉洁规定和财政纪律等。行政机关违法实施行政许可，给当事人的合法权益造成损害的，应当依照国家赔偿法的规定给予赔偿。违法实施行政许可的责任形式包括改正、撤销、行政处分、行政赔偿、刑事责任等。

（1）违反法定程序。包括：对符合法定条件的行政许可申请不予受理的；不在办公场所公示依法应当公示的材料的；在受理、审查、决定行政许可过程中，未向申请人、利害关系人履行法定告知义务的；申请人提交的申请材料不齐全、不符合法定形式，不一次告知申请人必须补正的全部内容的；未依法说明不受理行政许可申请或者不予行政许可的理由的；依法应当举行听证而不举行听证的。出现上述程序违法行为的，对行政机关及其工作人员，由其上级行政机关或者监察机关责令改正；情节严重的，对直接负责的主管人员和其他直接责任人员依法给予行政处分。此外，对依法应当根据招标、拍卖结果或者考试成绩择优作出准予行政许可决定，未经招标、拍卖或者考试，或者不根据招标、拍卖结果或者考试成绩择优作出准予行政许可决定的行政机关，由其上级行政机关或者监察机关责令改正，对直接负责的主管人员和其他直接责任人员依法给予行政处分；构成犯罪的，依法追究刑事责任。

对行政机关违反法定程序作出行政许可决定的，除可能对公共利益造成重大损害外，作出行政许可决定的行政机关或者其上级行政机关，根据利害关系人的请求或者依据职权，可以撤销该行政许可。被许可人的合法权益因此受到损害的，行政机关应当依法给予赔偿。

（2）违反法定职权。对不符合法定条件的申请人准予行政许可或者超越法定职权作出准予行政许可决定，对符合法定条件的申请人不予行政许可或者不在法定期限内作出准予行政许可决定的，对该行政机关，由其上级行政机关或者监察机关责令改正，对直接负责的主管人员和其他直接责任人员依法给予行政处分；构成犯罪的，依法追究刑事责任。

行政机关工作人员滥用职权、玩忽职守作出准予行政许可决定；超越法定职权作出准予行政许可决定；或者对不具备申请资格或者不符合法定条件的申请人准予行政许可的，除可能对公共利益造成重大损害外，作出行政许可决定的行政机关或者其上级行政机关，根据利害关系人的请求或者依据职权，可以撤销该行政许可。被许可人的合法权益因此受到损害的，行政机关应当依法给予赔偿。

（3）不履行法定监管职责。行政机关不依法履行监督职责或者监督不力，造成严重后果的，由其上级行政机关或者监察机关责令改正，对直接负责的主管人员和其他直接责任人员依法给予行政处分；构成犯罪的，依法追究刑事责任。

（4）违反廉洁财政纪律。行政机关工作人员办理行政许可、实施监督检查，索取或者收受他人财物或者谋取其他利益，构成犯罪的，依法追究刑事责任；尚不构成犯罪的，依法给予行政处分。

行政机关实施行政许可，擅自收费或者不按照法定项目和标准收费的，由其上级行政机关或者监察机关责令退还非法收取的费用；对直接负责的主管人员和其他直接责任人员依法给予行政处分。截留、挪用、私分或者变相私分实施行政许可依法收取的费用的，予以追缴；对直接负责的主管人员和其他直接责任人员依法给予行政处分；构成犯罪的，依法追究刑事责任。

三、行政相对人的法律责任

行政相对人的法律责任包括违法申请行政许可和不履行法定义务的法律责任。违法申请行政许可法律责任，是指申请人弄虚作假，违法提出行政许可申请应当承担的法律责任。不履行法定义务法律责任，是指行政许可申请人获得行政许可后，不按规定履行法定义务应当承担的法律责任。责任形式包括改正、撤销、行政处罚、刑事处罚等。

（一）申请材料造假等行政许可申请行为违法

虽然行政机关对申请人提交的资料负有审查职责，但是，申请人提出行政许可申请，是行政许可的基础，提交真实的材料是申请人一项基本的义务。申请时提交虚假材料，是一项严重的欺骗行为，也是对政府公权力的严重挑战，其性质甚至比未经许可擅自从事相关活动更为严重。因此，各国法律均对这种欺骗行为规定了严厉的处罚。对利用虚假材料骗取的行政许可，行政机关应当依法撤销，被撤销的行政许可视为自始无效，当事人利用骗取的行政许可从事的活动视为未取得行政许可擅自从事相关活动。

《行政许可法》规定，行政许可申请人隐瞒有关情况或者提供虚假材料申请行政许可的，行政机关不予受理或者不予行政许可，并给予警告；对于药品领域的行政许可，申请人在一年内不得再次申请该行政许可。被许可人以欺骗、贿赂等不正当手段取得行政许可的，行政机关应当依法给予行政处罚；对于药品领域的行政许可，申请人在三年内不得再次申请该行政许可；构成犯罪的，依法追究刑事责任。

被许可人以欺骗、贿赂等不正当手段取得行政许可的，除可能对公共利益造成重大损害外，应当予以撤销。此时，被许可人基于行政许可取得的利益不受保护，也就是说，不予行政赔偿或者行政补偿。

对于当事人利用欺骗、贿赂手段取得行政许可，被依法撤销的，除对骗取或者贿赂行为本身依照《行政许可法》以及相关法律法规的规定予以处罚外，对于当事人利用这种骗取或者贿赂取得的行政许可从事的活动，还可以按照相关法律法规规定的未经许可擅自活动依法予以处罚。2017年8月，最高人民法院和最高人民检察院印发《关于办理药品、医疗器械注册申请材料造假刑事案件适用法律若干问题的解释》，进一步明确了药品、医疗器械注册申请中材料造假行为的刑事处罚，对情节严重的申请单位、材料产生和提供单位以及这些单位的工作人员，可以以提供虚假证明文件罪定罪处罚；药品注册申请单位及其工作人员故意使用虚假材料骗取药品批准证明文件生产、销售药品的，以生产、销售假药罪定罪处罚。

（二）不履行获得许可后应当履行的法定义务

存在涂改、倒卖、出租、出借行政许可证件，或者以其他形式非法转让行政许可；超越行政许可范围进行活动；向负责监督检查的行政机关隐瞒有关情况、提供虚假材料或者拒绝提供反映其活动情况的真实材料；以及违反法律、法规、规章规定的其他违法行为的，行政机关应当依法给予行政处罚；构成犯罪的，依法追究刑事责任。

被许可人应当依法履行获得许可后应当履行的义务，对不按照规定履行相关义务的，如未依法履行开发利用自然资源义务或者未依法履行利用公共资源义务的，取得直接关系公共利益的特定行业的市场准入行政许可后不按规定履行普遍服务义务的，行政机关应当责令改正，依法予以处理。

案例分析

案例：某国外医疗器械企业向原国家食品药品监督管理局申请进口医疗器械注册，2012年获得注册。2015年，有举报称该企业注册时提交的申报资料中，境外上市证明文件系伪造。经原国家食品药品监督管理总局与美国FDA核实，该证明文件确属伪造。2017年，原总局撤销该产品的注册证。

该案件事实比较简单，与FDA确认后认定境外上市证明文件系伪造的证据确凿。争议焦点在于，一是原总局撤销该产品注册证是依据《行政许可法》中的行政许可监督程序，还是依据对违法行为的行政处罚程序；二是该注册证被撤销，是否已经进口的产品均为未经批准产品。

分析：提供虚假材料欺骗行政机关，已经取得注册证的，既可以根据《行政许可法》第六十六条撤销注册证，也可以根据《医疗器械监督管理条例》（2000年版条例第四十条、现行条例第六十四条）撤销注册证。前者属于行政许可的监督程序，没有追溯时效；后者属于行政处罚，需遵循《行政处罚法》的规定，包括追溯时效、撤证程序等，并涉及新旧条例适用问题。

被撤销的注册证自始无效，产品注册人需承担相应责任。对于并不知晓申请人提交了虚假资料的产品销售商，在产品注册证被撤销前已经完成的销售行为，并不属于销售无证产品。如注册证被撤销后仍销售，则属于销售无证产品违法行为。

思考题

1. 简述行政许可的基本程序和时限要求。

2. 行政许可效力终止的具体情形有哪些？

3. 撤销行政许可与吊销行政许可、注销行政许可的区别是什么？

4. 根据《行政许可法》规定第六十九条撤销药品批准证明文件与根据《药品管理法》第八十三条撤销药品注册证书，在性质和后果上是否有区别？如有，有何区别？

5. 哪些行政许可中的违法行为应当限制相对人一定期限内再次申请行政许可？限制申请的期限从何时起算？

（刘继红）

第九章　行政检查

学习导航

1. 掌握行政检查的概念及类型、稽查与日常监管的区别。
2. 熟悉行政检查与其他概念的区别。
3. 了解行政检查的程序。

中共中央办公厅、国务院办公厅印发《关于深化审评审批制度改革鼓励药品医疗器械创新的意见》明确提出落实全过程检查责任；建设职业化检查员队伍；加强国际合作，推动逐步实现审评、检查、检验标准和结果国际共享。

行政检查属于具体行政行为，必须依照法定程序进行，遵循程序法定、公开、公正和效率原则。

第一节　行政检查的涵义

问题

什么是行政检查？与行政执法是什么关系？与行政调查有何差别和联系？

一、行政检查的概念辨析

（一）行政检查基本概念

行政检查，又称行政监督检查，是指行政主体为实施行政管理职能，对相对人是否遵守法律法规和是否履行行政法义务的情况进行强制直接了解，并作出法律结论的行政行为。

行政检查的主体是行政主体，即享有某项行政检查权的国家行政机关，也可以是法律法规授权的组织。行政检查的对象一定是行政相对人。行政检查是一种职权行为，行政主体进行行政检查必须具有法定的行政职权。行政检查具有主动性、单方性、命令性、强制性的特点。

行政检查影响相对人的权益，行政主体对相对人的人身、行为、物品、场所、记录进行直接、强制性检查，但并不必然引起行政许可、行政处罚或行政处分的作出。有些情况下，如果经过检查，未发现相对人违法或不履行行政法义务，检查就此结束。行政检查有时也被叫作“行政监督检查”。

行政检查行为的实施是为了了解、检查、监督公民、法人或者其他组织对法律、法规、规章及有关行政命令、行政处理决定等的遵守和执行情况。

作为重要的行政管理方式之一，行政检查目前正被用于我国行政管理的各个领域。作为行政机关获取信息、取得证据并据此作出行政决定的基本手段，行政检查已成为行政机关使用最广泛最频繁的行为之一，可以说，没有行政检查，行政机关就无法履行行政职能。

知识链接

食品监督检查

《食品安全法》规定县级以上人民政府市场监督管理部门履行各自食品安全监督管理职责，有权采取下列措施，对生产经营者遵守本法的情况进行监督检查：

（一）进入生产经营场所实施现场检查；

（二）对生产经营的食品、食品添加剂、食品相关产品进行抽样检验；

（三）查阅、复制有关合同、票据、账簿以及其他有关资料；

（四）查封、扣押有证据证明不符合食品安全标准或者有证据证明存在安全隐患以及用于违法生产经营的食品、食品添加剂、食品相关产品；

（五）查封违法从事生产经营活动的场所。

（二）行政检查与其他概念辨析

行政检查与行政执法、行政司法、行政监督、行政调查、行政核查、行政稽查、行政督查等概念很容易混淆。

1. 行政执法 是指行政主体在行政管理职权的过程中，依照依照法定权限和程序，贯彻实施法律的活动。这里的行政主体包括国家行政机关、法律法规授权的组织和行政机关委托的组织及其公职人员。行政执法遵循一般的法律程序，主要规定在行政程序法和相关法律文件中。

知识链接

法律法规授权的组织和委托的组织

国家行政权主要由国家行政机关行使，但随着国家行政管理多样化、复杂化、专业化以及技术化，国家通过法律法规将某项、某一方面行政职权的部分或全部，通过法定方式授予行政机关以外的组织行使。授权的条件是：第一，该组织与所授权行使的行政职能无利害关系；第二，具备相应的人员、设备和条件；第三，具备与特别行政职能相适应的特别条件。主要授权对象包括行政机构的内设机构、公务组织、社会团体、事业单位和企业等。

行政机关委托的组织是指受行政执法主体的委托，按照委托范围，以委托行政执法主体名义行使被委托的一定行政职能的组织。受委托的组织无行政执法主体资格。

2. 行政司法 是行政机关作为争议之外的第三方，按照准司法程序审理特定的行政纠纷或民事争议案件并作出裁决的活动。行政司法是一种准司法程序，具有司法程序的某些形式，如申请、答辩、听证、对质和辩论等，并使用司法程序的某些原则，但并不是完全的司法程序。

与行政执法中行政主体与行政相对人双方法律关系不同，行政司法中行政机关与被裁决者之间的关系是一种三方关系。例如，专利无效程序是基于无效请求人的请求而启动的准司法程序，属于双方程序，专利复审委员会应居中裁判，否则会破坏无效程序的价值。

3. 行政监督 可以分为外部监督和内部监督。外部监督又可分为国家监督和社会监督，国家监督是指有权的国家机关对行政主体及其工作人员行政权力、履行行政职责所进行的具有直接法律效力的监察督促，包括权力机关的监督（人大及其常委会）、司法机关的监督（人民法院、人民检察院）和行政机关的监督（行政监察机关、审计机关）三种形式。内部监督是指基于行政隶属关系和行政管理权限，上级行政机关对下级行政机关、行政机关对其内部的工作人员行使行政权力、履行行政职责所作的监督。

4. 行政调查 是指行政机关为达成某一特定的行政目的所为之收集资料的活动。行政调查在制定法上用语极为多样化，有调查、勘察、稽查、检查、查核、检验、询问、访视、普查、察查、稽核、审核、查验等。这些用语虽然与收集资料活动有关，但出现在行政程序过程中的先后与调查目的却不尽相同，有关调查对象、手段、程序、调查资料的处理、权力界限与法律救济也有差别。因此，行政调查的涵义又可以从不同层次上界定。最广义上的行政调查，泛指行政机关的一切收集资料的活动。这一意义上的行政调查又可以分为两个部分：一是行政主体对外部行政相对人实施的“外部的收集资料活动”；二是行政主体内部调查机关向其他机关调阅资料或者上级对下级实施的业务检查所为的“内部作业查核活动”。

行政调查与行政检查在一些行政法律规范中经常同时出现，如《行政处罚法》第三十六条规定，除本法第三十三条规定的可以当场作出的行政处罚外，行政机关发现公民、法人或者其他组织有依法应当给予行政处罚的行为的，必须全面、客观、公正地调查，收集有关证据;必要时，依照法律、法规的规定，可以进行检查。第三十七条规定，行政机关在调查或者进行检查时，执法人员不得少于两人，并应当向当事人或者有关人员出示证件。当事人或者有关人员应当如实回答询问，并协助调查或者检查，不得阻挠。询问或者检查应当制作笔录。

从词源上看，调查是“为了了解情况进行考察”；检查是“为了发现问题而用心查看”。行政检查与行政调查常常互为表里，不可分割，行政检查可作为行政调查的方法和手段。行政检查不能取代行政调查，二者具有独立存在的价值和意义（表9-1）。

表9-1 行政检查与行政调查

	行政检查	行政调查
目的	侧重行政相对人是否遵守法律和执行行政决定的监督	侧重信息搜集
授权	须经法律法规特别授权	有管理权就有调查权
对象	直接针对相对人的人身、行为、物品、场所	可以间接影响相对人

5. 行政稽查 是指针对有线索的案件依法进行立案查处。行政稽查是有案件线索的调查，其主要目的是案件查处。立案案件的来源主要包括监督检查发现、投诉举报、上级交办等。如国家药品监督管理局稽查局负责组织拟订药品稽查工作制度并监督实施。协调指导药品安全投诉举报工作。建立健全药品监督管理行政执法与刑事司法衔接制度。组织查处重大药品安全违法案件，组织开展相关的执法检验。承担打击生产销售假药部际协调联席会议办公室日常工作。承担打击侵犯知识产权和假冒伪劣商品相关工作等。

实务中，将食品稽查视为一项独立的办案职能形成了“督办分离”的模式，并通过内设稽查局或者受委托的稽查大队为办案提供组织保障。而将办案与相关食品监管业务职能相整合则形成了“全员办案”的模式。

6. 行政核查 是基于行政相对人承诺和承担责任履行情况的核实和调查。核查是检查的一种类型，更偏重于技术层面的内容，例如，临床试验核查发现申请人、药物临床试验机构、合同研究组织的直接责任人和主要研究者有数据造假行为的，由国家药品监督管理局依法按以下原则处理，涉嫌犯罪的，移交司法机关处理。

知识链接

申请人、药物临床试验机构和合同研究组织的责任

申请人是药品注册的申请者和权利人，必须保证注册申请中临床试验数据的真实、完整和规范，监督临床试验项目的实施，对所报申请资料及相关试验数据可靠性承担法律责任。

研究者受申请人委托具体实施临床试验项目，必须保证试验行为符合GCP规定，保证试验数据真实、完整、规范及可溯源，对临床试验数据真实性、完整性、规范性承担直接法律责任。临床试验机构是药物临床试验项目直接管理者，对临床试验数据的真实性、完整性和规范性负有管理监督责任。

临床试验合同研究组织受申请人委托，承担临床试验相关工作，对临床试验数据真实性、完整性、规范性承担法律及合同约定的责任；对其出具的相关报告和数据承担直接法律责任。

二、行政检查的性质

（一）行政检查是具体行政行为的一种

行为的职权性（职责性）及对相对人权益构成影响，是所有行政行为的共同属性。行政检查与其他行政行为不同，监督检查为相对人设定的义务是程序性的协助义务，对相对人实体权利的处置不能采用行政监督检查行为进行；行政监督检查之后，对发现问题所作的处理，已不是行政监督检查行为本身。

（二）部分行政检查是中间行政行为，有些独立

所谓中间行政行为，也称附属性行政行为，辅助性行政行为，是指行政主体对某一事件尚未最终处理完毕时所实施的各种行政行为。行政检查是行政机关作出行政许可、行政处罚等行政处理决定的先期行为，即是行政许可、行政处罚等行政行为程序的一个部分。如《药品管理法》第九十九条规定，药品监督管理部门应当依照法律、法规的规定对药品研制、生产、经营和药品使用单位使用药品等活动进行监督检查，必要时可以对为药品研制、生产、经营、使用提供产品或者服务的单位和个人进行延伸检查，有关单位和个人应当予以配合，不得拒绝和隐瞒。药品监督管理部门应当对高风险的药品实施重点监督检查。对有证据证明可能存在安全隐患的，药品监督管理部门根据监督检查情况，应当采取告诫、约谈、限期整改以及暂停生产、销售、使用、进口等措施，并及时公布检查处理结果。药品监督管理部门进行监督检查时，应当出示证明文件，对监督检查中知悉的商业秘密应当保密。

有些情况下，行政主体可依据法律的规定直接启动行政检查，它的启动、过程、结束不需依托其他的行政行为。

（三）行政检查不以处罚为目的，不必然引起行政处罚行为

我国现行的规范性文件设定行政检查权有三种情形：一是只设定行政管理权；二是既设定行政管理权，又设定行政检查权或监督管理权；三是只设定行政处罚权。通常而言，具有行政处理权的行政机关都应当具有相应的检查权，行政检查过程中可能对公民、法人、其他组织的利益发生侵害，因此，对行政检查的对象、程序和手段应当进行比较明确的规定。

行政检查不以行政处罚为目的，也不必然引起行政处罚。行政检查手段多样，必须有法律的明确授权才能进行相应的检查活动。

第二节　行政检查基本原则与主要制度

? 问题

行政检查应遵循的基本原则是什么？行政检查过程中要遵循什么样的程序？行政检查应遵循哪些基本原则？

行政检查是一项具体行政行为，应遵循行政程序，即要遵循一定的方式、步骤、实现和程序。行政检查应遵循行政程序的基本原则和主要制度。

一、行政检查的基本原则

（一）依法检查原则

依法检查原则要求行政主体无论是依职权检查，还是依申请检查，都必须依法进行，具体包括权限合法、方法合法、程序合法。行政机关必须在法律授权的范围内，并采用法律明确赋予的方法进行检查，不得简单地以行政需要为名对行政相对人进行检查。同时，检查必须依据法定程序进行。具体来讲，作为行政检查首要原则的依法检查原则主要包括以下内容。

（1）行政检查主体法定。依法检查原则的核心是由法定的行政主体行使相应的行政检查权。

（2）行政主体只能在其法定职权范围内行使相应的行政检查权。行政调查主体以一定的方式取得行政调查权，包括行政检查的事项、行政检查的方法和手段、行政检查的地域等都不能越权。

（3）行政调查主体必须严格依照法定程序进行行政检查。行政检查作为一种能够影响当事人合法权益的行政行为，必须严格依照法定的程序进行。

（二）全面搜集证据原则

行政检查在绝大多数情况下是行政主体依职权的行为，所以行政主体在进行行政检查时，对证据的收集以及对检查的范围、种类、手段和方法等，一般是依职权确定的。必须注意的是，全面收集证据原则不仅要求行政主体积极主动地调查、检查收集证据，以及要求行政主体依法接受当事人主动提供的证据，并应当事人的请求检查有关证据，而且要求行政主体全面收集对当事人有利和不利的证据。《行政处罚法》第36条规定：“除本法第三十三条规定的可以当场作出的行政处罚外，行政机关发现公民、法人或者其他组织有依法应当给予行政处罚的行为的，必须全面、客观、公正地调查，收集有关证据；必要时，依照法律、法规的规定，可以进行检查。”

（三）公开、公正、平等原则

行政检查遵守公开、公正、平等原则，是指行政主体在实施行政检查时要公正、平等地对待所有被检查的相对人。公开是公正的前提，行政检查中的信息公开，包括检查主体的职权依据、检查收集到的重要信息、检查的结论。相对人在检查程序中拥有的程序权利以及事后的救济权利及其途径。在行政检查程序中，行政主体与行政相对人在法律地位上是平等的。行政主体有权依法进行行政检查，与此相对应的是，行政相对人也有权对于与行政检查有关的事项提出自己的意见和看法。行政主体应该尊重并听取行政相对人的合理意见，使双方能够在同一行政行为程序中实现交流与沟通。

（四）效率原则

效率是指为了保证行政活动的高效率，行政程序的各个环节应当有时间上的限制。行政稽查应建立格式化行政程序制度，即行政行为应当标准化、规范化，尤其是各种法律文书如记录、告知书等应依法律作出统一的格式规定，这不仅保证行政相对人享有法律上的平等权，也是提高行政效率的重要制度。行政检查效率原则是行政程序的一般基本原则，其基本内涵是：在保障行政相对人基本人权和公平行政的前提下应尽可能提高行政检查效率。

二、行政检查的主要程序制度

（一）表明身份

表明身份是指行政检查人员在进行检查或作出行政处理行为时，应当向相对人出示履行职权的证明，表明其有权从事该项活动。《药品管理法》规定，药品监督管理部门进行监督检查时，必须出示证明文件，对监督检查中知悉的被检查人的技术秘密和业务秘密应当保密。

表明身份是在行政检查开始之始向相对人出示证件，对于检查人员不表明身份的，相对人有权拒绝其任何要求。表明身份制度不仅有利于防止假冒、诈骗活动，更有利于防止执行公务人员滥用职权、超越职权。

（二）告知

告知是指行政主体在实施行政检查活动时，将应该让相对人了解的事项及有关权利等，通过合理的途径予以告知的一种制度。告知不同于预先通知，告知可以在检查开始前现场告知。告知的内容包括两个方面：①依法开展检查的依据，检查的内容、地点、对象、时间、要求等；②告知对方享有的权利和配合义务。

飞行检查，简称飞检，是跟踪检查的一种形式，指事先不通知被检查单位实施的现场检查。飞行检查是国际上产品质量管理规范实施情况的最常用的一种跟踪检查方法，也是提高工厂检查有效性的重要手段。飞行检查有利于监管部门掌握药品生产企业药品生产的真实状况，克服药品检查过程中存在的形式主义和检查走过场的不足，对药品检查也起到了监督促进作用。飞行检查并不违反告知制度，仍然需要在检查之始进行告知。

（三）检查实施

检查实施制度是指行政主体进行的检查计划、实施检查、场所、对象、时间，收集证据等活动的程序制度。检查的措施主要有检查、询问当事人或者证人，现场勘验以及对专门问题进行鉴定等。

（四）收集信息

收集信息是行政检查的重要一环，是行政主体依照法律法规规定的方式，采用调取文件记录、实地检查、与相对人询问等方式了解事实、提取证据信息的行政活动。除法律法规规定外，对有关实物、场所实施检查时，应当通知当事人到场，同时邀请有关人员在场作证，进行公开检查。当事人无正当理由拒不到场的，不影响检查的进行。实施行政检查的行政主体应为行政相对人保守技术秘密和商业秘密。

（五）检查完成

1. 作出检查结论 行政主体在完成行政检查后，要根据所收集到的信息资料作出一定的结论。检查结论应以书面形式作出，应有检查人员签字，并由行政机关归档。《行政许可法》第61条规定，行政机关依法对被许可人从事行政许可事项的活动进行监督检查时，应当将监督检查的情况和处理结果予以记录，由监督检查人员签字后归档。公众有权查阅行政机关监督检查记录。行政机关应当创造条件，实现与被许可人、其他有关行政机关的计算机档案系统互联，核查被许可人从事行政许可事项活动情况。

2. 事后告知 是检查完毕后，行政主体基于法律义务将相关事项告知相对人的活动，从而增强行政行为的可接受性，并能相应的维护相对人的权益。具体包括：告知检查结果和告知相关权利。

行政检查结束后，行政主体应在法定期限内将检查结果告知相对人，以便相对人根据检查结果采取改进行为方式，更好地遵循法律法规、处理决定等。如果不服检查结果，或者对不利于自己的检查结果及时提出异议或申辩，依法保护自身合法权益不受侵犯。告知形式以书面为主，不一定公开。

告知的权利包括陈述权、申辩权、反驳权；检查缺漏和错误的修正权；法定期限内请求救济的权利等。

3. 信息公开 《中华人民共和国政府信息公开条例》（国务院令第492号）规定，行政机关对符合下列基本要求之一的政府信息应当主动公开：①涉及公民、法人或者其他组织切身利益的；②需要社会公众广泛知晓或者参与的；③反映本行政机关机构设置、职能、办事程序等情况的；④其他依照法律、法规和国家有关规定应当主动公开的。县级以上各级人民政府及其部门应当依照规定，在各自职责范围内确定主动公开的政府信息的具体内容，并重点公开下列政府信息：……环境保护、公共卫生、安全生产、药品、产品质量的监督检查情况。

《药品检查办法》（征求意见稿）中规定，药品监督管理部门应当定期将药品检查结果在政务网站予以公开。对检查发现的违法违规行为应当及时公开。

（六）行政检查救济

行政检查同其他行政行为一样，在实施过程中，由于主观和客观原因，不可避免地存在不同程度的影响，干涉或损害行政相对人的合法权益。如公民、法人的合法权利因行政权力不法行使受到损害时，必须得到救济，有损害就有赔偿。从行政法的角度讲，对行政检查侵害公民权益的救济应主要包括行政复议救济和行政诉讼救济。

第三节　药品行政检查的类型及主要内容

? 问题

药品检查分哪些类型？哪些检查具有独立性？哪些检查属于行政许可的一个步骤？

一、行政检查的类型

（一）按照检查的环节划分

我国的药品行政执法检查主要涉及药品全生命周期的检查，包括批准前检查、上市后监督检查。批准前检查即药品在注册审评前，药品监督管理部门对所受理药品注册申请的研制情况、临床试验开展情况，样品生产过程进行实地确证，对研制原始记录进行审查，确认申报资料真实性、准确性和完整性的过程。2008年5月23日，原国家食品药品监督管理局发布《药品注册现场核查管理规定》对药品注册前现场核查作出了明确的要求。

《药品生产监管办法》（2020年修订）规定监督检查包括许可检查、常规检查、有因检查和其他检查。

（二）按照检查的区域划分

药品检查按照区域划分，可以分为境内检查和境外检查。境内检查是针对境内针对各类主体开展的研制、生产、经营等活动的检查，目前，相关法律法规的依据比较具体。

境外检查是针对境外研制、生产等行政主体的检查。国家药品监督管理局2018年12月28日发布《药品医疗器械境外检查管理规定》，境外检查是针对已在中华人民共和国境内上市或者拟在境内上市的药品和医疗器械；境外检查不限于生产现场检查，而延展为境外研发及生产场地检查。检查任务的形成，是考虑药品医疗器械的注册审评审批、监督检查、检验、投诉举报、不良反应监测等多渠道风险因素，体现风险防控管理要求。检查结果综合评定采取风险评估的原则，综合考虑缺陷的性质、严重程度以及所评估产品的类别判定检查结果，评定为符合要求、整改后符合要求或不符合要求。《规定》将拖延、阻碍、限制或拒绝检查等情形直接判定为“不符合要求”。检查结果处理区分了风险控制手段和立案调查处理两种情形。对于检查发现的严重质量风险的，将立即采取风险控制措施。对于采取风险控制措施的，风险排除后，被检查单位可以向国家药监局申请解除风险控制措施。在检查中发现涉嫌违法违规的，组织依法立案调查处理。

（三）按照检查机制不同划分

按照检查机制不同，分为双随机检查、飞行检查等。

1. 双随机检查　2015年7月22日的国务院常务会议决定推广随机抽查机制，李克强总理阐释建立“双随机”抽查机制的意义。“建立随机抽取被检查对象、随机选派检查人员的‘双随机’抽查机制，意味着每个市场主体的头上都悬着一把‘达摩克利斯之剑’，企业必须增强守法自觉性；同时也意味着执法人员只能阳光行政，不能再‘看谁不顺眼’就去检查，即用制度限制监管部门的自由裁量权。”并指出，建立“双随机”抽查机制，是加强事中事后监管的一项重大改革。

2016年3月28日，李克强总理在国务院第四次廉政工作会议上说，要全面推开“两随机、一公开”监管，检查对象、执法检查人员随机抽取产生，检查情况和查处结果及时向社会公开，防止任性检查和人为干扰，减少监管部门寻租空间，让监管对象不敢心存侥幸。

双随机检查方式“是一项制度创新”，完全压缩了寻租交易空间。这不仅增强了监管科学性和执法公正性，也为政府转变职能提供了重要启示。在一些部门和地方的试点中，这一监管方式受到群众和市场主体的普遍欢迎，也积累了丰富经验，已在全国范围内推广。

2. 飞行检查 以往的跟踪检查由于事先通知被检查企业，检查组很难掌握药品生产企业的即时生产状况，特别是针对举报实施的检查，由于企业有所准备，给现场检查核实问题带来困难。采取飞行检查的形式进行监督检查，对药品生产企业起到极大的震撼作用，强化了企业的自律意识和守法自觉性。

药品医疗器械飞行检查，是指药品监督管理部门针对药品和医疗器械研制、生产、经营、使用等环节开展的不预先告知的监督检查。国家药品监督管理局负责组织实施全国范围内的药品医疗器械飞行检查。地方各级药品监督管理部门负责组织实施本行政区域的药品医疗器械飞行检查。药品医疗器械飞行检查将遵循依法独立、客观公正、科学处置的原则，围绕安全风险防控开展。作为一种有效的监管手段，飞行检查的这种形式很快被推广到涉及人身安全、食品安全、节能、环境保护等领域。

2015年8月7日，原国家食品药品监督管理总局发布《药品医疗器械飞行检查办法》（以下简称办法）。2006年，原国家食品药品监管局发布了《药品GMP飞行检查暂行规定》，2012年发布《医疗器械生产企业飞行检查工作程序（试行）》，在调查问题、管控风险、震慑违法行为等方面发挥了重要作用。《办法》将药品和医疗器械研制、生产、经营和使用全过程纳入飞行检查的范围，突出飞行检查的依法、独立、客观、公正，以问题为导向，以风险管控为核心，按照“启得快、办得顺、查得严、处得快、罚得准”的要求，详细规定了启动、检查、处理等相关工作程序，严格各方责任和义务，提升飞行检查的科学性、有效性和权威性。

被检查单位对药品监督管理部门组织实施的药品医疗器械飞行检查将予以配合，不得拒绝、逃避或者阻碍。药品监督管理部门将按照政府信息公开的要求公开检查结果，对重大或者典型案件，可以采取新闻发布等方式向社会公开。药品监督管理部门及有关工作人员将严格遵守有关法律法规、廉政纪律和工作要求，不得向被检查单位提出与检查无关的要求，不得泄露飞行检查相关情况、举报人信息及被检查单位的商业秘密。有下列情形之一的，药品监督管理部门可以开展药品医疗器械飞行检查：投诉举报或者其他来源的线索表明可能存在质量安全风险的；检验发现存在质量安全风险的；药品不良反应或者医疗器械不良事件监测提示可能存在质量安全风险的；对申报资料真实性有疑问的；涉嫌严重违反质量管理规范要求的；企业有严重不守信记录的；其他需要开展飞行检查的情形。

开展飞行检查将制定检查方案，明确检查事项、时间、人员构成和方式等。需要采用不公开身份的方式进行调查的，检查方案中将予以明确。必要时，药品监督管理部门可以联合公安机关等有关部门共同开展飞行检查。

二、行政许可相关的检查

（一）药品注册核查

《药品注册管理办法》（2020年修订）规定，药品注册核查，是指为核实申报资料的真实性、一致性以及药品上市商业化生产条件，检查药品研制的合规性、数据可靠性等，对研制现场和生产现场开展的核查活动，以及必要时对药品注册申请所涉及的化学原料药、辅料及直接接触药品的包装材料和容器生产企业、供应商或者其他受托机构开展的延伸检查活动。药品注册核查启动的原则、程序、时限和要求，由药品审评中心制定公布；药品注册核查实施的原则、程序、时限和要求，由药品核查中心制定公布。

1. 药品注册研制现场核查 药品审评中心根据药物创新程度、药物研究机构既往接受核查情况等，基于风险决定是否开展药品注册研制现场核查。药品审评中心决定启动药品注册研制现场核查的，通知药品核查中心在审评期间组织实施核查，同时告知申请人。药品核查中心应当在规定时限内完成现场核查，并将核查情况、核查结论等相关材料反馈药品审评中心进行综合审评。

根据《国务院关于改革药品医疗器械审评审批制度的意见》（国发〔2015〕44号）的有关要求，针对部分药品注册申请中的临床试验数据不真实甚至弄虚作假问题，2015年7月22日原国家食品药品监督管理总局发布《关于开展药物临床试验数据自查核查工作的公告》（2015年第117号），组织对已申报生产或进口的待审药品开展临床试验数据核查工作。

按照“最严谨的标准、最严格的监管、最严厉的处罚、最严肃的问责，确保广大人民群众饮食用药安全”的要求，对1622个已申报生产或进口的待审药品注册申请开展药物临床试验数据核查。根据《药物临床试验数据现场核查要点》，临床试验数据核查重点内容是围绕审评审批需求，着重核查受试者筛选与入组，临床试验过程及相关数据，严重违背方案例数和严重不良事件例数，试验用药品的管理，生物样本的采集、检测过程、数据及记录的真实性和完整性等。

对数据造假违法行为的处罚，依法作出行政处罚决定作出前，将书面听取当事人的陈述申辩，当事人应当于3日内提出。当事人的解释及接受解释的情况，在作出处罚决定时一并向社会公开。处罚决定作出后，当事人不服的，可以依法申请行政复议或者提起行政诉讼。国家药品监督管理局依法审理行政复议案件，必要时可以进行听证或者听取专家咨询委员会的意见。

2017年8月最高人民法院、最高人民检察院发布《关于办理药品、医疗器械注册申请材料造假刑事案件适用法律若干问题的解释》，数据造假行为涉嫌刑事犯罪的，应依法追究刑事责任。

2. 药品注册生产现场检查 药品审评中心根据申报注册的品种、工艺、设施、既往接受核查情况等因素，基于风险决定是否启动药品注册生产现场核查。

对于创新药、改良型新药以及生物制品等，应当进行药品注册生产现场核查和上市前药品生产质量管理规范检查。

对于仿制药等，根据是否已获得相应生产范围药品生产许可证且已有同剂型品种上市等情况，基于风险进行药品注册生产现场核查、上市前药品生产质量管理规范检查。

三、药品生产监督检查

（一）属地化监管原则

《药品生产监督管理办法》（2020年修订）规定按照属地化监管原则，省、自治区、直辖市药品监督管理部门负责对本行政区域内药品上市许可持有人，制剂、化学原料药、中药饮片生产企业的监督管理。

省、自治区、直辖市药品监督管理部门应当对原料、辅料、直接接触药品的包装材料和容器等供应商、生产企业开展日常监督检查，必要时开展延伸检查。

药品上市许可持有人和受托生产企业不在同一省、自治区、直辖市的，由药品上市许可持有人所在地省、自治区、直辖市药品监督管理部门负责对药品上市许可持有人的监督管理，受托生产企业所在地省、自治区、直辖市药品监督管理部门负责对受托生产企业的监督管理。省、自治区、直辖市药品监督管理部门应当加强监督检查信息互相通报，及时将监督检查信息更新到药品安全信用档案中，可以根据通报情况和药品安全信用档案中监管信息更新情况开展调查，对药品上市许可持有人或者受托生产企业依法作出行政处理，必要时可以开展联合检查。

（二）注册现场检查与GMP符合性检查的关系

省、自治区、直辖市药品监督管理部门根据监管需要，对持有药品生产许可证的药品上市许可申请人及其受托生产企业，按以下要求进行上市前的药品生产质量管理规范符合性检查。

未通过与生产该药品的生产条件相适应的药品生产质量管理规范符合性检查的品种，应当进行上市前的药品生产质量管理规范符合性检查。其中，拟生产药品需要进行药品注册现场核查的，国家药品监督管理局药品审评中心通知核查中心，告知相关省、自治区、直辖市药品监督管理部门和申请人。核查中心协调相关省、自治区、直辖市药品监督管理部门，同步开展药品注册现场核查和上市前的药品生产质量管理规范符合性检查。

拟生产药品不需要进行药品注册现场核查的，国家药品监督管理局药品审评中心告知生产场地所在地省、自治区、直辖市药品监督管理部门和申请人，相关省、自治区、直辖市药品监督管理部门自行开展上市前的药品生产质量管理规范符合性检查。

已通过与生产该药品的生产条件相适应的药品生产质量管理规范符合性检查的品种，相关省、自治区、直辖市药品监督管理部门根据风险管理原则决定是否开展上市前的药品生产质量管理规范符合性检查。

开展上市前的药品生产质量管理规范符合性检查的，在检查结束后，应当将检查情况、检查结果等形成书面报告，作为对药品上市监管的重要依据。上市前的药品生产质量管理规范符合性检查涉及药品生产许可证事项变更的，由原发证的省、自治区、直辖市药品监督管理部门依变更程序作出决定。

通过相应上市前的药品生产质量管理规范符合性检查的商业规模批次，在取得药品注册证书后，符合产品放行要求的可以上市销售。药品上市许可持有人应当重点加强上述批次药品的生产销售、风险管理等措施。

（三）监督检查的主要内容

药品生产监督检查的主要内容如下。

（1）药品上市许可持有人、药品生产企业执行有关法律、法规及实施药品生产质量管理规范、药物警戒质量管理规范以及有关技术规范等情况。

（2）药品生产活动是否与药品品种档案载明的相关内容一致。

（3）疫苗储存、运输管理规范执行情况。

（4）药品委托生产质量协议及委托协议。

（5）风险管理计划实施情况。

（6）变更管理情况。

省、自治区、直辖市药品监督管理部门应当坚持风险管理、全程管控原则，根据风险研判情况，制定年度检查计划并开展监督检查。年度检查计划至少包括检查范围、内容、方式、重点、要求、时限、承担检查的机构等。

（四）检查频次

省、自治区、直辖市药品监督管理部门应当根据药品品种、剂型、管制类别等特点，结合国家药品安全总体情况、药品安全风险警示信息、重大药品安全事件及其调查处理信息等，以及既往检查、检验、不良反应监测、投诉举报等情况确定检查频次。

（1）对麻醉药品、第一类精神药品、药品类易制毒化学品生产企业每季度检查不少于一次。

（2）对疫苗、血液制品、放射性药品、医疗用毒性药品、无菌药品等高风险药品生产企业，每年不少于一次药品生产质量管理规范符合性检查。

（3）对上述产品之外的药品生产企业，每年抽取一定比例开展监督检查，但应当在三年内对本行政区域内企业全部进行检查。

（4）对原料、辅料、直接接触药品的包装材料和容器等供应商、生产企业每年抽取一定比例开展监督检查，五年内对本行政区域内企业全部进行检查。

省、自治区、直辖市药品监督管理部门可以结合本行政区域内药品生产监管工作实际情况，调整检查频次。

（五）检查程序

国家药品监督管理局和省、自治区、直辖市药品监督管理部门组织监督检查时，应当制定检查方案，明确检查标准，如实记录现场检查情况，需要抽样检验或者研究的，按照有关规定执行。检查结论应当清晰明确，检查发现的问题应当以书面形式告知被检查单位。需要整改的，应当提出整改内容及整改期限，必要时对整改后情况实施检查。

在进行监督检查时，药品监督管理部门应当指派两名以上检查人员实施监督检查，检查人员应当向被检查单位出示执法证件。药品监督管理部门工作人员对知悉的商业秘密应当保密。

（六）持有人与生产企业的要求

监督检查时，药品上市许可持有人和药品生产企业应当根据检查需要说明情况、提供有关材料。

（1）药品生产场地管理文件以及变更材料。

（2）药品生产企业接受监督检查及整改落实情况。

（3）药品质量不合格的处理情况。

（4）药物警戒机构、人员、制度制定情况以及疑似药品不良反应监测、识别、评估、控制情况。

（5）实施附条件批准的品种，开展上市后研究的材料。

（6）需要审查的其他必要材料。

（七）检查后措施

现场检查结束后，应当对现场检查情况进行分析汇总，并客观、公平、公正地对检查中发现的缺陷进行风险评定并作出现场检查结论。派出单位负责对现场检查结论进行综合研判。

国家药品监督管理局和省、自治区、直辖市药品监督管理部门通过监督检查发现药品生产管理或者疫苗储存、运输管理存在缺陷，有证据证明可能存在安全隐患的，应当依法采取相应措施。

（1）基本符合药品生产质量管理规范要求，需要整改的，应当发出告诫信并依据风险相应采取告诫、约谈、限期整改等措施。

（2）药品存在质量问题或者其他安全隐患的，药品监督管理部门根据监督检查情况，应当发出告诫信，并依据风险相应采取暂停生产、销售、使用、进口等控制措施。

药品存在质量问题或者其他安全隐患的，药品上市许可持有人应当依法召回药品而未召回的，省、自治区、直辖市药品监督管理部门应当责令其召回。

风险消除后，采取控制措施的药品监督管理部门应当解除控制措施。

开展药品生产监督检查过程中，发现存在药品质量安全风险的，应当及时向派出单位报告。药品监督管理部门经研判属于重大药品质量安全风险的，应当及时向上一级药品监督管理部门和同级地方人民政府报告。

开展药品生产监督检查过程中，发现存在涉嫌违反药品法律、法规、规章的行为，应当及时采取现场控制措施，按照规定做好证据收集工作。药品监督管理部门应当按照职责和权限依法查处，涉嫌犯罪的移送公安机关处理。

省、自治区、直辖市药品监督管理部门应当依法将本行政区域内药品上市许可持有人和药品生产企业的监管信息归入到药品安全信用档案管理，并保持相关数据的动态更新。监管信息包括药品生产许可、日常监督检查结果、违法行为查处、药品质量抽查检验、不良行为记录和投诉举报等内容。

发生与药品质量有关的重大安全事件，药品上市许可持有人应当立即对有关药品及其原料、辅料以及直接接触药品的包装材料和容器、相关生产线等采取封存等控制措施，并立即报告所在地省、自治区、直辖市药品监督管理部门和有关部门，省、自治区、直辖市药品监督管理部门应当在24小时内报告省级人民政府，同时报告国家药品监督管理局。

省、自治区、直辖市药品监督管理部门对有不良信用记录的药品上市许可持有人、药品生产企业，应当增加监督检查频次，并可以按照国家规定实施联合惩戒。

四、药品经营监督检查

《药品管理法》规定，药品监督管理部门应当依照法律、法规的规定对药品研制、生产、经营和药品使用单位使用药品等活动进行监督检查，必要时可以对为药品研制、生产、经营、使用提供产品或者服务的单位和个人进行延伸检查，有关单位和个人应当予以配合，不得拒绝和隐瞒。药品监督管理部门应当对高风险的药品实施重点监督检查。对有证据证明可能存在安全隐患的，药品监督管理部门根据监督检查情况，应当采取告诫、约谈、限期整改以及暂停生产、销售、使用、进口等措施，并及时公布检查处理结果。药品监督管理部门进行监督检查时，应当出示证明文件，对监督检查中知悉的商业秘密应当保密。目前，尚无专门针对药品经营检查的规定，检查的主要依据是《药品流通监督管理办法》(2007年)执行。

五、药品境外检查

目前，药品医疗器械境外检查依据是国家药品监督管理局发布的《关于发布药品医疗器械境外检查管理规定的公告》(2018年第101号)。

(一)境外检查的含义

药品、医疗器械境外检查是指国家药品监督管理局(以下简称国家局)为确认药品、医疗器械境外研制、生产相关过程的真实性、可靠性和合规性实施的检查。

国家局负责药品、医疗器械境外检查管理工作，国家药品监督管理局食品药品审核查验中心(以下称核查中心)负责具体组织实施药品、医疗器械境外检查工作。药品、医疗器械的检验、审评、评价等相关部门协助开展境外检查工作。

（二）境外范围与任务

国家局根据各相关部门提出的拟检查品种及相关研制、生产场地的建议，通过风险评估和随机抽查方式，确定检查任务。根据监管需要确需对检查任务进行变更的，可按照国家局境外检查外事管理有关规定对检查任务进行调整。

必要时，可对原料、辅料、包装材料等生产场地、供应商或者其他合同机构等开展延伸检查。

检查任务的确定，应当考虑药品、医疗器械的注册审评审批、监督检查、检验、投诉举报、不良反应和不良事件监测等风险因素，重点考虑以下情形。

（1）审评审批中发现潜在风险的。

（2）检验或者批签发不符合规定，提示质量管理体系存在风险的。

（3）不良反应或者不良事件监测提示可能存在产品安全风险的。

（4）投诉举报或者其他线索提示存在违法违规行为的。

（5）药品上市许可持有人、医疗器械注册人或者备案人（以下简称持有人）有不良记录的。

（6）境外监管机构现场检查结果提示持有人质量管理体系存在较大问题的。

（7）整改后需要再次开展检查的。

（8）其他需要开展境外检查的情形。

（三）检查后措施

现场检查结束后，核查中心应当在收到检查组提交的检查报告后20个工作日内，向持有人或者代理人书面反馈《境外检查结果告知书》。

综合评定应当采用风险评估的原则，综合考虑缺陷的性质、严重程度以及所评估产品的类别对检查结果进行评定，判定原则如下。

（1）符合要求 现场检查未发现缺陷的。

（2）整改后符合要求 现场检查发现所有主要缺陷和一般缺陷的整改措施，表明持有人能够采取有效措施进行改正，能够按照法律法规及技术规范要求组织生产的。

（3）不符合要求 药品现场检查发现存在真实性问题、影响产品质量的关键要素与注册资料不一致、存在严重缺陷、存在主要缺陷且整改措施不到位、整改计划不可行等不符合法律法规及技术规范要求；医疗器械现场检查发现存在真实性问题、影响产品质量的关键要素与注册资料/备案资料不一致、存在严重缺陷、存在一般缺陷且整改措施不到位、整改计划不可行等不符合法律法规及技术规范要求的。

持有人拖延、阻碍、限制或者拒绝检查，直接判定为“不符合要求”。

对处于注册审评审批阶段的品种或者属于注册审评审批问题，国家局结合综合评定结论，依据《中华人民共和国药品管理法》《医疗器械监督管理条例》《药品注册管理办法》《医疗器械注册管理办法》《体外诊断试剂注册管理办法》等有关规定作出处理。

对已在境内上市的品种，国家局结合综合评定结论，对持有人作出约谈、限期整改、发告诚信、暂停药品进口通关备案、暂停医疗器械进口、暂停销售使用、监督召回产品直至撤销进口批准证明文件等风险控制措施。

对综合判定为不符合要求、检查发现企业存在违法行为或者产品存在安全隐患的，国家局应当及时采取风险控制措施并依法公开。对于存在重大质量隐患、需采取紧急措施的，国家局应当立即采取风险控制措施并依法依规处理。

对发现涉嫌违法的，检查人员应当及时固定证据，国家局组织依法立案调查处理。

第四节　药品检查制度

问题

药品检查人员应具备什么资格？药品检查的基本程序包括哪些？药品检查的年度计划怎么制定？

一、检查机构与检查员

（一）检查机构

药品检查是药品监督管理部门为保证药品的安全性、有效性和质量稳定性，对药品研制、生产环节执行法律法规、质量管理规范、技术标准等情况进行调查处理的行政行为。实际实施药品检查的机构是药品监督管理部门设置的药品检查机构。药品监督管理部门建立与所承担的药品检查职责相适应的职业化检查员队伍，配备必要的装备和足够的资源。

（二）职业化专业化检查员

2019年7月26日，国务院办公厅关于建立职业化专业化药品检查员队伍的意见（国办发〔2019〕36号）发布，明确规定，职业化专业化药品（含医疗器械、化妆品）检查员是指经药品监管部门认定，依法对管理相对人从事药品研制、生产等场所、活动进行合规确认和风险研判的人员，是加强药品监管、保障药品安全的重要支撑力量。

1. 总体要求

（1）指导思想　以习近平新时代中国特色社会主义思想为指导，全面贯彻落实党的十九大和十九届二中、三中全会精神，按照党中央、国务院关于加强药品安全监管的决策部署，遵循科学监管规律，深化药品监管体制机制改革，坚持源头严防、过程严管、风险严控，强化药品安全监督检查，切实保障人民群众身体健康和用药用械安全。

（2）主要目标　坚持职业化方向和专业性、技术性要求，到2020年底，国务院药品监管部门和省级药品监管部门基本完成职业化专业化药品检查员队伍制度体系建设。在此基础上，再用三到五年时间，构建起基本满足药品监管要求的职业化专业化药品检查员队伍体系，进一步完善以专职检查员为主体、兼职检查员为补充，政治过硬、素质优良、业务精湛、廉洁高效的职业化专业化药品检查员队伍，形成权责明确、协作顺畅、覆盖全面的药品监督检查工作体系。

2. 完善药品检查体制机制

（1）构建国家和省两级职业化专业化药品检查员队伍　国务院药品监管部门和省级药品监管部门分别建立国家级和省级职业化专业化药品检查员队伍，配备满足检查工作要求的专职检查员，为药品监管行政执法等提供技术支撑。在此基础上，国务院药品监管部门和省级药品监管部门要重点强化疫苗等高风险药品检查员队伍建设。

（2）强化检查机构建设　进一步加强国务院药品监管部门药品审核查验机构及国家疫苗检查机构建设，负责国家级职业化专业化药品检查员队伍日常管理。完善省级药品监管部门检查机构设置，负责省级职业化专业化药品检查员队伍日常管理。根据监管工作需要，国务院药品监管部门在药品产业集中、高风险药品生产聚集等重点地区加强药品检查工作力量，实施重点检查和精准检查。省级药品监管部门根据监管工作需要，在药品生产聚集的地区加强药品检查工作力量，有条件的地方可分区域设置检查分支机构，实施就近检查和常态化检查。

（3）明确检查事权划分　国务院药品监管部门主要承担药品、医疗器械、特殊用途化妆品研发过程现场检查，以及药物非临床研究质量管理规范、药物临床试验质量管理规范、医疗器械临床试验质量管理规范执行情况合规性检查；承担药品、医疗器械、化妆品境外现场检查以及生产环节重大有因检查。省级药品监管部门主要承担药品、医疗器械、化妆品生产过程现场检查，以及有关生产质量管理规范执行情况合规性检查；承担药品批发企业、零售连锁总部、互联网销售第三方平台相关现场检查；指导市县级市场监管部门开展药品、医疗器械、化妆品经营、使用环节现场检查，以及有关经营质量管理规范执行情况合规性检查。药品检查事项按照承担职责的职能部门隶属关系分别明确为中央或地方财政事权，由同级财政部门承担支出责任。进一步加强疫苗等高风险药品检查工作。国务院药品监管部门强化疫苗等高风险药品研制、生产环节的飞行检查以及境外检查，不定期开展巡查并加强随机抽查。省级药品监管部门直接负责疫苗等高风险药品生产过程的派驻检查、日常检查，落实更加集中、更加严格的现场检查、信息公示、不良反应监测报告等制度，实行严格的属地监管。

（4）落实检查要求　国务院药品监管部门和省级药品监管部门要制定完善药品检查工作规则和流程规范，强化各项检查工作。进一步加强药品全过程质量安全风险管理，专项检查、飞行检查等工作要全面推行“双随机、一公开”监管，加快推进基于云计算、大数据、“互联网+”等信息技术的药品智慧监管，提高监督检查效能。加快完善内部举报人制度。药品检查员队伍要落实药品注册现场检查、疫苗药品派驻检查以及属地检查、境外检查要求，积极配合药品监管稽查办案，落实有因检查要求，为科学监管、依法查办药品违法行为提供技术支撑。

（5）完善检查工作协调机制　国务院药品监管部门建立全国统一的检查员库和检查员信息平台，实现国家级和省级检查员信息共享和检查工作协调联动。建立健全检查员统一调配使用机制，根据工作需要统筹调配检查员开展检查工作。上级药品监管部门根据工作需要，可调动下级药品监管部门开展检查工作；下级药品监管部门在工作中遇到复杂疑难问题，可申请上级药品监管部门派出检查员现场指导。

3. 落实检查员配置

（1）合理确定队伍规模　根据监管事权、药品产业规模以及检查任务等，机构编制部门、财政部门会同药品监管部门科学合理确定职业化专业化药品检查员队伍规模，在统筹考虑现有各级药品监管人员、编制基础上，进一步加强国家级和省级专职药品检查员队伍人员配备，合理保障工作需要。有疫苗等高风险药品生产企业的地区，还应配备相应数量的具有疫苗等高风险药品检查技能和实践经验的药品检查员。

（2）规范检查员编制管理　充分考虑药品检查工作的公益属性，根据检查工作需要，统筹考虑药品检查机构人员编制。严格落实编制管理工作要求，采取多种形式保障检查员编制需求，吸引、稳定检查骨干和高水平检查员。创新检查员管理机制，实行检查员编制配备和政府购买检查服务相结合，优化检查员队伍编制结构，确保检查员队伍稳定。

（3）多渠道充实职业化专业化药品检查员队伍　药品监管部门要严格按照相应的资格条件，有计划、有步骤地充实职业化专业化药品检查员队伍。可通过直接划转监管部门内部有资质的监管人员、培训考核相关专业人员、面向社会公开招聘等方式，不断充实检查员队伍。创新人才选用方式，实施高水平检查员队伍扩充行动计划，大力培训培养、招聘引进具有疫苗等高风险药品检查技能和实践经验的药品检查员。

鼓励结合地方市场监管体制改革，将市县原从事药品生产、批发监管工作的检查（监管）人员划转充实省级职业化专业化药品检查员队伍，建立以省级药品监管部门为主体，吸收各级市场监管部门中具有相应药品检查资质人员参加的检查员队伍体系，落实本行政区域药品生产等监管全覆盖的要求。各级市场监管部门管理的具有药品研制、生产等检查资质的人员，可作为国家级、省级兼职检查员，纳入全国检查员库调配使用。同时，从相关科研机构、检验检测机构、高等院校中聘用符合资格条件的人员作为兼职检查员，为专职检查员队伍提供重要补充。

4. 加强检查员队伍管理

（1）实行检查员分级分类管理　国务院药品监管部门建立检查员分级分类管理制度。按照检查品种，将检查员分为药品、医疗器械、化妆品3个检查序列，并根据专业水平、业务能力、工作资历和工作实绩等情况，将检查员划分为初级检查员、中级检查员、高级检查员、专家级检查员4个层级，每个层级再细分为若干级别，对应不同的任职条件、职责权限、技术职称和考核标准，享有相应的薪酬待遇。

（2）严格检查员岗位准入管理　国务院药品监管部门制定不同序列、不同层级检查员的岗位职责标准以及综合素质、检查能力要求，确立严格的岗位准入和任职条件，确保高标准、高要求建设职业化专业化药品检查员队伍。各级药品监管部门要全面考察拟任检查员的思想品德、业务素质、专业能力、专业素养、遵纪守法等情况，全面推行检查员培训并经药品监管部门考核合格后上岗制度，严把职业化专业化药品检查员队伍入口质量关。

（3）建立科学合理的考核评价与职级升降机制　国家级和省级职业化专业化药品检查员队伍实行分级考核。要科学设置考核指标，建立以岗位职责为考核依据、以业绩贡献为评价重点，日常考核与年终考评、能力评价与实绩考核相结合的考核评价体系，实行多元化考核。注重考核检查员的职业道德、履职能力、专业技能、工作实绩等情况。

建立技能考核和业绩考评相结合的职级升降制度以及不合格检查员退出制度，将职级调整与考评结果相挂钩。

5. 不断提升检查员能力素质

（1）强化检查员业务培训　着眼检查能力提升，分类开展各类药品检查员培训，建立统一规范的职业化专业化药品检查员培训体系，构建教、学、练、检一体化的教育培训机制。创新培训方式，建立检查员岗前培训和日常培训制度，初任检查员通过统一培训且考试考核合格后，方可取得药品监管部门颁发的检查工作资质。加大检查员培训机构、培训师资建设力度，构筑终身培训体系。检查员每年接受不少于60学时的业务知识和法律法规培训。建立检查员实训基地，突出检查工作模拟实操训练，强化培训全过程管理和考核评估，切实提升培训成效。

（2）鼓励检查员提升能力水平　制定鼓励检查员提升专业素质和检查能力的具体措施，调动检查员参加集中培训、专业深造、个人自学的积极性和自觉性。推行检查员培训考核制度，进一步强化学习培训成果在年终考核、推优评先、职级调整、职务晋升等环节的运用。

（3）创新高素质检查员培养模式　鼓励药品监管部门与高等院校、科研机构建立联合培养机制，储备高素质检查人才。积极依托相关国际机构和非营利组织，努力培养能够深度参与国际药品监管事务的高水平检查员。

6. 建立激励约束机制

（1）拓宽检查员职业发展空间　药品监管部门建立不同级别检查员与事业单位专业技术岗位等级对应机制，拓宽检查员职业发展空间。合理设定各级检查机构高级专业技术岗位数量，满足职业化专业化药品检查员队伍发展需要。

（2）完善检查员参加相应职称评审的政策　符合条件的检查员可参加卫生（〔中〕医、〔中〕药、技）系列、工程系列职称评审。国务院药品监管部门和省级药品监管部门可按规定成立相应检查员职称评审委员会，经人力资源社会保障部门核准备案后，开展相应职称评审工作。建立以品德、知识、能力、业绩为主要内容的检查员职称评价标准和以专家评审为基础的业内评价机制，注重考核检查员的专业性、技术性、实践性，突出评价检查员履行岗位职责的工作绩效与实际贡献。

（3）建立检查员薪酬待遇保障机制　按照体现专业技能和劳动价值的原则，健全和完善职业化专业化药品检查员队伍薪酬待遇分配机制。检查员薪酬待遇水平与检查员技术职称、检查工作难易程度及检查任务量相挂钩，构建向现场检查一线倾斜的薪酬激励机制。用人单位依法参加工伤等保险，鼓励通过人身意外伤害商业保险提高职业伤害保障水平，保障检查员现场检查的人身安全。按照国家有关规定，对发现重大风险隐患、工作业绩突出的检查员给予表彰奖励，充分调动检查员认真履职尽责的积极性和主动性，提升职业荣誉感。

（4）建立检查员纪律约束和监督机制　国务院药品监管部门要制定检查员职业操守和廉洁自律规范，引导和规范检查员依法依规、客观公正履职尽责。建立健全检查工作制度，明确检查工作程序，建立检查员权力清单和责任清单，严格检查员廉洁自律要求。国务院药品监管部门和省级药品监管部门要健全符合检查工作实际的反腐倡廉长效机制，建立派出检查工作复核制度，实施派出检查小组内部制约和组长负责制，加强对药品检查关键环节和重点检查人员的监督。国务院药品监管部门和省级药品监管部门要构建利益冲突防范机制，防范利益冲突风险。完善信息公开制度，实行“阳光检查”，接受社会监督。建立严格责任追究制度，强化监督检查，对未履行检查职责、不当履行检查职责以及违法违规的检查员，要依法依规严肃处理。

7. 完善组织领导和保障措施

（1）加强组织领导　各省（自治区、直辖市）政府要进一步增强保障药品安全的责任感和使命感，充分认识加强药品安全检查工作的重要性，切实加强对药品监管工作的组织领导，保障人民群众用药用械安全。完善相关配套政策，加快推进检查员队伍建设。健全部门间沟通协调机制，及时研究解决职业化专业化药品检查员队伍建设中的重大问题。各级药品监管部门要加强职业化专业化药品检查员队伍建设的规划和统筹管理，研究提出具体可行的操作意见。财政、人力资源社会保障、机构编制等有关部门要在各自职责范围内，积极推进有关工作，在预算经费、人事管理、机构编制等方面加大支持力度，为职业化专业化药品检查员队伍建设创造有利条件。

（2）强化检查工作信息化支撑　整合药品检查工作信息资源，优化检查工作流程，构建检查工作数据库。积极运用信息通信技术等现代科技手段，强化移动终端和过程记录设备的配备和使用，充分利用信息资源及数据分析技术，推动现场检查工作标准化规范化。

二、检查范围内容与方式

（一）检查范围和方式

药品监督管理部门可根据工作需要开展以下检查：对申请人提交的许可事项申请材料进行审查，需要对申请材料的实质内容进行核实的，根据法定条件和程序开展许可检查；根据本行政区域内药品监管实际，按照年度检查计划开展常规检查；根据药品批准上市前审评发现的问题、投诉举报、药品抽验、药品不良反应监测、企业存在严重不守信记录等风险，开展有因检查；药品监督管理部门认为需要开展的其他检查。

药品监督管理部门依据检查的内容，可采取跟踪检查、飞行检查、延伸检查、专项检查等不同的检查方式。

（二）重点检查内容

药品监督管理部门对被检查单位重点检查以下内容：遵守药品管理法律法规的合法性；执行药品质量管理规范和技术要求的规范性；药品研发或生产资料的真实性；药品监管部门认为需要检查的其他内容。

三、检查的基本程序

（一）年度检查计划

药品监督管理部门应当根据本行政区域内药品监管实际，基于风险的原则制定年度检查计划，内容至少包括：检查范围、内容、方式、重点、要求、时限、承担检查的机构等。年度检查计划应当报上一级药品监督管理部门备案。有下列情形之一的，原则上应当列入年度检查计划：新批准上市或新生产的药品、新建生产厂房车间的；生产场地、处方及生产工艺、关键设备设施、关键岗位人员发生重大变更；药品抽验不合格或存在违法违规行为的；药品不良反应监测发现重大隐患的；其他需要检查的情形。

药品监督管理部门根据风险确定检查频次，对每家生产企业的常规检查每三年至少一次。药品监督管理部门根据监管实际情况可以调整检查频次，或者以书面审核代替现场检查。

（二）检查组成员

药品检查机构负责选派检查组实施检查，药品监督管理部门也可以直接选派检查组实施检查。检查组一般由2名以上检查员组成，实行组长负责制。检查员应当具备与被检查品种和单位相匹配的专业知识、培训经历和从业经验，必要时可选派相关领域专家参加检查工作。

（三）检查实施

药品检查机构在实施检查前，应当根据检查任务制定检查方案，明确检查事项、时间、人员分工和检查方式等。检查组应当按照检查方案实施现场检查。

检查组可根据现场检查情况，基于风险对检查方案进行调整，报派出检查单位同意后实施。

检查组到达被检查单位后，应当向被检查单位出示执法证明文件或药品监督管理部门授权开展检查的证明文件，告知被检查单位的权利和义务。

检查组应当详细记录检查时间、地点、现场状况等；对发现的问题应当进行书面记录，并根据实际情况收集或者复印相关文件资料、拍摄相关设施设备及物料等实物和现场情况、采集实物以及询问有关人员等。询问记录应当包括询问对象姓名、工作岗位和谈话内容等，并经询问对象逐页签字或者按指纹。

记录应当及时、准确、完整，客观真实反映现场检查情况。检查过程中需要抽样的，应当按照药品抽验有关规定执行。

（四）发现问题处理

检查组认为需要采取风险控制措施的，应当立即向派出检查单位报告，派出检查单位应当及时作出决定。被检查单位应当按照药品监督管理部门的要求采取风险控制措施。

检查期间，发现涉嫌违法的，检查组应当立即向派出检查单位报告，药品监督管理部门应组织药品稽查执法人员开展联合检查，收集相关证据，涉嫌犯罪的，及时移交公安机关处理。

证据主要包括：书证、物证、视听资料、电子数据、证人证言、当事人陈述、检验报告、认定意见、鉴定意见和现场检查笔录等。

检查结束时，检查组应当向被检查单位通报检查情况，对检查发现的问题或缺陷，检查组和被检查单位应当签字确认。被检查单位有异议的，可以陈述和申辩，检查组应当如实记录，对有异议的问题或缺陷当场进行核实。被检查单位拒绝签字的，检查组应当予以说明。

检查组应当向被检查单位告知整改的要求和时限，以及对检查有异议时依法申诉的途径和方式。被检查单位应当在规定时限内，按要求向派出检查单位提交书面整改回复。

（五）整改与后续处理

派出检查单位应当按照风险评估的原则，对检查、整改情况等进行综合评定，做出符合或不符合的评定结论。派出检查单位认为需要补充或重新进行检查的，应当再次开展检查，必要时对整改情况进行跟踪检查。

需要采取风险控制措施的，药品监督管理部门应当及时作出决定。

检查结果综合评定符合要求的，药品监督管理部门应当采取以下处理措施：申请人的申请符合法定条件、标准的，药品监督管理部门应当依法作出准予行政许可的书面决定；可针对检查发现的缺陷发放检查缺陷项目表；提出下次检查的建议。

检查结果综合评定不符合要求的，药品监督管理部门应当作出不予行政许可的决定，或者依法采取约谈、发警告信、责令整改、责令召回、暂停临床试验、生产、销售和使用等风险控制措施。

知识链接

药品检查制度应配套建立相对人备案制度

药品检查是一个非常综合、复杂的行政行为，在药品研制、生产、流通、使用环节均可能进行，因此，掌握相对人的信息是药品检查具有针对性的关键。在上市许可持有人制度建立后，虽然主要针对上市许可持有人进行检查，但上市许可持有人的义务可能分配给不同的合作方，包括临床试验机构、CRO、CMO等等，生产场地也可能是分散的。如果事先不掌握这些关键参与方的信息，检查实施起来会非常困难。建立配套的相对人和关键人员备案制度，有利于开展检查，也利于后续针对违法行为的行政处罚，贯彻落实处罚到人的精神。

第五节　行刑衔接

问题

徐某等人在无药品经营许可证的情况下，在其昆明租住处私自存放、分装80种疑似药品进行销售，经认定其中61种为假药，实际销售53种，涉案金额30.77万元，犯罪嫌疑人被依法刑事拘留。行刑衔接的难点是什么？如何顺畅衔接？

一、行刑衔接的涵义

（一）行刑衔接的基本涵义

行刑衔接是行政执法与刑事司法的衔接，正确区分行政违法与刑事违法是行政执法与刑事司法衔接的前提和关键。

行刑衔接的工作机制是行政执法机关在依法进行行政检查、稽查过程中，发现违法行为涉嫌犯罪的案件或线索，及时移送公安机关、人民检察院进行刑事查处而形成的一种工作机制。

（二）行刑衔接的主要法律依据

2001年《行政执法机关移送涉嫌犯罪案件的规定》（国务院令310号）发布，规定行政执法机关在依法查处违法行为过程中，发现违法事实涉及的金额、违法事实的情节、违法事实造成的后果等，根据刑法关于破坏社会主义市场经济秩序罪、妨害社会管理秩序罪等罪的规定和最高人民法院、最高人民检察院关于破坏社会主义市场经济秩序罪、妨害社会管理秩序罪等罪的司法解释以及最高人民检察院、公安部关于经济犯罪案件的追诉标准等规定，涉嫌构成犯罪，依法需要追究刑事责任的，必须依照本规定向公安机关移送。行政执法机关，是指依照法律、法规或者规章的规定，对破坏社会主义市场经济秩序、妨害社会管理秩序以及其他违法行为具有行政处罚权的行政机关，以及法律、法规授权的具有管理公共事务职能、在法定授权范围内实施行政处罚的组织。

《人民检察院办理行政执法机关移送涉嫌犯罪案件的规定》是最高人民检察院自2001年12月3日起施行，将行政执法活动纳入检查机关法律监督范围，是检察机关开展行刑衔接的规范性文件。

2004年3月，最高人民检察院、全国整规办、公安部、监察部联合发布《关于行政执法中及时移送涉嫌犯罪案件的意见》对衔接机制进行了完善：①将检察监督原则制度化、规范化；②规定了人民检察院在接到控告、举报后对案件的查询制度；③对证据的收集、固定和案件材料的移作了规定；④对案件交接制度作了详细规定；⑤完善了提前介入制度。

2011年2月9日，《关于加强行政执法与刑事司法衔接工作的意见》（中办发〔2011〕8号文件）明确各相关部门的工作职责和衔接程序，要求完善联席会议、信息平台、通报咨询等工作机制，加强组织领导和监督制约。

2015年12月，原国家食品药品监督管理总局、公安部、最高人民法院、最高人民检察院、国务院食品安全办发布的《食品药品行政执法与刑事司法衔接工作办法》（食药监稽〔2015〕271号），适用于各级市场监督管理部门、药品监管部门、公安机关、人民检察院、人民法院办理的食品、药品等领域涉嫌违法犯罪案件。

2016年7月19日，公安部印发的《公安机关受理行政执法机关移送涉嫌犯罪案件规定》指出，对行政执法机关移送的涉嫌犯罪案件，公安机关应当接受，对材料不全的，应当在接受案件的二十四小时内书面告知移送的行政执法机关在三日内补正。但不得以材料不全为由，不接受移送案件。

《行政处罚法》第七条规定，公民、法人或者其他组织因违法受到行政处罚，其违法行为对他人造成损害的，应当依法承担民事责任。违法行为构成犯罪，应当依法追究刑事责任，不得以行政处罚代替刑事处罚。

《刑事诉讼法》第一百七十三条规定，……人民检察院决定不起诉的案件，应当同时对侦查中查封、扣押、冻结的财物解除查封、扣押、冻结。对被不起诉人需要给予行政处罚、行政处分或者需要没收其违法所得的，人民检察院应当提出检察意见，移送有关主管机关处理。有关主管机关应当将处理结果及时通知人民检察院。

《药品管理法》第一百一十三条规定，药品监督管理部门发现药品违法行为涉嫌犯罪的，应当及时将案件移送公安机关。对依法不需要追究刑事责任或者免予刑事处罚，但应当追究行政责任的，公安机关、人民检察院、人民法院应当及时将案件移送药品监督管理部门。公安机关、人民检察院、人民法院商请药品监督管理部门、生态环境主管部门等部门提供检验结论、认定意见以及对涉案药品进行无害化处理等协助的，有关部门应当及时提供，予以协助。

二、行刑衔接的原则

（一）刑事优先原则

刑事优先原则是指，针对同一不法行为，需要同时予以行政处罚和刑事处罚时，应当优先追究其刑事责任。行政执法机关在检查、稽查等执法过程中发现行为违法案件时，发现相关行为已涉嫌构成违法犯罪的，应当及时将案件移动司法机关立案追究。

《行政执法机关移送涉嫌犯罪案件的规定》（国务院310号令）规定，行政执法机关在依法查处违法行为过程中，发现违法事实涉及的金额、违法事实的情节、违法事实造成的后果等，根据刑法关于破坏社会主义市场经济秩序罪、妨害社会管理秩序罪等罪的规定和最高人民法院、最高人民检察院关于破坏社会主义市场经济秩序罪、妨害社会管理秩序罪等罪的司法解释以及最高人民检察院、公安部关于经济犯罪案件的追诉标准等规定，涉嫌构成犯罪，依法需要追究刑事责任的，必须依照本规定向公安机关移送。

同一违法行为是判断行政执法机关对涉嫌犯罪案件移送司法机关追究刑事责任后能否作出行政处罚决定的首要要件。

（二）一事不再罚原则

一事不再罚原则是指，针对一种行为不能作出两次“同种类”的处罚。同种类处罚，也称类似处罚。我国《行政处罚法》第二十四条规定“对当事人的同一违法行为，不得给予两次以上罚款的行政处罚”。

对于涉嫌犯罪的违法行为，公安机关立案侦查后，行政执法机关是不是就不能行使行政处罚权呢？对于处罚种类，行政执法机关对于涉嫌犯罪的案件移送司法机关立案侦查后，只是不能作出人身罚或财产罚，而对于申诫罚和行为罚则不受限制。

《行政执法机关移送涉嫌犯罪案件的规定》（国务院令310号）规定，依照行政处罚法的规定，行政执法机关向公安机关移送涉嫌犯罪案件前，已经依法给予当事人罚款的，人民法院判处罚金时，依法折抵相应罚金。

《食品药品行政执法与刑事司法衔接工作办法》规定，药品监管部门对于不追究刑事责任的案件，应当依法作出行政处罚或者其他处理。

主管药品监管的部门向公安机关移送涉嫌犯罪案件前，已经作出的警告、责令停产停业、暂扣或者吊销许可证的行政处罚决定，不停止执行；向公安机关移送涉嫌犯罪案件时，应当附有行政处罚决定书。已经作出罚款行政处罚的，人民法院在判处罚金时依法折抵。未作出行政处罚决定的，原则上应当在公安机关决定不予立案或者撤销案件、人民检察院作出不起诉决定、人民法院作出无罪判决或者免予刑事处罚后，再决定是否给予行政处罚。

公安机关对发现的药品违法行为，经审查没有犯罪事实，或者立案侦查后认为犯罪事实显著轻微、不需要追究刑事责任，但依法应当予以行政处罚的，应当及时将案件移交主管药品监管的部门。

人民检察院对作出不起诉决定的案件、人民法院对作出无罪判决或者免予刑事处罚的案件，认为依法应当给予行政处罚的，应当及时移交主管药品监管的部门处理，并可以提出检察意见或者司法建议。

对于尚未作出生效裁判的案件，主管药品监管的部门依法应当作出责令停产停业、吊销许可证等行政处罚，需要配合的，公安机关、人民检察院、人民法院应当给予配合。

对于人民法院已经作出生效裁判的案件，依法还应当由主管药品监管的部门作出吊销许可证等行政处罚的，主管药品监管的部门可以依据人民法院生效裁判认定的事实和证据依法予以行政处罚。主管药品监管的部门认为上述事实和证据有重大问题的，应当及时向人民法院反馈，并在人民法院通过法定程序重新处理后，依法作出处理。

三、移送药品案件的程序

（一）移送案件的范围

主管药品监管的部门在查办食品药品违法案件过程中，发现涉嫌犯罪，依法需要追究刑事责任的，应当及时将案件移送公安机关，并抄送同级人民检察院。主管药品监管的部门向公安机关移送的案件，应当符合下列条件：实施行政执法的主体与程序合法。有证据证明涉嫌犯罪事实发生。

（二）移送材料与时限

主管药品监管的部门在查处食品药品违法行为过程中，应当妥善保存所收集的与违法行为有关的证据。

主管药品监管的部门向公安机关移送涉嫌犯罪案件，应当自作出移送决定之日起24小时内移交案件材料，并将案件移送书抄送同级人民检察院。

主管药品监管的部门向公安机关移送涉嫌犯罪案件，应当附有下列材料：①涉嫌犯罪案件的移送书；②涉嫌犯罪案件情况的调查报告；③涉案物品清单；④有关检验报告或者鉴定意见；⑤其他有关涉嫌犯罪的材料。公安机关认为需要补充材料的，主管药品监管的部门应当及时提供。

（三）发现不依法移送的案件线索的处理

人民检察院发现主管药品监管的部门不依法移送涉嫌犯罪案件线索的，应当及时与主管药品监管的部门协商，并可以派员调阅、查询有关案卷材料；对于涉嫌犯罪的，应当提出建议依法移送的检察意见。主管药品监管的部门应当自收到检察意见之日起3日内将案件移送公安机关，并将执行情况通知人民检察院。

（四）公安机关受理与立案

公安机关对主管药品监管的部门按照规定移送的涉嫌犯罪案件，一般应当自受理之日起10日内依法作出立案或者不予立案的决定；案情重大的，应当自受理之日起30日内作出立案或者不予立案的决定；特殊情况下，受案单位报经上一级公安机关批准，可以再延长30日作出决定。

公安机关作出立案、不予立案、撤销案件决定的，应当自作出决定之日起3日内书面通知主管药品监管的部门，同时抄送人民检察院。公安机关作出不予立案或者撤销案件决定的，应当将案卷材料退回主管药品监管的部门，并说明理由。

主管药品监管的部门认为公安机关不予立案决定不当的，可以在接到不予立案通知书之日起3日内提请复议，公安机关应当在接到复议请求之日起3日内作出立案或者不予立案的复议决定，并书面通知主管药品监管的部门。

对于公安机关逾期未作出是否立案决定，以及对不予立案决定、复议决定、立案后撤销案件决定有异议的，主管药品监管的部门可以建议人民检察院予以立案监督。

主管药品监管的部门建议人民检察院进行立案监督的案件，应当提供立案监督建议书、相关案件材料，并附公安机关不予立案、立案后撤销案件决定及说明理由的材料，复议维持不予立案决定的材料或者公安机关逾期未作出是否立案决定的材料。

人民检察院认为需要补充材料的，主管药品监管的部门应当及时提供。

（五）涉案物品检验与认定

公安机关、人民检察院、人民法院办理危害食品药品安全犯罪案件，商请主管药品监管的部门提供检验结论、认定意见协助的，主管药品监管的部门应当按照公安机关、人民检察院、人民法院刑事案件办理的法定时限要求积极协助，及时提供检验结论、认定意见，并承担相关费用。

对同一批次或者同一类型的涉案食品药品，如因数量较大等原因，无法进行全部检验检测，根据办案需要，可以依法进行抽样检验检测。公安机关、人民检察院、人民法院对符合行政执法规范要求的抽样检验检测结果予以认可，可以作为该批次或该类型全部涉案产品的检验检测结果。

根据主管药品监管的部门或者公安机关、人民检察院的委托，对尚未建立食品安全标准检验方法的，相关检验检测机构可以采用非食品安全标准等规定的检验项目和检验方法对涉案食品进行检验，检验结果可以作为定罪量刑的参考。通过上述办法仍不能得出明确结论的，根据公安机关、人民检察院的委托，地市级以上的主管药品监管的部门可以组织专家对涉案食品进行评估认定，该评估认定意见可作为定罪量刑的参考。对药品的检验检测按照《药品管理法》及其实施条例等有关规定执行。对医疗器械的检测按照《医疗器械监督管理条例》有关规定执行。

主管药品监管的部门依据检验检测报告、结合专家意见等相关材料得出认定意见的，应当按照以下格式出具结论：①假药案件，结论中应写明“经认定，.……属于假药”；②劣药案件，结论中应写明“经认定，.……属于劣药”；③生产、销售不符合食品安全标准的案件，符合《最高人民法院最高人民检察院关于办理危害食品安全刑事案件适用法律若干问题的解释》（法释〔2013〕12号）第一条相关情形的，结论中应写明“经认定，某食品……不符合食品安全标准，足以造成严重食物中毒事故（或者其他严重食源性疾病）”；④生产、销售不符合保障人体健康的国家标准、行业标准的医疗器械案件，符合最高人民检察院、公安部联合印发的《关于公安机关管辖的刑事案件立案追诉标准的规定（一）》（公通字〔2008〕36号）第二十一条相关情形的，结论中应写明“经认定，某医疗器械……不符合国家标准、行业标准，足以严重危害人体健康”；⑤其他案件也均应写明认定涉嫌犯罪应当具备的结论性意见。

办案部门应当及时告知犯罪嫌疑人、被害人或者其辩护律师、法定代理人，在涉案物品依法处置前提出重新或补充检验检测、认定的申请。

思考题

1. 什么是行政检查？行政检查与行政执法、行政监督、稽查是否等同？
2. 行政检查的基本程序有哪些？
3. 行政检查制度中的相对人有哪些责任与义务？
4. 行刑衔接的基本原则是什么？如何正确理解？

（杨　悦）

第十章 行政复议与行政诉讼

学习导航

1. 掌握行政复议和行政诉讼的涵义、基本原则、范围和程序。
2. 熟悉行政复议决定和行政裁判的类型。
3. 了解行政赔偿、行政公益诉讼的基本知识。

近年来，行政争议产生后，公民、法人和其他组织选择行政复议、行政诉讼渠道解决的越来越多，行政复议、行政诉讼案件数量剧增，案件类型日趋多样化，复杂疑难案件增多，影响面持续扩大，行政机关面临着巨大的压力和挑战。以《中华人民共和国行政复议法》《中华人民共和国行政诉讼法》为基础的行政复议和行政诉讼制度日益完善，行政复议、行政诉讼体制机制不断优化，在及时稳妥化解行政争议，维护公民、法人和其他组织的合法权益，监督行政机关依法行政方面发挥着重要作用。

第一节 法律救济制度概述

问题

某药品生产企业收到A省药品监督管理局作出的行政处罚决定，决定吊销该药品生产企业的《药品生产许可证》，并处以罚款人民币340万元整。该药品生产企业的董事长认为企业冤枉，该行政处罚决定违法，遂向你咨询如何依法维权，你该如何向他介绍相关情况？

一、法律救济途径

为防止行政主体滥用权力，立法机关在授予行政主体权力的同时通常都会设置相应的救济手段，以保护相对人的合法权益不受侵犯。在食品药品监管领域，随着监管范围扩大、监管对象增多、监管链条延伸、监管程度加深，行政权力不断拓展，权力的滥用、错用难以避免。当事人的合法权益受到侵犯时，有权向特定的行政机关或者司法机关提出申请，请求作出违法或失当行为的主管药品监管的部门给以补救。行政法律救济的手段主要有行政复议、行政诉讼、行政赔偿和行政补偿等。

二、行政复议与行政诉讼的异同

行政复议和行政诉讼都是解决行政争议的法定途径，是行政相对人的合法权益受到行政主体行政行为侵犯时，国家为行政相对人提供的救济手段，也是监督行政主体依法行政的重要手段。二者的当事人类型基本相同，启动行政复议和行政诉讼的一般都是合法权益受到侵犯的行政相对人，另一方当事人都是行政主体；二者审查的对象，都是作为被告的行政主体的行政行为。

行政复议和行政诉讼又是两种不同的法律制度，二者的区别主要如下。

（一）法律依据不同

目前，规范行政复议的法律依据主要是《中华人民共和国行政复议法》（以下简称《行政复议法》）和《中华人民共和国行政复议法实施条例》（以下简称《行政复议法实施条例》）。

现行有效的规范行政诉讼的法律依据主要有：《中华人民共和国行政诉讼法》（以下简称《行政诉讼法》）；《最高人民法院关于适用〈中华人民共和国行政诉讼法〉的解释》（法释〔2018〕1号）；《最高人民法院关于进一步保护和规范当事人依法行使行政诉权的若干意见》（法发〔2017〕25号）。

（二）实施机关不同

行政复议具有行政性和行政机关内部监督性。依法履行行政复议职责的行政复议机关是行政机关，具体办理行政复议事项的行政复议机构是行政复议机关负责法制工作的机构。除行政机关外，其他国家机关不能成为行政复议机关，除法律、行政法规有特别授权外，非行政机关的组织也不能成为行政复议机关。行政诉讼属于对行政机关的外部监督，是司法机关对行政机关的监督，履行行政审判职能的是人民法院。

（三）实施机关与当事人的关系不同

行政复议属于行政机关内部的层级监督制度，行政复议机关与行政复议被申请人之间，具有领导与被领导、指导与被指导的关系。行政复议在性质上是行政的，具有行政权的简便、效率、廉价、专业性等特点，使行政争议尽可能解决在行政机关内部。行政诉讼中，审理案件的人民法院属于居中裁判，独立于任何当事人，与当事人不存在任何权力关系。

（四）程序要求和审理方式不同

行政复议实行书面审查为原则，口头和当面审查为例外，主要是为了保障行政效率，这是行政复议区别于行政诉讼的一个重要方面。行政诉讼属于司法程序，具有严密的体系，一般都要经过开庭、质证等严格的司法程序。

（五）审查的程度不同

对申请行政复议的具体行政行为，行政复议机关既要审查其合法性，也要审查适当性。审查合法性，即审查该具体行政行为所认定的事实是否清楚，是否符合法定程序，适用法律依据是否正确；审查适当性，即审查该具体行政行为是否合理、公平公正。而在行政诉讼中，人民法院主要审查被诉行政行为的合法性，一般不审查行政行为的合理性。根据《行政诉讼法》规定，行政机关因滥用自由裁量权而导致的明显不当的行政行为作为违法行为，人民法院也要进行审查，属于对合法性审查原则作了扩大解释。

（六）法律效果不同

从行政复议和行政诉讼在程序上的关系看，对属于人民法院受案范围的行政案件，公民、法人或其他组织认为行政机关作出的行政行为侵犯其合法权益的，除法律、法规规定行政诉讼以行政复议为前置外，行政相对人可以选择行政复议，也可以直接向人民法院提起诉讼。经过行政复议的案件，行政复议申请人、第三人不服行政复议决定的，除法律规定行政复议决定为最终裁决的情形外，原则上都可以向法院提起行政诉讼。例如，根据《行政复议法》第十四条规定，对国务院部门或者省、自治区、直辖市人民政府的具体行政行为不服的，向作出该具体行政行为的国务院部门或者省、自治区、直辖市人民政府申请行政复议。对行政复议决定不服的，可以向人民法院提起行政诉讼，也可以向国务院申请裁决，国务院依照本法的规定作出最终裁决。

行政复议更适合于解决大量的、普遍性、行政管理专业性较强的行政争议，是将行政争议依法及时化解在基层、化解在初发阶段、化解在行政机关内部的制度；行政诉讼审理时限长、程序严格、成本高，更适合于解决数量不大、但案件法律关系复杂的行政争议。

第二节　行政复议

⑦ 问题

公民、法人或者其他组织不服行政主体作出的具体行政行为，依法向法定的行政复议机关提出复议申请，行政复议机关依法对该具体行政行为进行合法性、适当性审查，并作出行政复议决定的行政行为。如何利用行政复议建立有效的行政机关内部纠错机制？

一、行政复议的涵义

行政复议，是指公民、法人或者其他组织认为行政主体作出的具体行政行为侵犯其合法权益，依法向具有法定权限的行政机关申请复议，由受理申请的行政机关依法对该具体行政行为合法性和合理性进行审查并作出行政复议决定的活动和制度。

（一）行政复议是行政机关内部自我纠错的一种层级监督制度

行政复议属于被动的层级监督制度，只能依据公民、法人或者其他组织的申请才能启动，在行政复议中，作出具体行政行为的行政机关或法律、法规授权的组织只能作为被申请人。

（二）行政复议权只能由法定机关行使

行政复议本质上是行政的、层级性监督，是力争将行政争议在行政机关内部予以解决的制度。为了确保行政复议的监督作用有效发挥，行政复议采取由上一级行政机关复议的原则，只有在某些特殊情况下才由原行为机关复议。

（三）行政复议是法律赋予公民、法人和其他组织的程序性权利

合法权益受到具体行政行为侵犯的公民、法人或其他组织可以自主处分自己的程序性权利，既可以提起行政复议，也可以放弃行政复议的权利。当行政复议作为行政诉讼的前置程序，法律、法规要求必须先经过行政复议才能提起行政诉讼时，公民、法人或其他组织提起行政诉讼则必须先申请复议，如果放弃申请行政复议，就无权再提起行政诉讼。例如，根据《化妆品卫生监督条例》（1989年卫生部令第3号）规定，当事人对化妆品行政处罚决定不服的，可以在收到通知书次日起15日内申请复议，对复议决定不服的，可以在收到复议决定次日起15日内向人民法院起诉。

（四）行政复议的对象只能是行政主体作出的具体行政行为

行政主体作出的具体行政行为，包括违法的或者不当的具体行政行为。违法的具体行政行为是指行政主体针对特定的公民、法人或者其他组织作出影响其权益的具体决定或者措施违反了实体法或者程序法的规定；不当的具体行政行为是指具体行政行为虽然合法但是明显不公正。行政相对人认为行政机关制定的具有普遍约束力的规范性文件即抽象行政行为侵犯其合法权益的，只能在对具体行政行为提起行政复议申请时，对具体行政行为所依据的某些规范性文件一并提出审查申请，而不能单独对抽象行政行为提起行政复议。

（五）行政复议原则上为一级终结制

原则上，对引起争议的具体行政行为只经一级行政复议机关复议即可结案，复议机关作出的复议决定是行政程序上的终局决定。申请人对复议决定不服的，一般可以向人民法院提起行政诉讼，而不能继续向复议机关的上级行政机关申请行政复议。对这一原则，《行政复议法》第十四条规定了例外情形：对国务院部门或者省、自治区、直辖市人民政府的具体行政行为不服的，向作出该具体行政行为的国务院部门或者省、自治区、直辖市人民政府申请行政复议。对行政复议决定不服的，可以向人民法院提起行政诉讼，也可以向国务院申请裁决，国务院依法作出最终裁决。换句话说，在这种情况下，选择向国务院申请裁决的，不能再向人民法院提起诉讼；国务院作出行政裁决决定后，案件即告终结。

二、行政复议的原则

《行政复议法》第四条规定：行政复议机关履行行政复议职责，应当遵循合法、公正、公开、及时、便民的原则，坚持有错必纠，保障法律、法规的正确实施。《行政复议法》所规定的上述几项原则是行政复议机关履行行政复议职责的准则，贯穿于行政复议的全过程和各个方面，其目的在于坚持有错必纠，保障法律、法规的正确实施，维护法制的权威。

（一）合法原则

依法行政是行政活动的根本原则，行政复议也不例外。合法是指履行行政复议职责的行政机关必须按照法定职责和权限，依照法定程序，对行政相对人申请行政复议的具体行政行为的合法性和适当性进行审查并作出处理决定。

（1）主体和职权法定。只有依法设立并具有行政复议职责的行政机关，才能作为行政复议机关。具体办理行政复议事项的，应当是行政复议机关负责法制工作的内设机构。行政机关中初次从事行政复议的人员，应当通过国家统一法律职业资格考试取得法律职业资格。

（2）行政复议的依据应当合法。行政复议机关进行行政复议活动，应当以现行有效的法律、法规和其他规范性文件作为依据。

（3）行政复议的程序应当合法。行政复议机关接收和审查行政复议申请、作出是否受理的决定、审查具体行政行为的合法性和适当性、作出行政复议决定等，应当严格遵守法律、法规、规章等规定的步骤、顺序、时限等程序性规定。

（二）公正原则

公正原则是指复议机关在行使复议权时应当公正地对待复议各方当事人，不能有所偏袒；应当依照法律、法规，综合考虑各方面因素，判断具体行政行为是否合理、公平公正。

（三）公开原则

公开原则是指行政复议活动应当公开进行，包括行政复议的条件、依据和过程公开。复议案件的受理、调查、审理、决定以及行政复议的依据等，都应尽可能地向当事人及社会公开。行政复议虽然实行书面复议，但申请人提出要求或者行政复议机关负责法制工作的机构认为有必要时，可以向有关组织和人员调查情况，听取申请人、被申请人和第三人的意见，必要时还可以召开听证会；除涉及国家秘密、商业秘密或者个人隐私外，申请人、第三人可以查阅被申请人提出的书面答复、作出具体行政行为的证据、依据和其他有关材料，行政复议机关不得拒绝。

（四）及时原则

及时原则是指行政复议机关应当在法律规定的时限内，完成行政复议案件的审理工作。行政复议作为行政系统内部解决行政争议的途径，必须符合行政的一般要求，包括及时的要求。与行政诉讼相比，行政复议更重视效率，尤其作为行政诉讼的前置程序时，尽可能快地处理行政复议是其内在要求。

（1）受理复议申请应当及时。复议机关收到复议申请书后，应当及时审查，及时作出是否受理的决定。

（2）行政复议申请或者规范性文件审查的申请需要转送的，行政复议机关应当在7日内转送。

（3）复议案件要按照审理期限审结，延长期限也必须严格按照法律规定、具有法律依据。

（4）作出复议决定应当及时。复议案件经审理后，复议机构应迅速拟定复议决定书，并按程序报批尽快签发。

（5）复议当事人不履行复议决定的，复议机关应当及时处理，对作出具体行政行为的行政机关不履行复议决定的，复议机关应责成其履行，并追究或建议追究有关人员的行政责任。

（五）便民原则

复议机关应当尽可能地为复议申请人提供便利条件，如复议申请可以书面申请，也可以口头申请，在复议申请人无能力书写复议申请书的情况下，复议工作人员应当把复议申请人的口述记录在案，请复议申请人签名或盖章；在难以确定应当向哪一个行政机关申请行政复议时，可以直接向具体行政行为发生地的县级人民政府提出行政复议申请，由该县级人民政府负责转送；在能够通过书面审理解决问题的情况下，尽量不采用其他方式审理行政复议案件，避免让复议当事人不必要地耗费时间、财力和精力；行政机关受理行政复议申请，不能向申请人收取任何费用。

三、行政复议的受案范围

行政复议的受案范围，即哪些行政行为可以成为行政复议的对象。我国行政复议的范围比行政诉讼的范围稍微广一些。

（一）行政复议的确定性范围

《行政复议法》明确列举了行政复议受案范围包括的具体行政行为，其中与食品药品监管相关的几类具体行政行为如下。

1. 行政处罚 即行政主体对违反行政管理秩序的公民、法人或其他组织所实施的惩罚。

2. 行政强制 包括行政强制措施和行政强制执行。行政强制措施指行政机关在行政管理过程中，为制止违法行为、防止证据损毁、避免危害发生、控制危险扩大等情形，依法对公民的人身自由实施暂时性限制，或者对公民、法人或者其他组织的财物实施暂时性控制的行为。行政强制执行指行政机关或者行政机关申请人民法院，对不履行行政决定的公民、法人或者其他组织，依法强制履行义务的行为。

3. 许可证照管理行为 即行政机关对公民、法人或者其他组织依法取得的许可证、执照、资质证、资格证等作出变更、中止、撤销等决定的行为。

4. 侵犯法定经营自主权的行为 经营自主权是市场经营主体依法享有的自主支配和使用其人力、物力和财力，独立开展生产经营活动的权利。各种市场主体认为行政机关侵犯其法定经营自主权范围内的权利，都可以提起行政复议。

5. 违法要求履行义务的行为 即行政机关违法集资、征收财物、摊派费用或违法要求履行其他义务的行为。例如，在法律规定之外，行政机关自行制定规范性文件或口头为相对人设定某种义务；超出法律规定的种类、幅度和方式要求相对人履行义务；重复要求相对人履行义务；违反法定程序要求相对人履行义务等。

6. 不予行政许可行为　即行政机关对公民、法人或其他组织提出的行政许可申请作出的不予许可决定，包括对行政许可申请不予答复和拒绝颁发许可的情形。

7. 其他具体行政行为　《行政复议法》规定，公民、法人或其他组织认为行政机关的其他具体行政行为侵犯其合法权益的，有权申请行政复议。近年来，随着依法治国方略的逐步推进和立法不断健全，行政复议的范围也在逐步扩大。例如，根据《中华人民共和国政府信息公开条例》（国务院令711号修订）第五十一条规定，公民、法人或者其他组织认为行政机关在政府信息公开工作中的具体行政行为侵犯其合法权益的，可以依法申请行政复议。据此，该条例在一定范围内将行政机关侵犯公民知情权的行为纳入了行政复议的范围。

（二）行政复议的排除范围

行政复议的排除范围，即不在行政复议范围、复议机关不能受理的行政争议。行政复议的排除事项有以下几类。

1. 不服行政处分及其他人事处理决定的　行政复议法规定，不服行政机关作出行政处分或者其他人事处理决定的，依照有关法律、行政法规的规定提出申诉。根据《中华人民共和国公务员法》的规定，公务员对处分和其他人事处理不服的，可以自知道之日起三十日内向原处理机关申请复核；对复核结果不服的，可以自接到复核决定之日起十五日内，按照规定向同级公务员主管部门或者作出处分和其他人事处理的机关的上一级机关提出申诉；也可以不经复核，自知道该人事处理之日起三十日内直接提出申诉。对省级以下机关作出的申诉处理决定不服的，可以向作出处理决定的上一级机关提出再申诉。行政机关公务员对处分不服向行政监察机关申诉的，按照《中华人民共和国行政监察法》的规定办理。

2. 不服行政机关对民事纠纷作出的调解和其他处理的　按照我国现行法律规定，某些法律授权部分行政机关对与其行使行政管理职责有关的民事纠纷，依照民事法律规则进行调解、处理。对行政机关调解、处理民事纠纷的行为不能申请复议，是因为这类调解处理行为是行政机关以第三人的身份，针对平等主体之间的民事纠纷作出的居中调解处理行为。如果调解达成协议，是当事人双方对各自民事权利依法处分的结果；如果未达成协议，则调解终止，当事人之间的争议仍然属于民事争议，当事人可以依法申请仲裁或者向人民法院提起民事诉讼。如果在行政机关调解处理后，允许对此类调解处理行为申请行政复议，复议机关也只能就原调解处理是否合法、适当作出判断，不能最终解决当事人之间的民事纠纷，不利于保护当事人的民事权利。

四、行政复议申请

（一）申请行政复议的条件

行政复议实行“不告不理”的原则，行政复议以相对人申请为前提，复议机关不能主动启动复议程序。申请人申请行政复议必须满足一定的条件。

1. 一般条件 即申请行政复议的基本要求，普遍适用于任何行政复议申请。

（1）申请人应当是认为具体行政行为侵犯其合法权益的公民、法人或其他组织。

（2）有明确的符合规定的被申请人。如果没有明确的符合规定的被申请人，意味着没有人承担责任，复议活动无从进行。

（3）有具体的复议请求和事实根据。复议请求指申请人提出的主张，要求复议机关保护自己的哪些具体权益和提供哪些具体救济，比如，要求撤销或者改变原具体行政行为，要求行政机关重新作出具体行政行为等。明确的事实根据，即具体行政行为作出、存在、变更或者消灭的事实经过，侵害权益的事实经过，以及能够证明上述事实、支持申请人复议请求的证明材料和其他材料。

（4）属于复议范围。公民、法人或其他组织只能按照法律规定提出复议申请，不在复议范围内的复议机关不予受理。

（5）有关单行法律、法规对申请复议条件有特别规定的，还应满足相应的特别条件。

2. 时间条件 《行政复议法》规定，申请人可以自知道侵犯其合法权益的具体行政行为之日起60日内申请行政复议。其他单行法律规定的申请复议期限超过60日的，则适用该较长的申请期限。

关于行政复议申请期限的计算。根据《行政复议法》第九条规定，申请行政复议的期限，从申请人知道具体行政行为之日起开始计算。所谓知道，是指了解具体行政行为的内容，或者了解行政机关存在不作为的事实。具体需要注意把握以下几点。

（1）对行政机关作出的具体行政行为的复议申请期限计算。在具体行政行为依法送达的情形下，当场作出具体行政行为的，自具体行政行为作出之日起计算；载明具体行政行为的法律文书直接送达的，自受送达人签收之日起计算；载明具体行政行为的法律文书邮寄送达的，自受送达人在邮件签收单上签收之日起计算，没有邮件签收单的，自受送达人在送达回执上签名之日起计算；具体行政行为依法通过公告形式告知受送达人的，自公告规定的期限届满之日起计算；行政机关作出具体行政行为时未告知公民、法人或者其他组织，事后补充告知的，自该公民、法人或者其他组织收到行政机关补充告知的通知之日起计算；被申请人能够证明公民、法人或者其他组织知道具体行政行为的，自证据材料证明其知道具体行政行为之日起计算。

（2）对行政机关不作为的复议申请期限计算。公民、法人或者其他组织申请行政机关履行法定职责，行政机关未履行的，行政复议申请期限根据行政机关履行职责的法定期限确定：有履行期限规定的，自履行期限届满之日起计算；没有履行期限规定的，自行政机关收到公民、法人或者其他组织提出的履职申请满60日起计算。公民、法人或者其他组织在紧急情况下请求行政机关履行保护人身权、财产权的法定职责，行政机关不履行的，行政复议申请期限不受前述时限的限制。

（3）复议期限的中止。根据《行政复议法》第九条规定，因不可抗力或者其他正当理由耽误法定申请期限的，申请期限自障碍消除之日起继续计算。

需要特别注意的是，为了保障公民、法人和其他组织的行政复议权利，《行政复议法实施条例》确立了行政复议权利告知制度。该条例第十七条规定，行政机关作出的具体行政行为对公民、法人或者其他组织的权利、义务可能产生不利影响的，应当告知其申请行政复议的权利、行政复议机关和行政复议申请期限。

知识链接

行政复议期间的计算：根据《行政复议法》第四十条规定，行政复议期间的计算，依照民事诉讼法关于期间的规定执行。民事诉讼法规定，期间开始的时和日，不计算在期间内。期间届满的最后一日是节假日的，以节假日后的第一日为期间届满的日期。

3. 形式条件　是指申请人提出复议申请的具体表现方式，包括书面申请和口头申请两种形式。

申请人书面申请行政复议的，可以采取当面递交、邮寄或者传真等方式提出；有条件的行政复议机构可以接受以电子邮件形式提出的行政复议申请。申请人书面申请行政复议的，应当在行政复议申请书中载明下列事项：①申请人的基本情况。申请人是公民的，基本情况包括公民的姓名、性别、年龄、身份证号码、工作单位、住所、邮政编码；申请人是法人或者其他组织的，基本情况包括法人或者其他组织的名称、住所、邮政编码和法定代表人或者主要负责人的姓名、职务；②被申请人的名称；③行政复议请求、申请行政复议的主要事实和理由；④申请人的签名或者盖章；⑤申请行政复议的日期。

申请人书面申请确有困难的，也可以口头申请。口头申请的，行政复议机关应当当场记录，制作行政复议申请笔录交申请人核对或者向申请人宣读，并由申请人签字确认。口头申请笔录的内容，与上述行政复议申请书中载明的事项相同。

（二）行政复议参加人

行政复议参加人，是指与争议的具体行政行为有利害关系而参加行政复议的公民、法人和其他组织，包括申请人、被申请人、第三人和代理人，他们参加行政复议的原因不同，在行政复议中的地位以及法律后果不同。

1. 行政复议申请人　即认为自身合法权益受到侵害，依法申请行政复议的公民、法人或者其他组织。行使国家权力的机关不能作为行政复议的申请人。

（1）公民。公民作为行政复议申请人，应当具有参加行政复议的权利能力和行为能力。有权申请行政复议的公民死亡的，其近亲属可以申请行政复议。有权申请行政复议的公民为无民事行为能力人或者限制民事行为能力人的，其法定代理人可以代为申请行政复议。

（2）法人或其他组织。法人申请行政复议，一般由其法定代表人代为进行。股份制企业的股东大会、股东代表大会、董事会可以以企业的名义申请行政复议。合伙企业申请行政复议的，应当以核准登记的企业为申请人，由执行合伙事务的合伙人代表该企业参加行政复议；其他合伙组织申请行政复议的，由合伙人共同申请行政复议，也即合伙人共同参加行政复议；除合伙企业、非企业的合伙组织外，不具备法人资格的其他组织申请行政复议的，由该组织的主要负责人代表该组织参加行政复议；没有主要负责人的，由共同推选的其他成员代表该组织参加行政复议。有权申请行政复议的法人或者其他组织终止的，承受其权利的法人或者其他组织可以申请行政复议。

2. 行政复议被申请人 即作出被申请复议的具体行政行为的行政主体，包括行政机关和法律、法规授权行使外部行政管理职能的组织。需要注意以下几点。

（1）共同被申请人。两个或者两个以上行政机关以共同的名义作出具体行政行为的，共同作出具体行政行为的行政机关是被申请人。行政机关与法律、法规授权的组织以共同的名义作出具体行政行为的，行政机关和该组织为共同被申请人。行政机关与其他组织以共同名义作出具体行政行为的，行政机关为被申请人。

（2）县级以上人民政府依法设立的派出机关作出具体行政行为，该派出机关为被申请人。根据法律、法规的授权以自己的名义作出具体行政行为的派出机构，该派出机构为被申请人。行政机关设立的派出机构、内设机构或者其他组织，未经法律、法规授权，对外以自己名义作出具体行政行为的，该行政机关为被申请人。

（3）下级行政机关依照法律、法规、规章规定，经上级行政机关批准作出具体行政行为的，批准机关为被申请人。

（4）行政机关委托特定组织或者个人实施具体行政行为的，委托的行政机关为被申请人。

（5）作出具体行政行为的行政机关被撤销的，申请人不服该行政机关撤销前作出的具体行政行为而申请行政复议的，由继续行使该机关职权的行政机关作为被申请人。

3. 行政复议第三人 即与被申请的具体行政行为有利害关系、参加行政复议的其他公民、法人或者其他组织。

在主体上，第三人是申请人以外的公民、法人或其他组织，即第三人是与行政复议申请人相对应的。在两个或者两个以上的当事人与某个具体行政行为有利害关系时，其中部分人申请参加行政复议的，其他人可以不再单独申请行政复议，而以第三人身份参加到行政复议中，以保护自己的合法权益。

在实体权利义务上，第三人同被申请行政复议的具体行政行为有利害关系，即具体行政行为对第三人的合法权益产生直接影响。

在程序上，第三人是在他人申请的行政复议已经开始但尚未结束时参加到行政复议活动中。第三人参加到行政复议活动中的途径有两种：①第三人申请参加。行政复议期间，申请人以外的公民、法人或者其他组织与被审查的具体行政行为有利害关系的，可以向行政复议机构申请作为第三人参加行政复议。②行政复议机构通知第三人参加。第三人不参加行政复议，不影响行政复议案件的审理。

4. 行政复议代理人 即接受当事人的委托，以被代理人的名义在代理权限范围内参加行政复议活动的人。复议代理人具有以下特点：①复议代理人以被代理人的名义，为维护被代理人的利益而参加复议，他自己与被复议的行政行为并无利害关系；②复议代理人必须在代理权限范围内实施代理行为；③复议代理人依法参加复议的法律后果由被代理人承担。

从代理权产生看，复议代理人可以分为法定代理人和委托代理人。法定代理人，是指根据法律规定，代理无民事行为能力或者限制民事行为能力的行政复议申请人、第三人参加行政复议的人。法定代理人一般与被代理人有亲权和监护关系，其代理权的产生和代理权限范围都是基于法律的明确规定。委托代理人，是指受申请人、第三人委托代为参加行政复议的人。申请人、第三人可以委托1至2名代理人参加行政复议。申请人、第三人委托代理人的，应当向行政复议机构提交授权委托书。授权委托书应当载明委托事项、权限和期限。公民在特殊情况下无法书面委托的，可以口头委托。口头委托的，行政复议机构应当核实并记录在卷。申请人、第三人解除或者变更委托的，应当书面报告行政复议机构。

行政复议代表人。申请人人数众多时，为便于案件审理，提高行政复议效率，有必要实行行政复议代表人制度。行政复议代表人实质上是一种特殊的行政复议代理人。根据《行政复议法实施条例》第八条规定，同一行政复议案件申请人超过5人的，推选1至5名代表参加行政复议。行政复议代表人本身就是行政复议申请人。实践中，推选行政复议代表人，必须出具有全体行政复议申请人签字的书面授权委托书，代表人的权限以书面委托书的规定为准。

（三）行政复议机关

行政复议机关与行政复议机构是承担行政复议职能，行使复议审查权的组织。依法履行行政复议职责的行政机关是行政复议机关，行政复议机关内部设立的具体负责办理行政复议事务的机构是行政复议机构，一般是行政复议机关负责法制工作的机构。复议机关是行政机关，对外行使行政管理职权，而复议机构只是复议机关的办事机构。复议机构审理复议案件时，只能以复议机关的名义进行。

行政复议机关根据行政机关上下级监督的关系确定，因此一般为被申请人的上一级行政机关，被申请人的上一级行政机关为国务院的，实行原级复议，即由被申请人作为行政复议机关。如果被申请人的上一级行政机关有两个或者两个以上，申请人可以选择其中一个提出复议申请。根据被申请人的不同情况，复议机关包括以下情形。

1. 对县级以上地方各级人民政府工作部门的具体行政行为不服的，由申请人选择，可以向该部门的本级人民政府申请行政复议，也可以向上一级主管部门申请行政复议。对海关、金融、国税、外汇管理等实行垂直领导的行政机关和国家安全机关的具体行政行为不服的，向上一级主管部门申请行政复议。对经国务院批准实行省以下垂直领导的部门作出的具体行政行为不服的，可以选择向该部门的本级人民政府或者上一级主管部门申请行政复议，省、自治区、直辖市另有规定的，依照省、自治区、直辖市的规定办理。

2. 对地方各级人民政府的具体行政行为不服的，向上一级地方人民政府申请行政复议。对省、自治区人民政府依法设立的派出机关所属的县级地方人民政府的具体行政行为不服的，向该派出机关申请行政复议。

3. 对县级以上地方人民政府依法设立的派出机关的具体行政行为不服的，向设立该派出机关的人民政府申请行政复议。

4. 对政府工作部门依法设立的派出机构依照法律、法规或者规章规定，以自己的名义作出的具体行政行为不服的，向设立该派出机构的部门或者该部门的本级地方人民政府申请行政复议。

5. 对法律、法规授权的组织的具体行政行为不服的，分别向直接管理该组织的地方人民政府、地方人民政府工作部门或者国务院部门申请行政复议。

6. 对国务院部门或者省、自治区、直辖市人民政府的具体行政行为不服的，向作出该具体行政行为的国务院部门或者省、自治区、直辖市人民政府申请行政复议。

7. 对两个或者两个以上行政机关以共同的名义作出的具体行政行为不服的，向其共同上一级行政机关申请行政复议。申请人对两个以上国务院部门共同作出的具体行政行为不服的，可以向其中任何一个国务院部门提出行政复议申请，由作出具体行政行为的国务院部门共同作出行政复议决定。

8. 对被撤销的行政机关在撤销前所作出的具体行政行为不服的，向继续行使其职权的行政机关的上一级行政机关申请行政复议。

由于行政主体组织庞大、数量众多、关系复杂，发生行政争议后，申请人有时难以准确判断哪个行政机关是行政复议机关。为了便于公民、法人和其他组织申请行政复议，畅通行政复议渠道，根据《行政复议法》第十五条第二款规定，有下列情形之一的，申请人也可以向具体行政行为发生地的县级地方人民政府提出行政复议申请，由接受申请的县级地方人民政府依照本法第十八条的规定办理：一是对县级以上地方人民政府依法设立的派出机关的具体行政行为不服的；二是对政府工作部门依法设立的派出机构依照法律、法规或者规章规定，以自己的名义作出的具体行政行为不服的；三是对法律、法规授权的组织的具体行政行为不服的；四是对两个或者两个以上行政机关以共同的名义作出的具体行政行为不服的；五是对被撤销的行政机关在撤销前所作出的具体行政行为不服的。在上述情形中，接受申请人行政复议申请的县级地方人民政府不一定是该行政复议案件的行政复议机关，对属于其他行政复议机关受理的行政复议申请，应当自接到该行政复议申请之日起七日内转送有关行政复议机关，并告知申请人。接受转送的行政复议机关应当依法对行政复议申请进行审查，决定是否予以受理。

五、行政复议的受理

行政复议的受理是指复议申请人提出复议申请后，行政复议机关经审查认为符合条件而决定立案受理的活动。申请人的申请行为与行政复议机关的受理行为相结合，标志着行政复议程序正式开始。

（一）审查

受理以复议机关对申请人提交的行政复议申请的审查为前提，审查的范围如下。

1. **审查职责范围** 即审查是否属于本复议机关的职责范围。

2. **审查是否符合申请的一般条件** 申请人提出复议申请后，复议机关应当审查是否符合申请复议的基本条件。

3. **审查是否超过法定申请时效** 如果复议申请超过申请时效，又无正当理由申请延长期限，复议机关不予受理。

4. **审查是否重复申请** 对复议机关已经处理过的行政复议案件，或者正在审理的行政复议案件，申请人不能向复议机关提出同一行政复议申请。

5. **审查是否已起诉**　公民、法人或者其他组织向人民法院提起行政诉讼，人民法院已经依法受理的，不得申请行政复议。

6. **审查申请形式**　复议申请书是否符合格式要求，如果不符合可要求申请人补正。

（二）受理

行政复议机关收到复议申请后，应当在5个工作日内进行审查，决定是否受理。审查并决定是否受理复议申请既是复议机关的职权，也是其职责，必须严格依法履行。

1. **不予受理**　复议机关认为申请人提出的复议申请不符合法定受理条件的，决定不予受理并书面告知申请人。不予受理决定必须具有法定理由。如果申请人不服不予受理的决定，可以有两种选择：一是将情况向复议机关的上级行政机关反映，上级行政机关认为行政复议机关不予受理行政复议申请的理由不成立的，可以先行督促其受理；经督促仍不受理的，应当责令其限期受理，必要时也可以直接受理；认为行政复议申请不符合法定受理条件的，应当告知申请人；二是在收到不予受理决定书之日起15日之内，以复议机关为被告，依法向人民法院起诉。

2. **告知向其他机关申请复议**　对符合法定条件，但是不属于本机关受理的行政复议申请，行政复议机关应当告知申请人向有关行政复议机关提出。

3. **受理**　除不予受理和不属于本机关职责范围的以外，行政复议申请自行政复议机关负责法制工作的机构收到之日起即为受理。

4. **通知申请人补正**　行政复议机构收到行政复议申请后，发现申请人提出行政复议申请时错列被申请人的，应当告知申请人变更被申请人。行政复议申请材料不齐全或者表述不清楚的，行政复议机构可以自收到该行政复议申请之日起5个工作日内书面通知申请人补正。补正通知应当载明需要补正的事项和合理的补正期限。无正当理由逾期不补正的，视为申请人放弃行政复议申请。补正申请材料所用时间不计入行政复议审理期限。

此外，申请人向具体行政行为发生地的县级地方人民政府提出行政复议申请，接受行政复议申请的县级地方人民政府审查发现行政复议申请属于其他行政复议机关受理的，应当自接到该行政复议申请之日起7日内，转送有关行政复议机关，并告知申请人。接受转送的行政复议机关应当在5日内对行政复议申请进行审查，决定是否受理。

根据行政复议法的规定，申请人就同一事项向两个或者两个以上有权受理的行政机关申请行政复议的，由最先收到行政复议申请的行政机关受理；同时收到行政复议申请的，由收到行政复议申请的行政机关在10日内协商确定；协商不成的，由其共同上一级行政机关在10日内指定受理机关。协商确定或者指定受理机关所用时间不计入行政复议审理期限。

六、行政复议审理

复议机关受理复议申请后，应全面审查被申请人作出具体行政行为所依据的事实、程序和法律依据，并最终作出复议决定。

（一）行政复议审理包括的程序与内容

1. 被申请人答复 行政复议机构应当自受理复议申请之日起7日内，将复议申请书副本或者行政复议申请笔录复印件发送被申请人，被申请人应当自收到前述材料之日起10内，向复议机关作出书面答复，并提交当初作出具体行政行为的证据、依据和其他有关材料。被申请人逾期不提交答复的，不影响复议的进行。被申请人负有证明其行为合法和适当的举证责任，向复议机关提交有关材料或证据是被申请人的一项法律义务。否则，其行为可能被复议机关认定为违法而撤销。

2. 审理方式 行政复议以书面审理为原则，原则上不进行公开庭审，不现场调查、当面质证。申请人提出要求或者复议机构认为有必要时，可以向有关组织和人员调查情况，听取申请人、被申请人和第三人的意见；对重大、复杂的案件，申请人提出要求或者行政复议机构认为必要时，还可以采取听证的方式审理。总的原则是查清事实，依法、公正、及时作出行政复议决定。

行政复议机构审理行政复议案件，应当由2名以上行政复议人员参加。调查取证时，行政复议人员不得少于2人，并应当向当事人或者有关人员出示证件。被调查单位和人员应当配合行政复议人员的工作，不得拒绝或者阻挠。需要现场勘验的，勘验所用时间不计入行政复议审理期限。行政复议期间涉及专门事项需要鉴定的，当事人可以自行委托鉴定机构进行鉴定，也可以申请行政复议机构委托鉴定机构进行鉴定。鉴定费用由当事人承担。鉴定所用时间不计入行政复议审理期限。

3. 审理的内容 行政复议中，复议机关审查的主要内容包括被申请人作出具体行政行为的合法性和合理性两个方面，具体包括作出具体行政行为是否具有职权依据、事实是否清楚、程序是否合法、内容是否适当，以及作出行政行为是否有充足的法律依据等。

4. 申请人和第三人的知情权保障

行政复议过程中，申请人、第三人可以查阅被申请人提出的书面答复、作出具体行政行为的证据、依据和其他有关材料，除涉及国家秘密、商业秘密或者个人隐私外，行政复议机关不得拒绝。行政复议机关应当为申请人、第三人查阅有关材料提供必要条件。

5. 行政复议中止 即出现法定情形，行政复议机关暂时停止对具体行政行为进行审查，待有关影响行政复议案件审理的情形消除后，再继续审理行政复议案件。行政复议中止的原因消除后，应当及时恢复行政复议案件的审理。行政复议机构中止、恢复行政复议案件的审理，应当告知有关当事人。行政复议中止的情形如下。

（1）行政复议申请人主体资格消灭或者丧失参加行政复议的能力，其他有权申请行政复议的人尚未决定是否参加行政复议。

（2）不可抗力。

（3）案件涉及法律适用问题，需要有权机关作出解释或者确认的。

（4）案件审理需要以其他案件的审理结果为依据，而其他案件尚未审结的。

（5）其他需要中止行政复议的情形。

（二）行政复议审理的特殊规则

1. 复议期间具体行政行为的效力 行政复议期间具体行政行为不停止执行，这是行政复议的一项特殊规则。同时，为了防止执行具体行政行为可能造成无可挽回的损害，以下情形可以暂停执行：①被申请人认为需要停止执行；②行政复议机关认为需要停止执行；③申请人申请停止执行，行政复议机关认为其要求合理，决定停止执行；④法律规定停止执行。

知识链接

根据《中华人民共和国治安管理处罚法》的规定，被处罚人不服行政拘留处罚决定，申请行政复议、提起行政诉讼的，可以向公安机关提出暂缓执行行政拘留的申请。公安机关认为暂缓执行行政拘留不致发生社会危险的，由被处罚人或者其近亲属提出符合条件的担保人，或者按每日行政拘留二百元的标准交纳保证金，行政拘留的处罚决定暂缓执行。

2. 行政复议证据规则 行政复议证据具有一般性，也具有特殊性。作为特殊的证据制度，行政复议证据有以下特点。

（1）举证责任分担。行政复议中，实行被申请人对具体行政行为负担举证责任的举证规则，即被申请人要在行政复议机关要求的时限内提供作出具体行政行为所依据的事实和规范性文件，不能提供的，就面临着具体行政行为被复议机关撤销或确认为违法或不当的风险。

（2）证明要求。行政复议的证明要求集中在被申请的具体行政行为的合法性和适当性上，不同于行政诉讼的证明要求主要集中在被诉的具体行政行为合法性上，也不同于民事诉讼的证明要求侧重于原被告双方当事人主张的合法性上。

（3）证据的收集。在复议过程中，被申请人不得自行向申请人和其他有关组织或个人收集证据，即行政复议中的证据限于具体行政行为作出以前收集到的证据。

3. 行政复议的审理依据 复议机关解决争议，要以确认具体行政行为是否合法的法律规范为标准，这些法律规范就是复议机关审查具体行政行为的依据。行政复议机关要根据法律规定的条件和程序，对具体行政行为的依据是否合法进行评判，只有在该依据符合制定主体的权限、制定符合法定程序并与上位法不冲突时，才能作为判断具体行政行为是否合法、适当的依据。

（1）复议申请人在申请行政复议时一并提出对有关规定的审查申请。对此，行政复议机关的处理程序分为两种：

一是行政复议机关对该规定有权处理的，应在30日内依法处理。有权处理是指依据宪法、有关组织法和有关法律、法规规定，复议机关有权依法直接撤销或者改变有关规定。具体包括行政机关对于自己发布的规定有权处理；上级人民政府对于下级人民政府发布的规定有权处理；有领导权的上级人民政府工作部门对于下级人民政府工作部门发布的规定有权处理；各级人民政府对本级政府工作部门中不受上级机关直接领导的行政机关发布的规定有权处理等。在30日内依法处理，即在30日内由本行政复议机关对该规定制定主体的权限是否合法、制定程序是否合法、内容是否合法等方面进行审查，并作出维持、撤销、改变或者责令纠正的处理决定。

二是对于本行政复议机关无权处理的，如由行政复议机关的上级行政机关制定的规定，以及行政复议机关没有领导权、指导权的其他行政机关制定的规定，复议机关应当在7 日内按照法定程序转送有权处理的行政机关依法处理。有权处理的行政机关应当在60日内依法处理，并将处理结果告知行政复议机关。行政复议机关或者其他有权处理机关对有关规定依法处理期间，行政复议机关中止对具体行政行为的审查。

（2）复议机关审查。对具体行政行为进行审查时，无论申请人是否一并申请对具体行政行为的依据进行审查，行政复议机关都要对具体行政行为的依据的合法性进行评判。对申请人没有一并申请进行审查的具体行政行为的依据，行政复议机关认为该依据不合法的，有两种处理方式：一是行政复议机关对该依据有权处理的，应在30日内依法处理；二是行政复议机关对该依据无权处理的，应当在7日内按照法定程序转送有权处理的国家机关依法处理。“国家机关”既包括行政复议机关的上级行政机关、以及行政复议机关没有领导权、指导权的其他行政机关，也包括对该依据有权处理的立法机关。

七、行政复议终止

行政复议终止，是指行政复议过程中出现法定情形后，行政复议机关不再继续审理有关行政复议案件，从而终结行政复议的活动。行政复议终止的情形如下。

1. 申请人要求撤回行政复议申请，行政复议机构准予撤回的 复议过程中，复议决定作出前，经说明理由，申请人有权撤回复议申请。申请人自愿撤回行政复议申请的，经行政复议机构同意，可以撤回，行政复议终止。申请人撤回复议申请后，除申请人能够证明撤回复议申请违背其真实意思表示外，不得再以同一事实和理由申请复议。

2. 申请人资格消灭，没有承受人参加复议 作为申请人的自然人死亡，没有近亲属或者其近亲属放弃行政复议权利的；作为申请人的法人或者其他组织终止，其权利义务的承受人放弃行政复议权利的。此外，因下列原因中止行政复议，满60日行政复议中止的原因仍未消除的，行政复议终止：①作为申请人的自然人死亡，其近亲属尚未确定是否参加行政复议的；②作为申请人的自然人丧失参加行政复议的能力，尚未确定法定代理人参加行政复议的；③作为申请人的法人或者其他组织终止，尚未确定权利义务承受人的。

3. 申请人与被申请人依照法达成和解的 行政复议和解是指申请人、被申请人在行政复议过程中，基于自愿对纠纷的解决达成合意，行政复议机关经审查准许后，对行政复议案件不再继续审理。

4. 行政强制措施变更为刑事拘留 申请人对行政拘留或者限制人身自由的行政强制措施不服申请行政复议后，因申请人同一违法行为涉嫌犯罪，该行政拘留或者限制人身自由的行政强制措施变更为刑事拘留的。

八、行政复议决定

行政复议决定，是指复议机构对案件进行初步审查，提出意见，经行政复议机关的负责人审查同意或集体讨论通过后，就被申请行政复议的具体行政行为是否合法、适当所作出的书面决定。行政复议机关应当自受理申请之日起60日内作出行政复议决定；但是法律规定的行政复议期限少于60日的除外。情况复杂，不能在规定期限内作出行政复议决定的，经行政复议机关的负责人批准，可以适当延长，并告知申请人和被申请人；但是延长期限最多不超过30日。除申请人依法撤回行政复议申请外，行政复议期间被申请人改变原具体行政行为的，不影响行政复议案件的审理。

（一）维持决定

维持决定是行政复议机关经过审查具体行政行为，认为其认定事实清楚，证据确凿，适用依据正确，程序合法，内容适当，从而作出否定申请人的指控，肯定被审查的具体行政行为合法、正确的决定。维持决定适用的条件如下。

1. 具体行政行为事实清楚、证据确凿　事实是指主要事实或基本事实。证据确凿是指作出具体行政行为所依据的证据材料真实、可靠。具体要求是：①具体行政行为所采纳的每个证据都充分、确实，具有真实性、合法性和关联性；②各项证据相互协调一致，形成完整的证据链，足以证明具体行政行为所依据的客观情况过程和环节。

2. 适用依据正确　是指具体行政行为作出时所依据的规范性文件正确，具体行政行为与所依据的规范性文件之间相互匹配。具体包含三层含义：①具体行政行为作出时有规范性文件作为依据；②这些依据本身是合法有效的；③具体行政行为适用法律、法规及行政规范性文件是正确的，没有适用不该适用的规范，也没有该适用的规范未予适用；既适用正确的规范性文件，又适用正确的文件的正确条款。

3. 程序合法　是指作出具体行政行为时遵守了法定程序，符合法定程序的要求。具体包括：①符合法定的方式，如表明执法身份、说明理由等；②符合法定形式，如采取书面形式、证照形式、制作笔录等；③符合法定手续，如通知、批准、送达等；④符合法定步骤和顺序，如先行告知等；⑤符合法定时限要求。

4. 内容适当　行政机关在法律法规或者行政规范性文件规定的裁量范围和幅度内，应当恰当地行使裁量权。内容适当，要求行政机关作出具体行政行为时，应当符合下列要求：①具体行政行为应当符合立法目的；②具体行政行为应当具备正当的动机，例如，罚款是为了制裁违法行为，而不是为了增加财政收入；③具体行政行为应当在考虑各种相关因素的基础上，综合整体情况后作出。

（二）责令履行法定职责决定

复议机关经过审查，认定被申请人没有履行法律、法规规定的职责，从而作出责令其在一定期限内履行法定职责的决定。责令履行法定职责决定的适用条件如下。

1. 被申请人具有法定职责　即被申请人是有权作出该具体行政行为的行政机关或者法律、法规授权的组织。

2. 被申请人未作出有关具体行政行为且无正当理由

3. 被申请人有履行法定职责的可能性

4. 责令被申请人在一定期限内履行法定职责具有实际意义 如果已经时过境迁，责令被申请人继续履行职责已经毫无意义，则不宜作出责令被申请人履行法定职责决定，可以考虑作出确认违法决定。

（三）撤销决定

撤销决定指复议机关经过审查具体行政行为，认为具体行政行为违法或不当，作出否定具体行政行为的决定。撤销决定可以全部撤销，也可以部分撤销；可以简单撤销，也可以撤销并责令重新作出具体行政行为。撤销决定适用于下列情况。

1. 主要事实不清，证据不足 主要事实不清，指作出具体行政行为所依据的基本事实缺乏证据或者证据不充分。

2. 适用依据错误 具体表现形式包括：未适用应当适用的法规，未适用应当适用的法规条款；违反了法律不溯及既往的原则，适用了已被废止的法规等。

3. 违反法定程序 是指违法了法律、法规、规章或者其他规范性文件规定的方式、形式、手续、步骤、时限等程序性要求。遵守法定程序是作出合法、适当的具体行政行为的重要保证，违反法定程序，就容易作出错误的决定，不论由此作出的具体行政行为实体上是否合法，相对人一方都会对其合法性存有疑惑。

4. 超越职权或者滥用职权 超越职权，又称行政越权，是指行政机关及其工作人员超越职务权限的行为。如下级行政机关行使了上级行政机关的权限，或者行政机关行使了其他行政机关的职权。

5. 具体行政行为明显不当 指该行为虽然合法，但明显不妥当的行为。这类行为主要发生在法律、法规规定行政机关可以裁量的领域。

6. 被申请人答复、举证不能 被申请人收到行政复议机关的答复通知后，未依照行政复议法的规定提出书面答复、提交当初作出具体行政行为的证据、依据和其他有关材料的，视为该具体行政行为没有证据、依据，行政复议机关应当决定撤销该具体行政行为。

（四）变更决定

行政复议机关经过对具体行政行为的审查，认为该具体行政行为违法或不当，作出改变原具体行政行为的决定。变更决定实际上是复议机关撤销了原具体行政行为，同时直接作出了一个新的具体行政行为，改变了原具体行政行为的内容。变更决定主要适用于下列情况。

（1）认定事实清楚，证据确凿，程序合法，但是明显不当或者适用依据错误的。

（2）认定事实不清，证据不足，但是经行政复议机关审理查明事实清楚，证据确凿的。

（五）确认违法决定

确认违法决定主要针对被申请人的不作为行为、事实行为以及被申请人已经撤销违法行为的情况作出。例如，对于行政机关的不作为行为或事实行为，无法适用撤销决定，只能用确认违法决定认定其违法。

（六）驳回复议申请决定

根据《行政复议法》规定，行政复议机关收到行政复议申请后，应当在5个工作日内审查，符合受理条件的应当予以受理。由于行政复议受理期限较短，一些已经受理的行政复议申请，行政复议机关在审理过程中会发现，申请人要求对行政不作为进行复议但复议理由不成立，或者行政复议申请不符合法定受理条件而被受理了。在这些情形中，从本质上讲，申请人的复议申请原本不应当被受理，因此，在行政复议申请已经被受理的情况下，复议机关应当作出驳回复议申请决定。复议机关作出驳回复议申请的决定后，上级行政机关认为行政复议机关驳回行政复议申请的理由不成立的，应当责令其恢复审理。

九、行政复议中的调解

为及时解决行政争议，对申请人因不服行政主体作出的自由裁量的具体行政行为而复议的，可以由行政复议机关进行调解，促使申请人和被申请人达成和解，化解矛盾，平息纷争。行政复议调解需要注意以下几点。

1. 调解应当坚持自愿、合法的原则　行政复议中，只有申请人和被申请人都自愿接受调解时，复议机关才能进行调解。调解应当依法进行，遵守法定程序，不得损害国家利益、社会公共利益和他人的合法权益。

2. 调解适用的情形　一是申请人对行政机关行使法律、法规规定的自由裁量权作出的具体行政行为不服申请行政复议的；二是当事人之间的行政赔偿或者行政补偿纠纷。

3. 调解应当符合一定的要式条件　当事人经调解达成协议的，行政复议机关应当制作行政复议调解书。调解书应当载明行政复议请求、事实、理由和调解结果，并加盖行政复议机关印章。行政复议调解书经双方当事人签字，即具有法律效力。

调解未达成协议或者调解书生效前一方反悔的，行政复议机关应当及时作出行政复议决定。

十、行政复议决定的履行

行政复议决定书一经送达，即发生法律效力。各方当事人应当严格履行行政复议决定。

（一）被申请人履行

行政复议机关责令被申请人重新作出具体行政行为的，被申请人应当在法律、法规、规章规定的期限内重新作出具体行政行为；法律、法规、规章未规定期限的，重新作出具体行政行为的期限为60日。并且，被申请人不得以同一的事实和理由作出与原具体行政行为相同或者基本相同的具体行政行为。公民、法人或者其他组织对被申请人重新作出的具体行政行为不服，可以依法申请行政复议或者提起行政诉讼。

被申请人不履行或者无正当理由拖延履行行政复议决定的，行政复议机关或者有关上级行政机关应当责令其限期履行。

（二）申请人履行

申请人逾期不起诉又不履行行政复议决定的，或者不履行最终裁决的行政复议决定的，按照下列情形分别处理：维持具体行政行为的行政复议决定，由作出具体行政行为的行政机关依法强制执行，或者申请人民法院强制执行；变更具体行政行为的行政复议决定，由行政复议机关依法强制执行，或者申请人民法院强制执行。

（三）第三人履行

第三人逾期不起诉又不履行行政复议决定的，按照下列情形分别处理：维持具体行政行为的行政复议决定，由作出具体行政行为的行政机关依法强制执行，或者申请人民法院强制执行；变更具体行政行为的行政复议决定，由行政复议机关依法强制执行，或者申请人民法院强制执行。

十一、行政复议中的行政赔偿

公民、法人或其他组织因行政机关的具体行政行为导致损害的，在申请行政复议时可以一并提出行政赔偿请求。行政复议机关对符合国家赔偿法的有关规定应当予以赔偿的，在决定撤销、变更具体行政行为或者确认具体行政行为违法时，应当同时决定被申请人依法给予赔偿。

申请人在申请行政复议时没有提出行政赔偿请求的，行政复议机关在依法决定撤销或者变更罚款，撤销违法集资、没收财物、征收财物、摊派费用以及对财产的查封、扣押、冻结等具体行政行为时，应当同时责令被申请人返还财产，解除对财产的查封、扣押、冻结措施，或者赔偿相应的价款。

第三节 行政诉讼

问题

行政机关在行政应诉中举证时，应当注意的事项有哪些？不能提供充分证据时，可能面临什么样的判决？

一、行政诉讼的概述

（一）行政诉讼的概念

行政诉讼是法院应公民、法人或者其他组织的请求，通过审查行政行为合法性的方式，解决特定范围内行政争议的活动。在我国，行政诉讼与刑事诉讼、民事诉讼并称为三大诉讼，是国家诉讼制度的基本形式之一。

（二）行政诉讼的特征

1. 行政诉讼是解决一定范围内行政争议的司法制度　行政争议是在行政管理过程中，发生在行政主体与相关公民、法人或其他组织之间的纠纷。行政诉讼是解决行政争议的一种司法制度。

2. 行政诉讼当事人的地位具有特殊性　行政诉讼的原告是作为行政管理相对一方的公民、法人或者其他组织；行政诉讼的被告是作为行政主体的行政机关和法律、法规、规章授权的组织。当行政机关或者法律、法规、规章授权的组织不是作为行政主体，而是作为管理相对人时，也可以成为行政诉讼原告。行政诉讼原告享有起诉权、撤诉权，而行政主体只能作为被告，不享有起诉权和反诉权，对行政行为合法性承担举证责任。

3. 行政诉讼是一种司法审查制度，其核心内容是审查行政行为的合法性　在行政法制监督体系之中，行政诉讼是一项不可缺少的事后法律监督机制，核心内容是审查行政行为的合法性，并可以运用国家司法权，撤销违法行政行为，或责令行政主体重新作出行政行为，或提出司法建议要求行政主体予以改正，以实现司法权对行政权的监督和制约。

4. 行政诉讼是一种行政法律救济制度　行政相对人有义务遵守国家法律、法规，有义务服从行政主体合法的行政管理。有义务就有权利，有权利就有救济。行政诉讼为行政相对人的合法权益提供了保护，在行政主体已作出某种发生效力的决定后，行政相对人可以请求法院对之审查，以撤销违法的决定，恢复或补救被违法决定侵犯的权益。

二、行政诉讼法律关系

（一）行政诉讼法律关系的概念

行政诉讼法律关系，是指由行政诉讼法律规范所调整的，在行政诉讼中形成的人民法院与行政诉讼参与人之间的权利义务关系。同其他诉讼法律关系一样，行政诉讼法律关系也是由主体、客体和内容三要素组成。

（二）行政诉讼法律关系的主体

行政诉讼法律关系的主体是指在行政诉讼中享有诉讼权利、承担诉讼义务的个人和组织。简言之，行政诉讼法律关系的主体就是诉讼权利义务的承担者，主要有以下几类。

1. 人民法院　人民法院在诉讼过程中拥有审理权、裁判权和指挥权，其行为对诉讼程序的发生、变更和消灭起着决定性作用。人民法院是诉讼法律关系中的特殊主体。

2. 诉讼参加人　当事人以及与当事人诉讼地位相同的人，都是诉讼参加人。包括当事人（原告和被告）、法定代表人、共同诉讼人、第三人和诉讼代理人（法定代理人、指定代理人、委托代理人）。除了诉讼代理人以外，他们同诉讼结果有着直接的利害关系，其行为对诉讼程序的发生、变更或者消灭产生直接影响。

3. 诉讼参与人　在一般情况下，诉讼参与人是指除行政诉讼参加人之外的参与行政诉讼的证人、鉴定人、翻译人员、勘验人等。在行政诉讼中，诉讼参与人与诉讼参加人的地位和作用有所不同。诉讼参与人与诉讼结果没有法律上的利害关系，只是证明案件事实真相或者被聘请进行鉴定、翻译、勘验工作。为了发挥他们的作用，必须让他们享有某些诉讼权利，承担一定的诉讼义务，也是诉讼法律关系的主体。

（三）行政诉讼法律关系的客体

行政诉讼法律关系的客体，是指诉讼法律关系主体之间诉讼权利义务所指向的对象，也就是被诉的行政行为。

人民法院与当事人之间的诉讼权利与义务所指向的对象，是确定案件事实真相，解决因行政管理而产生的争议。当事人有权要求人民法院查明案情，保护其合法权益，或者维护行政管理的正常进行。当事人也有义务提供事实和证据，以证实其诉讼请求或者其行政行为的合法性与适当性。人民法院有权利义务通过审判活动就双方当事人争议的案件事实和权利请求进行审查，依法作出公正判决。

人民法院与证人、鉴定人、翻译人员之间的诉讼权利义务所指向的对象，也是为了查明案件事实真相。

总之，所有行政诉讼法律关系的主体参与行政诉讼，其共同的任务都是为了查明案件事实真相，这就是他们权利义务所共同指向的对象。

（四）行政诉讼法律关系的内容

行政诉讼法律关系的内容，就是诉讼法律关系主体之间由行政诉讼法律规定所确认并保证其实现的权利和义务。

人民法院在行政诉讼中享有国家赋予的审判权，依法决定是否受理案件，组成合议庭审理，有权向有关行政机关或组织与公民调取证据，指挥法庭调查和辩论，依法作出裁判。人民法院主要承担的义务是依法保护诉讼当事人的诉讼权利，对案件依法受理、公正审理和公正裁判。

行政诉讼参加人享有的诉讼权利主要有起诉权、辩论权、上诉权、委托代理权、申请回避权、申请执行权和请求赔偿权等，应该承担的诉讼义务主要有依法提供证据、不得实施妨碍行政诉讼活动的行为、执行生效的判决裁定等。

证人、鉴定人、翻译和勘验人员，作为行政诉讼参与人，在行政诉讼中享有依法作证、依法鉴定、翻译、勘验的权利，承担协助人民法院行使审判职能的义务，为法院查明案情依法提供证据和相应的帮助。

（五）行政诉讼法律关系的发生、变更和消灭

行政诉讼法律关系发生是指在行政诉讼法律关系主体之间形成某种权利义务关系；它的变更是指诉讼法律关系的主体、客体、内容的改变；它的消灭则指诉讼法律关系主体间权利义务关系的终止。

必须有一定的法律事实，才能引起行政诉讼法律关系的发生、变更和消灭。行政诉讼上的法律事实，分为法律事件和法律行为。法律事件是指由于人的意志之外的情况导致法律关系的发生、变更和消灭。诉讼行为包括作为与不作为，原告不作为也会产生一定的法律后果，引起诉讼法律关系的变化。如原告经人民法院传票传唤，无正当理由拒不到庭，或者未经法庭许可中途退庭的，可以按照撤诉处理，就有可能引起终止诉讼，

导致诉讼法律关系的消灭。

三、行政诉讼的基本原则

行政诉讼基本原则是指行政诉讼法规定的，贯穿于行政诉讼的主要过程，对行政诉讼活动起指导和支配作用的基本行为准则。《行政诉讼法》总则采用列举的方法，规定了行政诉讼的基本原则。从比较的角度可以将行政诉讼基本原则分为两类：一类是与民事诉讼、刑事诉讼共有的原则；一类是行政诉讼特有的原则。

（一）共有原则

行政诉讼与民事诉讼、刑事诉讼是在人民法院主持下的三大诉讼制度，它们共有的基本原则如下。

1. **人民法院独立行使审判权原则**　《行政诉讼法》第四条规定，人民法院设行政审判庭，审理行政案件。这是人民法院审理行政案件的组织保障。

2. **以事实为根据，以法律为准绳原则**　以事实为根据，要求人民法院在审判活动中必须重证据，重调查研究，查清案件事实真相；以法律为准绳，要求人民法院在审理案件时，要以与案件相关的法律、法规作为判案的依据。

3. **合议、回避、公开审判和两审终审原则**　合议制度是指在人民法院审判过程中，由三名以上审判人员组成合议庭，共同进行审判工作并对承办的案件负责的审判制度。合议庭评议案件实行少数服从多数的原则。根据《行政诉讼法》规定，适用简易程序审理的案件，由审判员一人独任审理，不实行合议制。

回避制度是指审判人员具有法定情形，与案件有利害关系或者有其他关系，可能影响公正审判，应当予以回避，不参与案件审理的制度。

根据《行政诉讼法》规定，人民法院公开审理行政案件，但涉及国家秘密、个人隐私和法律另有规定的除外。涉及商业秘密的案件，当事人申请不公开审理的，可以不公开审理。对涉及国家秘密、商业秘密和个人隐私的证据，不得在公开开庭时出示。公开审判有利于保障审判活动公正，保证当事人的诉讼权利，同时也有利于增强公众的法律意识，提高公众法治素养。

两审终审制度是指一个案件经过第一审和第二审人民法院审理后即终结诉讼，第二审人民法院作出的裁判是终审裁判，当事人不得再提起上诉。

4. **当事人诉讼法律地位平等原则**　即在整个行政诉讼过程中，原告与作为被告的行政机关的诉讼法律地位平等，共同受人民法院裁判的约束。

5. **使用本民族语言文字进行诉讼原则**　各民族公民都有用本民族语言、文字进行行政诉讼的权利。

6. **辩论原则**　当事人在行政诉讼中有权进行辩论，即当事人在法院主持下，有权就案件的事实问题、程序问题、法律适用等问题，充分陈述自己的意见和主张，互相进行反驳和答辩，以维护自己的合法权益。

7. **人民检察院对诉讼实行法律监督原则**　人民检察院作为国家的法律监督机关，有权对行政诉讼实行法律监督。从监督的内容看，既包括人民法院作出的已经生效的判决、裁定，也包括涉及行政赔偿、补偿以及行政机关行使法律、法规规定的自由裁量权的案件中，人民法院依法作出的调解书，还包括审判人员贪污受贿、徇私舞弊、枉法裁判等涉嫌刑事犯罪行为；从监督的环节看，既包括人民法院对行政案件的审理、裁判环节，也包括人民法院对行政案件的受理、执行环节；从监督的方式看，既包括提起抗诉，也包括提出检察建议，还包括追究涉嫌犯罪的审判人员的刑事责任。

（二）特有原则

行政诉讼受理的对象是行政案件，这一特殊性决定了行政诉讼具有与其他诉讼不同的原则。

1. 合法性审查原则 人民法院审理行政案件，对行政行为是否合法进行审查。根据《行政诉讼法》规定，行政机关因滥用自由裁量权而导致明显不当的行政行为被作为违法行为，因此人民法院也要进行审查。对明显不当的行政行为，人民法院可以判决撤销或者部分撤销，并可以判决被告重新作出行政行为。

2. 行政行为不因诉讼而停止执行原则 根据《行政诉讼法》第五十六条规定，行政诉讼中，有下列情形之一的，人民法院裁定停止被诉行政行为执行：被告认为需要停止执行的；原告或者利害关系人申请停止执行，人民法院认为该行政行为的执行会造成难以弥补的损失，并且停止执行不损害国家利益、社会公共利益的；人民法院认为该行政行为的执行会给国家利益、社会公共利益造成重大损害的；法律、法规规定停止执行的。当事人对停止执行或者不停止执行的裁定不服的，可以申请复议一次。

3. 被告负举证责任原则 行政诉讼中，作为被告的行政主体单方面负有举证责任，原告一般不需要承担举证责任。被告不提供或者无正当理由逾期提供证据，视为没有相应证据。但是，被诉行政行为涉及第三人合法权益，第三人提供证据的除外。行政诉讼过程中，被告不得自行向原告、第三人和证人收集证据。

四、行政诉讼的受案范围

（一）行政诉讼的受案范围

《行政诉讼法》第十二条规定了人民法院受理公民、法人或者其他组织提起的行政诉讼的范围，主要包括：

1. 行政处罚 包括暂扣或者吊销许可证和执照、责令停产停业、没收违法所得、没收非法财物、罚款、警告等行政处罚。

2. 行政强制 包括限制人身自由或者对财产的查封、扣押、冻结等行政强制措施和行政强制执行。

3. 行政许可行为 包括对行政许可申请予以拒绝或者在法定期限内不予答复，或者有关行政许可的其他决定。

4. 征收、征用决定及其补偿决定

5. 不履行法定职责 即申请行政机关履行保护人身权、财产权等合法权益的法定职责，行政机关拒绝履行或者不予答复的。

6. 侵犯其经营自主权的

7. 滥用行政权力排除或者限制竞争的

8. 违法集资、摊派费用或者违法要求履行其他义务的

9. 认为行政机关侵犯其他人身权、财产权等合法权益的

10. 法律、法规规定可以提起诉讼的其他行政案件　单行法律、法规明确规定可以起诉的行政案件，属于行政诉讼受案范围。

（二）行政诉讼的排除事项

根据《行政诉讼法》第十三条规定，人民法院不受理公民、法人或者其他组织对下列事项提起的诉讼。

（1）国防、外交等国家行为。

（2）行政法规、规章或者行政机关制定、发布的具有普遍约束力的决定、命令。行政行为所依据的国务院部门和地方人民政府及其部门制定的规章以下的规范性文件，公民、法人或者其他组织认为不合法的，在对行政行为提起诉讼时，可以一并请求对该规范性文件进行审查。人民法院在审理行政案件中，经审查认为有关规章以下的规范性文件不合法的，不作为认定行政行为合法的依据，即人民法院不能直接撤销这些规范性文件，可以通过司法建议的形式，建议制定机关修改或者废止。

（3）行政机关对行政机关工作人员的奖惩、任免等决定。

（4）法律规定由行政机关最终裁决的行政行为。

五、行政诉讼程序

根据《行政诉讼法》规定，行政诉讼的程序包括一审程序、二审程序和再审程序。从作为被告的行政主体的角度来讲，行政诉讼通常是从收到人民法院发来的应诉通知开始的。

（一）一审程序

1. 一审普通程序　具体包括起诉和受理、审理和裁判等四个阶段。

（1）起诉　起诉是指公民、法人或者其他组织认为行政行为侵犯其合法权益，依法请求人民法院行使国家审判权给予其救济的诉讼行为。

1）关于起诉的条件。根据《行政诉讼法》第四十九条，提起行政诉讼的一般条件是：原告是符合行政诉讼法规定的公民、法人或者其他组织，即原告有权提起行政诉讼；有明确的被告；有具体的诉讼请求和事实根据；属于人民法院受案范围和受诉人民法院管辖。

2）关于起诉的形式。起诉应当向人民法院递交起诉状，并按照被告人数提出副本。书写起诉状确有困难的，可以口头起诉，由人民法院记入笔录，出具注明日期的书面凭证，并告知对方当事人。

3）关于起诉的期限。经过复议的案件，公民、法人或者其他组织不服复议决定的，可以在收到复议决定书之日起15日内向人民法院提起诉讼。复议机关逾期不作决定的，复议申请人可以在复议期满之日起15日内向人民法院提起诉讼。法律另有规定的除外。没有经过行政复议，公民、法人或者其他组织直接向人民法院提起诉讼的，应当自知道或者应当知道作出行政行为之日起6个月内提出。法律另有规定的除外。因不动产提起诉讼的案件自行政行为作出之日起超过20年，其他案件自行政行为作出之日起超过5年提起诉讼的，人民法院不予受理。

其中，因行政机关不作为引起的案件，公民、法人或者其他组织申请行政机关履行保护其人身权、财产权等合法权益的法定职责，行政机关在接到申请之日起2个月内不履行的，公民、法人或者其他组织可以向人民法院提起诉讼。法律、法规对行政机关履行职责的期限另有规定的，从其规定。公民、法人或者其他组织在紧急情况下请求行政机关履行保护其人身权、财产权等合法权益的法定职责，行政机关不履行的，提起诉讼不受前述期限的限制。公民、法人或者其他组织因不可抗力或者其他不属于其自身的原因耽误起诉期限的，被耽误的时间不计算在起诉期限内；因其他特殊情况耽误起诉期限的，在障碍消除后10日内，可以向人民法院申请延长期限，由人民法院作出是否准许的决定。

（2）行政诉讼参加人　包括原告、被告、第三人、诉讼代理人等参与行政诉讼活动的人员。

1）关于原告资格。有权提起行政诉讼的公民、法人或者其他组织包括：行政行为的相对人以及其他与行政行为有利害关系的公民、法人或者其他组织；有权提起诉讼的公民死亡，其近亲属可以提起诉讼；有权提起诉讼的法人或者其他组织终止，承受其权利的法人或者其他组织可以提起诉讼；行政公益诉讼由人民检察院提起。

2）关于被告资格。行政诉讼的被告，是指因侵犯公民、法人或者其他组织的合法权益而被起诉到法院的行政机关和法律、法规、规章授权的组织。未经行政复议而直接起诉的案件，作出行政行为的行政机关是被告。法律、法规、规章授权的组织作出的行政行为，该组织为被告。经复议的案件，复议机关决定维持原行政行为的，作出原行政行为的行政机关和复议机关是共同被告；复议机关改变原行政行为的，复议机关是被告；复议机关在法定期限内未作出复议决定，起诉原行政行为的，作出原行政行为的行政机关是被告；起诉复议机关不作为的，复议机关是被告。两个以上行政机关作出同一行政行为的，共同作出行政行为的行政机关是共同被告。行政机关委托的组织所作的行政行为，委托的行政机关是被告。行政机关被撤销或者职权变更的，继续行使其职权的行政机关是被告。

原告和被告作为行政诉讼当事人，一方或者双方为2人以上时，称为共同诉讼。因同一行政行为发生的共同诉讼，因被诉行政行为的不可拆分性，人民法院合并审理；因同类行政行为发生的行政案件，人民法院认为可以合并审理并经当事人同意的，合并审理。当事人一方人数众多的共同诉讼，可以由当事人推选代表人进行诉讼。代表人的诉讼行为对其所代表的当事人发生效力，但代表人变更、放弃诉讼请求或者承认对方当事人的诉讼请求，应当经被代表的当事人同意。

3）关于第三人。公民、法人或者其他组织同被诉行政行为有利害关系但没有提起诉讼，或者同案件处理结果有利害关系的，可以作为第三人申请参加诉讼，或者由人民法院通知参加诉讼。人民法院判决第三人承担义务或者减损第三人权益的，第三人有权依法提起上诉。

4）关于诉讼代理人。行政诉讼代理人包括两类：一类是法定代理人，没有诉讼行为能力的公民，由其法定代理人代为诉讼。法定代理人互相推诿代理责任的，由人民法院指定其中一人代为诉讼。另一类是委托代理人。当事人、法定代理人，可以委托一至二人作为诉讼代理人。可以被委托为诉讼代理人的人员包括：律师、基层法律服务工作者；当事人的近亲属或者工作人员；当事人所在社区、单位以及有关社会团体推荐的公民。其中，代理诉讼的律师，有权按照规定查阅、复制本案有关材料，有权向有关组织和公民调查，收集与本案有关的证据。对涉及国家秘密、商业秘密和个人隐私的材料，应当依照法律规定保密。当事人和其他诉讼代理人有权按照规定查阅、复制本案庭审材料，但涉及国家秘密、商业秘密和个人隐私的内容除外。

（3）法院管辖　即行政诉讼案件由哪一级、哪一个法院具体审理。

根据《行政诉讼法》规定，一审行政诉讼案件一般由最初作出行政行为的行政机关所在地基层人民法院管辖。中级人民法院管辖的第一审行政案件包括：对国务院部门或者县级以上地方人民政府所作的行政行为提起诉讼的案件；海关处理的案件；本辖区内重大、复杂的案件；其他法律规定由中级人民法院管辖的案件。高级人民法院管辖本辖区内重大、复杂的第一审行政案件。最高人民法院管辖全国范围内重大、复杂的第一审行政案件。经复议的案件，也可以由复议机关所在地人民法院管辖。上级人民法院有权审理下级人民法院管辖的第一审行政案件。下级人民法院对其管辖的第一审行政案件，认为需要由上级人民法院审理或者指定管辖的，可以报请上级人民法院决定。有管辖权的人民法院由于特殊原因不能行使管辖权的，由上级人民法院指定管辖。与此同时，《行政诉讼法》规定，经最高人民法院批准，高级人民法院可以根据审判工作的实际情况，确定若干人民法院跨行政区域管辖行政案件。

原告向两个以上有管辖权的人民法院提起诉讼的，由最先立案的人民法院管辖。人民法院发现受理的案件不属于本院管辖的，应当移送有管辖权的人民法院，受移送的人民法院应当受理。受移送的人民法院认为受移送的案件按照规定不属于本院管辖的，应当报请上级人民法院指定管辖，不得再自行移送。人民法院对管辖权发生争议，由争议双方协商解决。协商不成的，报它们的共同上级人民法院指定管辖。

（4）起诉的受理　《行政诉讼法》第三条规定，人民法院应当保障公民、法人和其他组织的起诉权利，对应当受理的行政案件依法受理。行政机关及其工作人员不得干预、阻碍人民法院受理行政案件。

根据《行政诉讼法》规定，人民法院在接到起诉状时对符合法定起诉条件的，应当登记立案。对当场不能判定是否符合法定起诉条件的，应当接收起诉状，出具注明收到日期的书面凭证，并在7日内决定是否立案。不符合起诉条件的，作出不予立案的裁定。裁定书应当载明不予立案的理由。原告对裁定不服的，可以提起上诉。起诉状内容欠缺或者有其他错误的，应当给予指导和释明，并一次性告知当事人需要补正的内容。不得未经指导和释明即以起诉不符合条件为由不接收起诉状。对于不接收起诉状、接收起诉状后不出具书面凭证，以及不一次性告知当事人需要补正的起诉状内容的，当事人可以向上级人民法院投诉，上级人民法院应当责令改正，并对直接负责的主管人员和其他直接责任人员依法给予处分。人民法院既不立案，又不作出不予立案裁定的，当事人可以向上一级人民法院起诉。上一级人民法院认为符合起诉条件的，应当立案、审理，也可以指定其他下级人民法院立案、审理。

（5）审理　指人民法院对立案的行政案件进行审查的过程。

1）审理前的准备。在审理之前，人民法院应该做好的准备工作包括依法组成合议庭、阅卷、查证及通知被告和第三人应诉等。根据《行政诉讼法》的相关规定，人民法院在立案之日起5日内将起诉状副本发送被告；被告应于收到起诉状副本之日起15内，向人民法院提交作出行政行为的证据和所依据的规范性文件，并提出答辩状。人民法院应当在收到答辩状之日起5日内，将答辩状副本发送原告。被告不提出答辩状的，不影响人民法院审理。

2）审理的方式。人民法院审理一审行政案件，应采用开庭审理的方式，即在人民法院审判人员的主持下，在诉讼参加人和其他参与人的参加下，人民法院依法定程序对被起诉的行政行为进行审查并作出裁决。开庭审理又细分为审理开始、法庭调查、法庭辩论、合议庭评议和判决裁定等阶段。《行政诉讼法》第三条第三款规定，被诉行政机关负责人应当出庭应诉。不能出庭的，应当委托行政机关相应的工作人员出庭。被告无正当理由拒不到庭，或者未经法庭许可中途退庭的，人民法院可以缺席判决。经人民法院传票传唤，原告无正当理由拒不到庭，或者未经法庭许可中途退庭的，可以按照撤诉处理。根据《行政诉讼法》规定，人民法院审理行政案件，不适用调解。但是，行政赔偿、补偿以及行政机关行使法律、法规规定的自由裁量权的案件可以调解。调解应当遵循自愿、合法原则，不得损害国家利益、社会公共利益和他人合法权益。

3）审理的内容。行政诉讼中，人民法院主要审查被告作出行政行为的合法性，具体包括被告作出行政行为是否具有职权依据、事实是否清楚、程序是否合法以及作出行政行为是否有充足的法律依据等。人民法院一般不审查行政行为的适当性。根据《行政诉讼法》规定，行政机关因滥用自由裁量权而导致的明显不当的行政行为作为违法行为，即在必要的情况下，人民法院才审查被诉行政行为的适当性。在涉及行政许可、登记、征收、征用和行政机关对民事争议所作的裁决的行政诉讼中，当事人申请一并解决相关民事争议的，人民法院可以一并审理。在行政诉讼中，人民法院认为行政案件的审理需以民事诉讼的裁判为依据的，可以裁定中止行政诉讼，待民事诉讼作出生效裁判后，再恢复审理行政诉讼。

4）审理的依据。人民法院审理行政案件，以法律和行政法规、地方性法规为依据。地方性法规适用于本行政区域内发生的行政案件。人民法院审理民族自治地方的行政案件，并以该民族自治地方的自治条例和单行条例为依据。人民法院审理行政案件，参照规章。

（6）证据和举证责任　证据是用以证明案件事实客观存在的材料，是人民法院认定案件事实、依法公正审理案件的基础。举证责任是指当事人根据法律规定对特定的事实提供相关证据加以证明的责任，如果不能提供证据，将承担举证不能的不利后果，甚至可能败诉。行政诉讼过程，就是运用证据查明案件事实的过程。据以证明案件事实的证据应当具有三个特征：一是真实性，即证据必须是客观存在、且能够客观反映案件事实真相；二是关联性，即证据必须与待证事实有内在关联性，能够证明案件事实的情况；三是合法性，即证据的形式、证据取得方法、使用等应当符合法律规定。

1）关于证据的种类。根据《行政诉讼法》的规定，行政诉讼的证据包括书证、物证、视听资料、电子数据、证人证言、当事人的陈述、鉴定意见、勘验笔录、现场笔录。

2）关于被告的举证责任。行政诉讼中，被告对作出的行政行为负有举证责任，应当在法定期限内提供作出该行政行为的证据和所依据的规范性文件。被告不提供或者无正当理由逾期提供证据，视为没有相应证据。如果被告未能依法举证，而被诉行政行为涉及第三人合法权益，第三人提供证据的，第三人提供的证据可以依法作为认定案件事实的证据。在诉讼过程中，被告及其诉讼代理人不得自行向原告、第三人和证人收集证据，即行政机关应当“先取证，后裁决”，只能以其在作出被诉行政行为时收集的证据作为证明行政行为合法的依据。以下两种情形，被告可以延期提供或补充提供证据：一是被告在作出行政行为时已经收集了证据，但因不可抗力等正当事由不能提供的，经人民法院准许，可以延期提供；二是原告或者第三人提出了其在行政处理程序中没有提出的理由或者证据的，经人民法院准许，被告可以补充证据。

3）原告的举证责任。行政诉讼中，原告可以提供证明行政行为违法的证据，这也是原告通过诉讼维护其合法权益的需要。原告提供的证据不成立的，不免除被告的举证责任。下列两类行政诉讼中，原告应当承担一定的举证责任：一是在起诉被告不履行法定职责的案件中，原告应当提供其向被告提出申请的证据。如果案件属于被告应当依职权主动履行法定职责的情形，或者原告因正当理由不能提供证据的，仍由被告承担举证责任；二是在行政赔偿、补偿的案件中，原告应当对行政行为造成的损害提供证据。因被告的原因导致原告无法举证的，由被告承担举证责任。

4）第三人的举证。行政诉讼中，第三人可以围绕自己的权益主张，提供证明被诉行政行为合法或者违法的相关证据。

此外，根据《行政诉讼法》相关规定，人民法院有权要求当事人提供或者补充证据。人民法院有权向有关行政机关以及其他组织、公民调取证据，但是不得为证明行政行为的合法性调取被告作出行政行为时未收集的证据。与本案有关的下列证据，原告或者第三人不能自行收集的，可以申请人民法院调取：由国家机关保存而须由人民法院调取的证据；涉及国家秘密、商业秘密和个人隐私的证据；确因客观原因不能自行收集的其他证据。在证据可能灭失或者以后难以取得的情况下，诉讼参加人可以向人民法院申请保全证据，人民法院也可以主动采取保全措施。

5）证据的采信。证据应当在法庭上出示，并由当事人互相质证。对涉及国家秘密、商业秘密和个人隐私的证据，不得在公开开庭时出示。证据经法庭审查属实，才能作为认定案件事实的根据。以非法手段取得的证据，不得作为认定案件事实的根据。人民法院应当按照法定程序，全面、客观地审查核实证据，对未采纳的证据应当在裁判文书中说明理由。

（7）判决　行政诉讼第一审判决，是人民法院在第一审程序中所作出的判决，是人民法院对案件初次作出的判决，当事人对其不服，有权向上一级人民法院提出上诉。根据《行政诉讼法》第八十一条规定，人民法院应当在立案之日起六个月内作出第一审判决。有特殊情况需要延长的，由高级人民法院批准，高级人民法院审理第一审案件需要延长的，由最高人民法院批准。

1）关于原告撤诉。行政诉讼因原告起诉而启动，在诉讼过程中原告也可能提出撤诉申请。原告撤诉应当在一审人民法院对行政案件宣告判决或者裁定前，是否准许，由人民法院裁定。此外，经人民法院传票传唤，原告无正当理由拒不到庭，或者未经法庭许可中途退庭的，可以按照撤诉处理。

2）关于一审判决的类型。根据行政诉讼判决的性质，行政诉讼一审判决分为驳回原告诉讼请求判决、撤销判决、要求重新作出行政行为判决、履行职责判决、给付判决、确认违法判决、确认无效判决、变更判决、行政协议履行及补偿判决等。

驳回原告诉讼请求判决是指人民法院经审理认为原告的诉讼请求依法不能成立而作出的判决。此类判决适用的情形有：①行政行为合法，即行政行为证据确凿，适用法律、法规正确，符合法定程序的；②原告申请被告履行法定职责但理由不成立的；③原告申请被告履行给付义务理由不成立的。

撤销判决是指人民法院经过对案件的审查，认定被诉行政行为部分或者全部违法，从而部分或全部撤销被诉行政行为的判决。行政行为因违法而被撤销的情形包括六种：①主要证据不足，即行政机关作出的行政行为缺乏事实根据，导致认定的事实错误或者基本事实不清；②适用法律、法规错误；③违反法定程序；④超越职权，即行使职权超过法定职权的范围，使超过部分没有法律依据，如根本没有主体资格、超越事务管辖权、超越地域管辖权、超越级别管辖权、超越法律规定的职权等；⑤滥用职权，指行政机关作出行政行为在其职权范围内，但不正当行使职权，违反了法律授予该职权的目的；⑥明显不当，如被诉行政行为的结果极端不合理，畸轻畸重。

要求重新作出行政行为判决，是指人民法院经过审理，作出撤销判决的同时，要求被告重新作出行政行为的判决。人民法院判决被告重新作出行政行为的，被告不得以同一的事实和理由作出与原行政行为基本相同的行政行为。

履行职责判决是指人民法院经过审理认定被告负有法定职责而无正当理由不履行的，责令被告限期履行法定职责的判决。主要指原告申请行政机关履行保护人身权、财产权等合法权益的法定职责，行政机关拒绝履行或者不予答复的情形。被告应当按照判决要求，在规定的时间内依法履行法定职责。

给付判决，是指人民法院经过审理，查明被告依法负有行政给付义务的，判决被告履行给付义务。此类判决主要针对行政机关没有依法支付抚恤金、最低生活保障待遇或者社会保险待遇的情形。

确认违法判决是指人民法院通过对被诉行政行为的审查，确认被诉行政行为违法但不宜、不能适用撤销判决、履行职责判决等情形时的一种判决形式。具体包括：①被诉行政行为依法应当撤销，但撤销会给国家利益、社会公共利益造成重大损害的；②被诉行政行为程序轻微违法，但对原告权利不产生实际影响的；③行政行为违法，但不具有可撤销内容的；④被告改变原违法行政行为，原告仍要求确认原行政行为违法的；⑤被告不履行或者拖延履行法定职责，判决履行没有意义的。人民法院判决确认违法的，可以同时判决责令被告采取补救措施；给原告造成损失的，依法判决被告承担赔偿责任。

确认无效判决，是指行政行为有实施主体不具有行政主体资格或者没有依据等重大且明显违法情形，原告申请确认行政行为无效的，人民法院判决确认无效。行政行为被确认无效的，自始无效。人民法院判决无效的，可以同时判决责令被告采取补救措施；给原告造成损失的，依法判决被告承担赔偿责任。

变更判决是指人民法院经审理，运用国家审判权直接改变行政行为的判决。变更判决适用于两种情形：一是行政处罚明显不当；二是行政处罚之外的其他行政行为涉及对款额的确定、认定确有错误的。人民法院判决变更，不得加重原告的义务或者减损原告的权益，但利害关系人同为原告，且诉讼请求相反的除外。

行政协议履行及补偿判决主要针对涉及政府特许经营协议、土地房屋征收补偿协议的案件。行政机关不依法履行、未按照约定履行或者违法变更、解除政府特许经营协议、土地房屋征收补偿协议的，人民法院可以作出要求被告继续履行、采取补救措施或者赔偿损失的判决；行政机关变更、解除政府特许经营协议、土地房屋征收补偿协议但未依法给予补偿的，人民法院可以作出要求行政机关给予补偿的判决。

此外，根据《行政诉讼法》的规定，复议机关与作出原行政行为的行政机关为共同被告的案件，人民法院应当对复议决定和原行政行为一并作出裁判。

2. 简易程序　是指特定的人民法院在审理事实清楚、权利义务关系明确、争议不大的行政案件时适用的一种简便易行的诉讼程序。简易程序在起诉手续、传呼当事人方式、审理程序、审理期限等方面作了简化，有利于及时审结案件，降低当事人诉讼成本，节约司法资源。适用简易程序审理的行政案件，由审判员一人独任审理，并应当在立案之日起45日内审结。简易程序的适用，需要注意以下几个问题。

（1）从适用简易程序的人民法院级别看，简易程序适用于基层人民法院和中级人民法院审理的一审行政案件。

（2）从适用简易程序的案件审理阶段看，简易程序只能适用于第一审行政案件，上诉、发回重审、按照审判监督程序再审的案件不适用简易程序。

（3）从案件的标准看，适用简易程序的案件一般是事实清楚、权利义务关系明确、争议不大的案件，包括三种类型：被诉行政行为是依法当场作出的；案件涉及款额二千元以下的；属于政府信息公开案件。除此之外，当事人各方同意适用简易程序的一审案件，可以适用简易程序。

（4）简易程序为可选择程序，人民法院在审理过程中，发现案件不宜适用简易程序的，裁定转为普通程序。

（二）二审程序

行政诉讼的第二审程序，又称上诉程序，是指上级人民法院对下级人民法院的第一审判决、裁定，在其发生效力之前，根据当事人的上诉，对案件进行重新审理的程序。由于我国实行两审终审制，因而二审判决是生效判决，亦称终审判决，当事人对其不能提出上诉。

根据《行政诉讼法》相关规定，一审中的原告、被告以及其权利义务受一审裁判影响的第三人不服人民法院一审判决的，在上诉期限内有权提起上诉。当事人不服人民法院第一审判决的，有权在判决书送达之日起15日内向上一级人民法院提起上诉。当事人不服人民法院第一审裁定的，有权在裁定书送达之日起10日内向上一级人民法院提起上诉。逾期不提起上诉的，人民法院的第一审判决或者裁定发生法律效力。

人民法院对上诉案件，应当组成合议庭，开庭审理。经过阅卷、调查和询问当事人，对没有提出新的事实、证据或者理由，合议庭认为不需要开庭审理的，也可以不开庭审理。人民法院审理上诉案件，应当在收到上诉状之日起3个月内作出终审判决。有特殊情况需要延长的，由高级人民法院批准，高级人民法院审理上诉案件需要延长的，由最高人民法院批准。

人民法院审理上诉案件，应当对原审人民法院的判决、裁定和被诉行政行为进行全面审查。经过审查，根据不同情形，分别作出处理。

（1）以判决、裁定方式驳回上诉，维持原判决、裁定。原判决、裁定认定事实清楚，适用法律、法规正确的，判决或者裁定驳回上诉，维持原判决、裁定。

（2）以判决、裁定方式依法改判、撤销或者变更。原判决、裁定认定事实错误或者适用法律、法规错误的，依法改判、撤销或者变更；同时对被诉行政行为作出判决。

（3）以裁定的方式发回重审或者查清事实后改判。原判决认定基本事实不清、证据不足的，发回原审人民法院重审，或者查清事实后改判；作出改判的，同时对被诉行政行为作出判决。

（4）以裁定方式撤销原判，发回重审。原判决遗漏当事人或者违法缺席判决等严重违反法定程序的，裁定撤销原判决，发回原审人民法院重审。

原审人民法院对发回重审的案件作出裁定、判决的，当事人可以上诉。原审人民法院对发回重审的案件作出判决后，当事人提起上诉的，第二审人民法院不得再次发回重审。

（三）审判监督程序

审判监督程序，是指对人民法院已经发生法律效力的判决、裁定，发现违反法律、法规的规定的，依法进行重新审判的程序。审判监督程序的启动，包括以下几种情形。

1. 当事人申请再审 当事人对已经发生法律效力的判决、裁定，认为确有错误的，可以向上一级人民法院申请再审，但判决、裁定不停止执行。当事人向上一级人民法院申请再审，应当在判决、裁定或者调解书发生法律效力后6个月内提出。有下列情形之一的，自知道或者应当知道之日起6个月内提出：有新的证据，足以推翻原判决、裁定的；原判决、裁定认定事实的主要证据是伪造的；据以作出原判决、裁定的法律文书被撤销或者变更的；审判人员审理该案件时有贪污受贿、徇私舞弊、枉法裁判行为的。

对当事人的再审申请，人民法院经过审查，认为符合法律规定的再审事由的，作出裁定进入再审程序。根据《行政诉讼法》规定，当事人的申请符合下列情形之一的，人民法院应当再审：不予立案或者驳回起诉确有错误的；有新的证据，足以推翻原判决、裁定的；原判决、裁定认定事实的主要证据不足、未经质证或者系伪造的；原判决、裁定适用法律、法规确有错误的；违反法律规定的诉讼程序，可能影响公正审判的；原判决、裁定遗漏诉讼请求的；据以作出原判决、裁定的法律文书被撤销或者变更的；审判人员在审理该案件时有贪污受贿、徇私舞弊、枉法裁判行为的。

2. 人民法院依职权提起再审 人民法院依职权提起再审的情形包括：一是作出生效裁判或者调解书的人民法院基于自我监督而对案件进行再审。各级人民法院院长对本院已经发生法律效力的判决、裁定、调解书，发现符合法定情形，认为需要再审的，应当提交审判委员会讨论决定。包括：不予立案或者驳回起诉确有错误的；有新的证据，足以推翻原判决、裁定的；原判决、裁定认定事实的主要证据不足、未经质证或者系伪造的；原判决、裁定适用法律、法规确有错误的；违反法律规定的诉讼程序，可能影响公正审判的；原判决、裁定遗漏诉讼请求的；据以作出原判决、裁定的法律文书被撤销或者变更的；审判人员在审理该案件时有贪污受贿、徇私舞弊、枉法裁判行为的；调解违反自愿原则或者调解书内容违法。二是最高人民法院对地方各级人民法院已经发生法律效力的判决、裁定、调解书，发现存在上述法定情形的，有权提审或者指令下级人民法院再审。三是上级人民法院对下级人民法院已经发生法律效力的判决、裁定、调解书，发现存在上述法定情形的，有权提审或者指令下级人民法院再审。

3. 人民检察院提出抗诉或者检察建议

（1）抗诉。抗诉是人民检察院对行政诉讼实行法律监督的主要方式，抗诉包括以下情形。

一是最高人民检察院对各级人民法院已经发生法律效力的判决、裁定、调解书，发现符合法定情形，应当提出抗诉。这些法定情形包括：不予立案或者驳回起诉确有错误的；有新的证据，足以推翻原判决、裁定的；原判决、裁定认定事实的主要证据不足、未经质证或者系伪造的；原判决、裁定适用法律、法规确有错误的；违反法律规定的诉讼程序，可能影响公正审判的；原判决、裁定遗漏诉讼请求的；据以作出原判决、裁定的法律文书被撤销或者变更的；审判人员在审理该案件时有贪污受贿、徇私舞弊、枉法裁判行为的；调解书损害国家利益、社会公共利益的。

二是上级人民检察院对下级人民法院已经发生法律效力的判决、裁定、调解书，发现符合上述法定情形的，应当提出抗诉。

三是地方各级人民检察院对同级人民法院已经发生法律效力的判决、裁定、调解书，发现符合上述法定情形的，可以提请上级人民检察院向同级人民法院提出抗诉。

（2）检察建议。是指由人民检察院向人民法院提出建议，从而实现对人民法院审判活动进行监督的方式，包括以下情形。

一是再审检察建议。各级人民检察院对同级人民法院已经发生法律效力的判决、裁定、调解书，发现符合上述法定情形的，可以向同级人民法院提出检察建议，并报上级人民检察院备案。检察建议不必然引起再审。是否再审，由人民法院组织成合议庭，在3个月内进行审查，发现原判决、裁定、调解书确有错误，需要再审的，裁定再审；经审查，决定不予再审的，书面回复人民检察院。

二是其他检察建议。各级人民检察院对审判监督程序以外的其他审判程序中审判人员的违法行为，有权向同级人民法院提出检察建议。

六、行政公益诉讼

行政公益诉讼，是指以监督行政机关依法履行职责，保护国家利益和社会公共利益为目的，由法定主体提起的行政诉讼。

2017年6月《行政诉讼法》修改，第二十五条增加一款，作为第四款：人民检察院在履行职责中发现生态环境和资源保护、食品药品安全、国有财产保护、国有土地使用权出让等领域负有监督管理职责的行政机关违法行使职权或者不作为，致使国家利益或者社会公共利益受到侵害的，应当向行政机关提出检察建议，督促其依法履行职责。行政机关不依法履行职责的，人民检察院依法向人民法院提起诉讼。

知识链接

公益诉讼包括民事公益诉讼和行政公益诉讼。

2018年3月2日，最高人民法院、最高人民检察院联合召开新闻发布会，发布《最高人民法院最高人民检察院关于检察公益诉讼案件适用法律若干问题的解释》，通报人民法院审理检察公益诉讼案件和人民检察院开展公益诉讼工作情况。发布检察公益诉讼典型案例10个，其中诉前程序案例3个、诉讼程序案例7个。最高人民检察院副检察长张雪樵介绍，从2017年7月至2018年1月，全国检察机关共立案公益诉讼案件10565件，提出检察建议和发布公告9497件，向人民法院提起诉讼272件。

七、行政裁判和调解书的执行

生效的行政裁判、调解书，是人民法院通过法定程序，行使国家审判权，对行政案件作出的结论性处理决定，对各方当事人产生约束力并具有执行力。当事人必须履行人民法院发生法律效力的判决、裁定、调解书。

公民、法人或者其他组织拒绝履行判决、裁定、调解书的，行政机关或者第三人可以向第一审人民法院申请强制执行，或者由行政机关依法强制执行。

行政机关拒绝履行判决、裁定、调解书的，第一审人民法院可以采取下列措施：对应当归还的罚款或者应当给付的款额，通知银行从该行政机关的账户内划拨；在规定期限内不履行的，从期满之日起，对该行政机关负责人按日处五十元至一百元的罚款；将行政机关拒绝履行的情况予以公告；向监察机关或者该行政机关的上一级行政机关提出司法建议。接受司法建议的机关，根据有关规定进行处理，并将处理情况告知人民法院；拒不履行判决、裁定、调解书，社会影响恶劣的，可以对该行政机关直接负责的主管人员和其他直接责任人员予以拘留；情节严重，构成犯罪的，依法追究刑事责任。

思考题

1. 行政复议和行政诉讼的原则分别是什么？
2. 行政复议的确定性范围是什么？
3. 行政复议中行政行为被撤销的原因有哪些？
4. 行政诉讼的证据要求和举证责任分配是什么样的？
5. 行政诉讼一审程序中，行政机关可能面临的不利判决有哪几种？

（何春霭）

第十一章　行政处罚

学习导航

1. 掌握行政处罚的种类；行政处罚的原则；行政处罚的制度；法律责任等内容。
2. 熟悉行政处罚的简易程序、一般程序、听证程序。
3. 了解行政处罚的特征。

行政处罚是行政主体对违反行政法律、法规或合法有效规章的相对人所给予的一种行政制裁，是行政管理领域中的重要执法手段之一。

药品监管工作中有效遵循行政处罚的相关规定，对于规范药品监督管理部门有效地依法行政，改进和提高行政管理工作，维护社会秩序和公共利益，加强廉政建设，克服官僚主义，消除腐败，保护公民的合法权益，起到促进作用。

为更好履行监督管理的行政职能，国家市场监督管理总局出台《市场监督管理行政处罚程序暂行规定》，原国家食品药品监督管理总局出台《食品药品行政处罚案件信息公开实施细则》《食品药品行政执法与刑事司法衔接工作办法》《总局办公厅关于食品安全行政处罚法律适用有关事项的通知》等文件，进一步规范药品监管机构的行政处罚行为。

第一节　行政处罚的概念

案例

2005年3月27日，接举报，某药监部门查处了A公司生产、销售假药X口服液的三个窝点，查获涉案假药101瓶，货值3万余元。经查，A公司持有《工商营业执照》，但未取得过《药品生产许可证》和《药品经营许可证》。公司负责人吴某自1997年起，生产自行研发的X口服液，并称该药品可治疗一切癌症。在网页上张贴了大量宣传该口服液神奇功效的虚假资料。调查询问中，吴某承认该药未取得过国家规定的药品批准文号，截止2005年3月27日有40余人服用过该口服液，且多为癌症患者。鉴于当事人生产假药的行为已涉嫌违反《刑法》第一百四十一条之规定，药监部门将此案移送公安，同时通过政府信息联网共享平台将该情况报送检察院。经审判，司法机关判处当事人有期徒刑1年，并处1万元罚金。

一、行政处罚的定义

行政处罚是指行政机关或其他行政主体依法定职权和程序对违反行政法规尚未构成犯罪的相对人给予行政制裁的具体行政行为。

行政处罚，是国家行政机关依法对违反行政管理法规的行为给予的制裁措施，是行政主体有效实施行政管理，制裁违法行为，维护公共利益和社会秩序，保障法律贯彻实施的一个重要手段。药品监督管理部门依法实施行政处罚，可以对行政相对人，特别是存在不良经营行为的市场主体产生必要的威慑力，保持应有的高压态势，对规范辖区内行政相对人的经营行为及辖区药品市场秩序，有着十分重要的意义。

二、行政处罚特征和设定

（一）行政处罚的特征

1. 行政处罚的实施主体是行政机关或法律、法规授权的其他行政主体 应当注意两点：①某一特定行政机关是否拥有处罚权和拥有何种、多大范围内的处罚权，都由法律、法规予以明确地规定；②虽然行政处罚权主要是属于行政机关的，但如果经由法律授权或行政机关委托，行政处罚权的实施权亦可由被授权、被委托的组织行使。

2. 行政处罚的对象是作为相对方的自然人、法人或非法人组织 这一点可使行政处罚区别于行政机关基于行政隶属关系或监察机关依职权对其公务员所作出的行政处分。行政处分适用于行政机关的工作人员或其他由行政机关任命或管理的人员。

3. 行政处罚的前提是相对方实施了违反行政法律规范的行为 只有相对方实施了违反行政法律规范的行为，才能给予行政处罚；只有法律、法规规定必须处罚的行为才可以处罚，法律、法规没有规定的不能处罚。

4. 行政处罚的性质是一种以惩戒违法为目的，具有制裁性的具体行政行为 这种制裁性体现在：对违法相对方权益的限制、剥夺，或对其以新的义务。这点使之既区别于刑事制裁、民事制裁，又区别于授益性的行政奖励行为或赋权性的行政许可行为。

（二）行政处罚的设定

所谓行政处罚的设定，是指行政处罚应由哪个机关，以什么形式来规定的权限。行政处罚法根据我国的立法体制，对不同法律文件设定行政处罚的权限划分作出了规定，具体分为四个层次。

1. 法律的设定权 全国人大及其常务委员会制定的法律，可以设定各种行政处罚，并对限制人身自由的行政处罚权创设持有专属权。

2. 行政法规的设定权 国务院制定的行政法规，可以设定除限制人身自由以外的行政处罚，如果法律对违法行为已经作出行政处罚规定，行政法规需要作出具体规定的，不得超出法律规定给予行政处罚的行为、种类和幅度的范围。

3. 地方性法规的设定权 地方人大制定的地方性法规可以设定除限制人身自由、吊销企业营业执照以外的行政处罚。如果法律、行政法规对违法行为已经作出行政处罚规定的，不得超出法律、行政法规规定的给予行政处罚的行为、种类和幅度的范围。

4. 部门规章的设定权　国务院部门规章可以在法律、行政法规规定的给予行政处罚的行为、种类和幅度的范围内作出具体规定。尚未制定法律、行政法规的，可以设定警告或一定数量罚款的处罚，罚款的限额由国务院规定。

5. 地方规章的设定权　地方规章可以在法律、法规规定的给予行政处罚的行为、种类和幅度的范围内作出具体规定。这里的法规包括行政法规和地方性法规。尚未制定法律、法规的，地方政府规章对违反行政管理秩序的行为，可以设定警告或一定数量罚款的行政处罚。罚款的限额由省、自治区、直辖市人大常委会规定。

行政处罚法规定，除法律、法规和规章以外的其他规范性文件不得设定行政处罚。

三、行政处罚的种类

行政处罚的种类，主要是指行政处罚机关对违法行为的具体惩戒制裁手段。根据《行政处罚法》和其他法律、法规的规定，行政处罚可以根据不同的标准进行分类。若以行政处罚的性质为标准，行政处罚可分为限制或剥夺权利性的处罚、科以义务性的处罚、影响声誉的处罚；以行政处罚的内容为标准，可分为人身自由罚、财产罚、资格罚、声誉罚四类。每一类处罚中又各有具体的处罚形式，下面分别阐述行政处罚的种类。

1. 人身自由罚　是指行政机关实施的在短期内限制或剥夺公民人身自由的行政处罚。它是行政处罚中最为严厉的处罚种类。目前，我国法律、法规规定的人身自由罚只有一种形式，即行政拘留。《行政处罚法》在第九条中明确规定了“限制人身自由的行政处罚，只能由法律设定”。

行政拘留是指法定的行政机关（专指公安机关）依法对违反行政法律规范的人，在短期内限制人身自由的一种行政处罚。行政拘留是最严厉的一种行政处罚，通常适用于严重违反治安管理但不构成犯罪，而警告、罚款处罚不足以惩戒的情况。因此法律对它的设定及实施条件和程序均有严格的规定。

行政拘留裁决权属于县级以上公安机关；期限一般为10日以内，较重的不超过15日；行政拘留决定宣告后，在申请复议和行政诉讼期间，被处罚的人及其亲属找到保证人或者按规定交纳保证金的，可申请行政主体暂缓执行行政拘留。行政拘留不同于刑事拘留和司法拘留。

依据《食品安全法》第一百二十三条规定，“违法使用剧毒、高毒农药的，除依照有关法律、法规规定给予处罚外，可以由公安机关依照第一款规定给予拘留”。

2. 资格罚　是限制和剥夺违法相对方某种行为能力或资格的处罚措施，有时也称能力罚、行为罚。资格罚不同于自由罚，前者既可以针对个人，又可以针对组织，而后者则只能适用于个人。资格罚的主要表现形式有：责令停产停业，吊销许可证、执照等。

（1）责令停产、停业。这是行政主体对从事生产经营者所实施的违法行为而给予的行政处罚措施。它直接剥夺生产经营者进行生产经营活动的权利。只适用于违法行为严重的行政相对方。

《药品管理法》第一百一十六条规定，生产、销售假药的，没收违法生产、销售的药品和违法所得，责令停产停业整顿，吊销药品批准证明文件，并处违法生产、销售的药品货值金额十五倍以上三十倍以下的罚款；货值金额不足十万元的，按十万元计算；情节严重的，吊销药品生产许可证、药品经营许可证或者医疗机构制剂许可证，十年内不受理其相应申请；药品上市许可持有人为境外企业的，十年内禁止其药品进口。

（2）暂扣或者吊销许可证和营业执照。这是指行政主体依法收回或暂时扣留违法者经获得的从事某种活动的权利或资格的证书。目的在于取消或暂时中止被处罚人的一定资格、剥夺或限制某种特许的权利。

《医疗器械监督管理条例》第六十三条规定，有生产、经营未取得医疗器械注册证的第二类、第三类医疗器械的情形、情节严重的，由原发证部门吊销医疗器械生产许可证或者医疗器械经营许可证。

3. 财产罚 财产罚是指使被处罚人的财产权利和利益受到损害的行政处罚。这种处罚在于使违法者缴纳一定数额的金钱或者是没收其一定财物，并不影响违法者的人身自由和进行其他活动的权利。财产罚这种特性决定了财产罚所适用的范围广泛，也是一种行之有效的行政处罚。财产罚的具体形式主要有：罚款、没收非法财物、没收违法所得。

（1）罚款。指行政主体强制违法者承担一定金钱给付义务，要求违法者在一定期限内交纳一定数量货币的处罚。

（2）没收非法财物、没收违法所得。是指行政主体依法将违法行为人的部分或全部违法所得、非法财物包括违禁品或实施违法行为的工具收归国有的处罚方式。

《药品管理法》第一百一十五条规定，未取得药品生产许可证、药品经营许可证或者医疗机构制剂许可证生产、销售药品的，责令关闭，没收违法生产、销售的药品和违法所得，并处违法生产、销售的药品（包括已售出和未售出的药品，下同）货值金额十五倍以上三十倍以下的罚款；货值金额不足十万元的，按十万元计算。

依据《食品安全法》第一百二十四条规定，有符合规定情形之一，尚不构成犯罪的，由县级以上人民政府主管药品监督管理的部门没收违法所得和违法生产经营的食品、食品添加剂，并可以没收用于违法生产经营的工具、设备、原料等物品；违法生产经营的食品、食品添加剂货值金额不足一万元的，并处五万元以上十万元以下罚款；货值金额一万元以上的，并处货值金额十倍以上二十倍以下罚款。

《医疗器械监督管理条例》第六十三条规定，有符合规定情形之一的，由县级以上人民政府主管药品监督管理的部门没收违法所得、违法生产经营的医疗器械和用于违法生产经营的工具、设备、原材料等物品；违法生产经营的医疗器械货值金额不足1万元的，并处5万元以上10万元以下罚款；货值金额1万元以上的，并处货值金额10倍以上20倍以下罚款。

4. 声誉罚 也称申诫罚、精神罚，是指行政主体对违法者的名誉、荣誉、信誉或精神上的利益造成一定损害以示警戒的行政处罚，故又称申诫罚或精神罚。声誉罚的特点在于只是使违法者在精神上受到惩戒，其目的在于引起违法者的警醒，使其停止违法行为并避免重新违法。声誉罚既适用于个人也适用于组织。其主要形式有警告、通报批评等。我国《行政处罚法》将警告作为处罚形式之一。

《药品管理法》第一百二十六条规定，除本法另有规定的情形外，药品上市许可持有人、药品生产企业、药品经营企业、药物非临床安全性评价研究机构、药物临床试验机构等未遵守药品生产质量管理规范、药品经营质量管理规范、药物非临床研究质量管理规范、药物临床试验质量管理规范等的，责令限期改正，给予警告。

《医疗器械监督管理条例》第六十八条规定，有符合规定情形之一的，由县级以上人民政府主管药品监督管理的部门和卫生计生主管部门依据各自职责责令改正，给予警告。

第二节　行政处罚的基本原则

问题

2006年6月6日，派出所根据一封匿名举报信直接打电话通知宋某，当场对其作出罚款200元的行政处罚并要求他3日内将罚款交纳至派出所。请问上面案例有哪些违法之处？违反了什么原则？

一、处罚法定原则

处罚法定原则是行政合法性原则在行政处罚行为中的集中体现。行政处罚依据是法定的；实施处罚的主体是法定的；实施处罚的职权是法定的；处罚程序是法定的。

二、处罚公正、公开原则

处罚公正原则要求行政主体在行政处罚中必须依法裁判，公平地处罚违法行为人。既不能同等情况给予不同处罚，也不能不同情况给予相同处罚。另外，还不能违反公正的程序。

处罚公开原则是指行政处罚的依据及处罚中的有关内容必须公开。

三、处罚与违法行为相适应的原则

实施的行政处罚，必须与受罚人的违法行为的事实、性质、情节及社会危害程度相适应，亦即行政处罚的种类、轻重程度及其减免均应与违法行为相适应。

四、处罚与教育相结合的原则

行政处罚是法律制裁的一种形式，但又不仅仅是一种制裁，它兼有惩戒与教育的双重功能。处罚不是目的，而是手段，通过处罚达到教育的目的。行政机关在行政处罚的适用中应当始终坚持教育与处罚相结合。

五、不免除民事责任、不取代刑事责任原则

行政相对方因违法受到行政处罚，其违法行为对他人造成损害的，应当依法承担民事责任。

违法行为严重构成犯罪的，应当依法追究刑事责任。不得以已给予行政处罚而免于追究其民事责任或刑事责任。因为行政制裁与民事制裁、刑事制裁的性质及对象等是不同的。

六、救济原则

在行政处罚中必须提供充分的救济，才能真正保障相对方的权利。相对方对行政主体给予的行政处罚依法享有陈述权、申辩权；对行政处罚决定不服的，有权申请复议或者提起行政诉讼。相对方因违法行政处罚受到损害的，有权提出赔偿要求。

七、处罚追究实效原则

违法行为在二年内未被发现，不再处罚，法律另有规定的除外。

第三节 主要制度

问题

如某不法分子在A县购得假原料药，在B县违法配制，再运至C县销售被发现。从理论上讲，A、B、C县的药品监管部门都有管辖权。实际执法中，往往由哪地的药品监管部门立案查处？如果出现管辖权之争，则应如何决定？

一、行政处罚的实施主体

行政处罚原则上应当由国家行政机关行使，因为行政处罚在性质上是一项重要的国家行政权和国家制裁权。但是考虑到行政管理的实际需要和行政组织编制管理的现状，法律规定符合条件的非政府组织，经过法律、法规的授权或行政机关的委托也可以实施行政处罚。

（一）行政机关实施行政处罚

在一般情况下，只有有行政处罚权的行政机关才能实施行政处罚；而且要在法定的范围内实施。国家行政机关行使行政处罚权，应当符合法律的要求。

（1）只有法律规定享有处罚权的行政机关才能有行政处罚权；这项职权是国家赋予的，有行政处罚权的行政机关是国家法律或行政法规规定的，这些行政机关具有与其管理对象相适应的行政处罚权。

（2）具有行政处罚权的行政机关只能在法定的职权范围内实施行政处罚。行政机关只能对自己主管业务范围内违反行政管理秩序的行为给予行政处罚。不同的行政机关有不同的职权范围。

（二）法律、法规授权的组织实施行政处罚

作为行政机关行使行政处罚权的例外，某些组织在法定条件下可以成为行政处罚的实施主体。

1. 法律、法规授权的组织实施行政处罚的条件 ①该组织具有管理公共事务的职

能；②法律、法规的明文授权；③在法定授权范围内行使行政处罚权。

2. 法律、法规授权的组织实施行政处罚的法律特征　①以自己的名义实施行政处罚；②以自己的名义参加行政复议或者行政诉讼，并承担相应的法律后果。

（三）行政机关委托的组织实施行政处罚

1. 行政机关委托组织实施行政处罚前提　①依据法律、法规或者规章的规定；②委托事项必须在该行政机关的法定权限以内；③负责被委托组织实施行政处罚的行为的监督；④对被委托组织实施行政处罚的行为后果承担法律责任。

2. 受委托的组织符合的条件　①该组织是依法成立的管理公共事务的事业组织；②该组织有熟悉有关法律、法规、规章和业务的工作人员；③对违法行为需要进行技术检查或者技术鉴定的，应当有组织进行相应检查鉴定的条件。

3. 受委托实施行政处罚的组织的法律义务　①以委托行政机关的名义实施行政处罚；②实施行政处罚不得超出委托范围；③不得再委托其他任何组织或者个人实施行政处罚。

按照行政处罚权的来源，这种组织可以分为两类：法律、法规直接授予行政处罚实施权的，称为法律、法规授权的组织；行政机关委托给予行政处罚实施权的，称为行政机关委托的组织。法定授权与行政机关委托有明显的区别。授权是法律、法规明确授予非行政机关行政处罚权；委托是有行政处罚权的行政机关将其行政处罚权委托给行政机关或者组织行使。依法授权的组织以自己的名义行使行政处罚权；而受委托的行政机关或者组织只能以委托机关，而不能以自己的名义独立行使行政处罚权，这是委托与法定授权的根本区别之所在。

（四）相对集中行政处罚权

行政机关一般是按业务特点设置工作部门的，单行的法律法规经常按照管理分工将行政处罚权授予某一行业行政主管机关。但是在行政管理实践中，往往需要将属于不同行政主管部门的处罚权集中于某一行政机关统一行使，以提高行政管理效率。针对这种情况，行政处罚法规定了相对集中处罚制度，国务院或者经国务院授权的省、自治区、直辖市人民政府可以决定由一个行政机关行使其他行政机关的处罚权。该制度的主要内容如下。

（1）一个行政机关集中行使有关行政机关的行政处罚权，必须有国务院或者经国务院授权的省、自治区、直辖市人民政府的授权决定。

（2）集中行使行政处罚的行政机关应当作为本级政府的一个行政机关，不得作为政府一个部门内设机构或者下设机构。集中行使行政处罚权的行政机关的工作人员必须是公务员。

（3）行政处罚权相对集中后，有关部门不得再行使已统一由一个行政机关行使的行政处罚权；仍然行使的，作出的行政处罚决定一律无效。

（4）国务院部门垂直领导的行政机关行使的行政处罚权以及限制人身自由的行政处罚权，不得由集中行使行政处罚权的行政机关行使。

（5）集中行使行政处罚权的行政机关应作为本级政府直接领导的一个独立的行政执法部门，依法独立履行规定的职权，并承担相应的法律责任。

（6）对集中行使行政处罚权的行政机关作出的具体行政行为不服提出的行政复议申请，由本级人民政府依法受理；上一级人民政府设立集中行使行政处罚权的行政机关的，申请人也可以选择向上一级人民政府设立的集中行使行政处罚权的行政机关提出行政复议申请，由该行政机关依法受理。

设立这种集中的行政处罚权模式是由于我国的政府机构现处在调整时期，政府各部门的配置不尽合理，职权划分不很明确，工作中互相扯皮甚至掣肘，执法中有利就争着罚，无利就都不罚或者重复处罚等现象时有发生。

知识链接

相对集中行政处罚权与联合执法

实施相对集中行政处罚权执法与联合执法不同。行政机关实施相对集中行政处罚权执法，与不同的行政机关联合执法有着本质的区别。行政机关实施相对集中行政处罚权执法，对于相对集中的行政处罚权而言，虽然执法的依据未发生变化，还是原执法机关的执法依据，但是执法的主体却发生了变化，由原来的行政机关变为了具有相对集中行政处罚的机关。而联合执法不同，不同的执法机关可以联合（同时）对行政相对人的行为进行监督检查，但对检查中发现的不同的违法行为，却是由不同的行政机关，各自分别依据各自所执行的法律依据对违法行为进行查处，不得联名实施行政处罚。

二、行政处罚的管辖和适用

（一）行政处罚的管辖规则

1. 行政处罚案件由违法行为发生地的行政主体管辖。但如果由违法行为人住所地行政主体管辖更为方便的，经与行为发生地行政主体协商也可由违法行为人住所地行政主体管辖。

2. 两个以上行政主体对同一违法行为都有处罚管辖权的，或者违法行为地点难以查明的，由最先立案的行政主体管辖。

3. 行政主体如认为自己所查处的违法行为已构成犯罪的，应将案件移送司法机关。司法机关依法认定确属犯罪，则依法追究刑事责任；若该行为尚未构成犯罪，则应将案件退回行政主体，由行政主体依法处理。

4. 两个以上的行政主体对行政处罚权发生争执的，应协商解决，协商不成，报请其共同的上级行政机关指定管辖。

5. 行政处罚的级别管辖由具体法律、法规规定。但上一级行政机关有权管辖下一级行政主体管辖的行政处罚案件；下级行政主体对所管辖的处罚案件，如认为确有必要，可以报请上一级行政机关管辖。

6. 行政主体实施行政处罚，如果违法行为人、证人、关系人不在其管辖的行政区域，可委托这些人员所在的行政区域的行政机关讯问或调查取证，受委托的行政机关有义务协助。

药品监管行政处罚的管辖，是指实施涉及药品的行政处罚时，药品监管部门和其他政府执法部门，以及药品监管部门内部上下级、同级之间的权限分工。《行政处罚法》第七条第二款规定，违法行为构成犯罪的，应当依法追究刑事责任，不得以行政处罚代替刑事处罚。《药品管理法》第一百三十九条规定“本法第一百一十五条至第一百三十八条规定的行政处罚，由县级以上人民政府药品监督管理部门按照职责分工决定；撤销许可、吊销许可证件的，由原批准、发证的部门决定”。

节前提出的问题，从理论上讲，A、B、C县的药品监管部门都有管辖权。实际执法中，往往由违法行为发现地的药品监管部门立案查处。如果出现管辖权之争，则应报共同的上级部门指定管辖。

（二）行政处罚的适用

1. 行政处罚适用的概念　行政处罚适用是对行政法律规范规定的行政处罚的具体运用，也就是行政主体在认定相对方行为违法的基础上，依法决定对相对方是否给予行政处罚和如何科以处罚的活动，它是将行政法律规范规定的行政处罚的原则、形式、具体方法等运用到各种具体行政违法案件中的活动。

2. 行政处罚适用的条件　行政处罚适用必须具备一定的条件，否则即为违法或无效的行政处罚。一般认为，行政处罚适用的条件包括前提条件、主体条件、对象条件和时效条件。

行政处罚适用的前提条件，是公民、法人或非法人组织的行政违法行为客观存在。至于行政违法行为的构成要件，只需要具备主体条件、客观条件即可。一旦某行为人实施了违反行政法律规范的行为，即使没有主观过错，也可认为是行政违法行为。

（1）行政机关实施行政处罚时，应当责令当事人改正或者限期改正违法行为。

（2）行政处罚适用的主体条件，即行政处罚必须由享有法定的行政处罚权的适用主体实施。

（3）行政处罚适用的对象条件，必须是违反行政管理秩序的行政违法者，且具有一定的责任能力。需要注意的是行为和财物不是行政处罚适用的对象。

不满十四周岁的人有违法行为的，不予行政处罚，责令监护人加以管教；已满十四周岁不满十八周岁的人有违法行为的，从轻或者减轻行政处罚。精神病人在不能辨认或者不能控制自己行为时有违法行为的，不予行政处罚，但应当责令其监护人严加看管和治疗。间歇性精神病人在精神正常时有违法行为的，应当给予行政处罚。

我国《行政处罚法》第二十七条规定，当事人有下列情形之一的，应当依法从轻或者减轻行政处罚：①主动消除或者减轻违法行为危害后果的；②受他人胁迫有违法行为的；③配合行政机关查处违法行为有立功表现的；④其他依法从轻或者减轻行政处罚的。违法行为轻微并及时纠正，没有造成危害后果的，不予行政处罚。

行政处罚适用的时效条件，是对行为人实施行政处罚，还需其违法行为未超过追究时效，超过法定的追究违法者责任的有效期限，则不得对违法者适用行政处罚。我国

《行政处罚法》第二十四条规定，对当事人的同一个违法行为，不得给予两次以上罚款的行政处罚。第二十九条规定，违法行为在二年内未被发现的，不再给予行政处罚。这是行政处罚适用的一般时效条件。

另外，个别法律、法规还规定了特别时效。如《治安管理处罚条例》规定的时效为六个月，《税收征收管理法》第八十六条规定的时效为五年等。此外，应当注意明确违法行为发现的期限。其期限的计算，从违法行为发生之日起计算直到发现之日止；对于违法行为有连续或继续状态的，则从该违法行为终了之日起计算。

3. 行政处罚的裁量 行政处罚适用的方法，是指行政处罚运用于各种行政违法案和违法者的各种方式和方法，也可以说是行政处罚的裁量方法。行政机关在行政处罚适用中，应区别各种不同的情况，采用不同的处罚方法。

药品监督管理部门行使行政处罚裁量权，应当遵循处罚法定原则、公平公正原则、过罚相当原则、行政处罚与教育相结合原则。药品和医疗器械行政处罚裁量适用规则的一般要求，包括对当事人实施的违法行为，按照违法行为的事实、性质、情节、产品的风险性以及社会危害程度，给予从重处罚、一般处罚、从轻或者减轻处罚、不予处罚。其中一般处罚，是指当事人违法行为不具有从重处罚、从轻或者减轻行政处罚、不予行政处罚等情形，在法定处罚幅度中限依法给予的行政处罚。

案例分析

案例：某公司于2009年取得《药品经营许可证》。2011年3月，某县药品监督管理部门执法人员到该公司调查其涉嫌销售假冒虫草清肺胶囊，后案件移交至市药监局立案调查。涉案药品经省药品检验所检验：性状、鉴别、检查、含量测定等项目均不符合规定。后又对该公司业务员陆某涉嫌销售假药立案侦查。该公司曾因严重违反《药品经营质量管理规范》和经营“甲硝唑注射液”等多种假劣药品，多次受到药监部门行政处罚。

市药监部门经合议、审理决议后，送达了行政处罚事先告知书、听证告知书，依申请进行了听证，并做出行政处罚决定：没收违法销售的药品，没收违法所得；并处违法销售药品货值金额4倍罚款。该公司不服，经行政复议后维持原决定。该公司认为行政处罚存在过重的问题提起诉讼。

分析：市药监部门经调查核实、案件合议、处罚告知、听证等程序，依据相关法律法规认为该公司曾因销售假、劣药，多次受到药监部门行政处罚，系经处罚后重犯，符合从重处罚情形，不属于免除其他行政处罚的情形，从而作出的行政处罚决定，事实清楚，证据确凿、适用法律正确。该案为2019年12月1日前发生的违法案件，应当按照原《药品管理法》及实施条例执行。

三、行政处罚的执行

行政处罚执行，是指确保行政处罚决定所确定的内容得以实现的程序。行政处罚决定一旦作出，就具有法律效力。行政处罚决定中所确定的义务必须得到履行。依据行政法公务连续性原则，具体到行政处罚决定的执行问题上，行政处罚不因当事人申请行政复议或者提起行政诉讼而停止执行，但是，法律另有规定的除外。

行政处罚的执行有以下三项重要内容。

1. 实行处罚机关与收缴罚款机构相分离 《行政处罚法》确立了罚款决定机关与收缴罚款机构相分离的制度，在行政处罚决定作出后，作出罚款决定的行政机关及其工作人员不能自行收缴罚款，而由当事人自收到处罚决定书之日起15日内到指定的银行缴纳罚款，银行将收缴的罚款直接上缴国库。但在以下情况下，可以当场收缴罚款：①依法给予20元以下的罚款的；②不当场收缴事后难以执行的；③在边远、水上、交通不便地区，当事人向指定的银行缴纳罚款确有困难，经当事人提出，行政机关及其执法人员可以当场收缴罚款。

行政机关及其执法人员当场收缴罚款的，必须向当事人出具省、自治区、直辖市财政部门统一制发的罚款收据；不出具财政部门统一制发的罚款收缴的，当事人有权拒绝缴纳罚款。

执法人员当场收缴的罚款，应当自收缴罚款之日起二日内，交至行政机关；在水上当场收缴的罚款，应当自抵岸之日起二日内交至行政机关；行政机关应当在二日内将罚款缴付指定的银行。

2. 严格实行收支两条线 罚款必须上交财政。执法人员当场收缴的罚款，行政机关则应按规定的期限交付给指定银行。行政机关实施罚款、没收非法所得等处罚所收缴的款项，必须全部上交国库，财政部门不得以任何形式向作出行政处罚的机关返还这些款项的全部或部分。

3. 行政处罚的强制实行 行政处罚决定作出之后，当事人应当在法定期限内自觉履行行政处罚决定所设定的义务，如果当事人没有正当理由逾期不履行，则导致强制执行。根据《行政处罚法》的规定，实行强制执行有三种措施：①到期不缴纳罚款的，每日按罚款数额的3%加处罚款；②将查封、扣押的财物拍卖或者将冻结的存款划拨抵缴罚款；③申请人民法院强制执行。

四、药品行政处罚案件信息公开

为促进药品行政处罚案件信息公开、规范运行，保障公众的知情权、参与权和监督权，我国实行药品行政处罚案件信息公开制度。行政处罚案件信息公开应当遵循公平、公正、便民的原则，及时、准确地公开行政处罚案件信息。

1. 主动公开信息的内容 药品监督管理部门向社会主动公开行政处罚案件的处罚决定书，应当包括以下内容。

（1）行政处罚案件名称、处罚决定书文号。

（2）被处罚的自然人姓名、被处罚的企业或其他组织的名称、统一社会信用代码（组织机构代码、事业单位法人证书编号）、法定代表人（负责人）姓名。

（3）违反法律、法规或规章的主要事实。

（4）行政处罚的种类和依据。

（5）行政处罚的履行方式和期限。

（6）作出行政处罚决定的行政执法机关名称和日期。

2. 不予公开的信息 有下列情形之一的行政处罚案件信息，不予公开。

（1）涉及国家秘密、商业秘密的信息。

（2）公开后可能危及国家安全、公共安全、经济安全和社会稳定的信息。

（3）法律、法规规定的其他不予公开的信息。

对涉及商业秘密的行政处罚案件信息，经权利人同意公开的或者药品监督管理部门认为不公开可能对公共利益造成重大影响的，可以主动公开，并应当将公开理由告知权利人。

行政处罚案件信息不予公开的，须经药品监督管理部门主要负责人批准。

3. 公开的形式 药品监督管理部门应当在本部门政府网站设立专栏或者同级政府网站公开行政处罚案件信息，可以同时以公告栏、新闻发布会、报刊、广播和电视等便于公众知晓、查询的方式公开。

省、自治区、直辖市人民政府对行政处罚案件信息公开途径另有规定的，按照规定办理。

4. 公开的时限 药品监督管理部门应当自行政处罚决定书送达之日起7个工作日内，经本部门负责人批准后，公开行政处罚决定书。因特殊情形需要延长期限的，经本部门负责人批准后，可以延长至20个工作日。

作出行政处罚决定后移送司法机关的，应当与司法机关协商，决定行政处罚案件信息公开的时间。

行政处罚案件信息公开期限一般为5年。法律法规有其他规定的，从其规定。

5. 公开信息的撤销 自行政处罚决定被依法变更或者撤销之日起20个工作日内，药品监督管理部门应当对已公开的行政处罚案件信息予以更新或者撤除。

行政处罚案件信息公开期限已届满的，药品监督管理部门应当自届满之日起20个工作日内将已公开的信息撤除。

五、双罚制

所谓行政处罚“双罚制”，也称两罚制，是指对于单位或组织违法的，不仅应依法对单位实施行政处罚，而且还应（或可）对单位负责的主管人员和其他直接责任人也要依法给予行政处罚的法律责任制度。从目前的行政法律责任的规定看，大多采取的是替代责任，也就是说虽然是单位的成员实施的违法行为，但只追究单位的法律责任，而不追究单位成员的法律责任。其理由是单位成员是为单位办事的，因此，单位成员的违法责任应由单位承担。但是，有时为了更有效地预防违法行为的发生，法律也会作出“双罚”的规定。

双罚制是既处罚法人中的自然人，同时也处罚法人。对法人中有责任的自然人的处罚，应该说，对法人违法行为中直接责任人员进行处罚，实质上是让他们承担连带的法律责任。双罚制克服了单罚制和直接处罚制的弊端，符合法人违法行为的实际情况，也有利于对法人违法行为进行处罚的目的的实现。目前有关双罚制在法律法规中已有具体的一些规定。为了严厉打击食品安全违法犯罪，已明确提出“所有食品安全违法行为均应追究到人”。

被处罚的自然人范围包括以下几类。

（1）未取得合法生产经营许可而从事生产经营活动的自然人。如《食品安全法》第一百二十二条规定的情形。对于此类主体，直接依法进行处罚即可。

（2）情节严重的情况下，处罚生产经营主体的“法定代表人和主要负责人”。《药品管理法》第三十条、四十三条、五十三条分别规定药品上市许可持有人、生产企业、经营企业的法定代表人和主要负责人对本企业药品质量、生产经营活动全面负责。

《药品管理法》第一百一十八条规定，生产、销售假药，或者生产、销售劣药且情节严重的，对法定代表人、主要负责人、直接负责的主管人员和其他责任人员，没收违法行为发生期间自本单位所获收入，并处所获收入百分之三十以上三倍以下的罚款，终身禁止从事药品生产经营活动，并可以由公安机关处五日以上十五日以下的拘留。

第一百二十三条规定，提供虚假的证明、数据、资料、样品或者采取其他手段骗取临床试验许可、药品生产许可、药品经营许可、医疗机构制剂许可或者药品注册等许可的，撤销相关许可，十年内不受理其相应申请，并处五十万元以上五百万元以下的罚款；情节严重的，对法定代表人、主要负责人、直接负责的主管人员和其他责任人员，处二万元以上二十万元以下的罚款，十年内禁止从事药品生产经营活动，并可以由公安机关处五日以上十五日以下的拘留。

（3）直接实施违法行为的自然人。如《食品安全法》第一百三十三条规定的直接阻碍国家机关工作人员依法执行公务的具体行为人，第一百四十一条规定的“编造、散布虚假食品安全信息”的具体行为人。这类人员并不限于“直接负责的主管人员和其他直接责任人员”，而是需要根据具体行为人的主观故意、客观行为、行为后果等因素结合案情进行综合判断。

（4）其他被行政处罚的自然人。主要是指技术机构、食品检验机构、检查认证机构、媒体的主管人员和负有直接责任的具体违法行为人。例如，《食品安全法》第一百三十八条规定，出具虚假检验报告的“食品检验机构直接负责的主管人员和食品检验人员”。

根据违法行为和危害后果，人员的处罚可以设定轻重有别、层次分明的不同类型。具体而言主要包括：①对于轻微违法行为人告知申诫，包括提示、警示、行政指导和责任约谈等。根据《食品安全法》第一百一十四条规定，食品生产经营过程中存在食品安全隐患，未及时采取措施消除的，可对食品生产经营者的法定代表人或者主要负责人进行责任约谈。责任约谈情况和整改情况纳入食品安全信用档案。②对于严重违法行为，适用较重处罚，包括采取行政拘留、资格罚等处罚措施。构成犯罪的，依法追究刑事责任。对于部分严重违法行为，还需要采取信用约束措施，如《食品安全法》第一百三十五条规定，被吊销许可证的食品生产经营者及其法定代表人、直接负责的主管人员和其他直接责任人员自处罚决定作出之日起五年内不得申请食品生产经营许可，或者从事食品生产经营管理工作、担任食品生产经营企业食品安全管理人员。因食品安全犯罪被判处有期徒刑以上刑罚的，终身不得从事食品生产经营管理工作，也不得担任食品生产经营企业食品安全管理人员。食品生产经营者聘用人员违反前两款规定的，由县级以上人民政府主管药品监督管理的部门吊销许可证。

六、黑名单制度

《药品安全“黑名单”管理规定（试行）》（国食药监办[2012]219号）要求，省级以上药品监督管理部门应当按照本规定的要求建立药品安全“黑名单”，将因严重违反药品、医疗器械管理法律、法规、规章受到行政处罚的生产经营者及其直接负责的主管人员和其他直接责任人员（以下简称责任人员）的有关信息，通过政务网站公布，接受社会监督。

《药品管理法》第一百二十二条规定，伪造、变造、出租、出借、非法买卖许可证或者药品批准证明文件的，没收违法所得，并处违法所得一倍以上五倍以下的罚款；情节严重的，并处罚款，吊销许可证或者药品批准证明文件，对法定代表人、主要负责人、直接负责的主管人员和其他责任人员，处二万元以上二十万元以下的罚款，十年内禁止从事药品生产经营活动。第一百零五条 药品监督管理部门建立药品上市许可持有人、药品生产企业、药品经营企业、药物非临床安全性评价研究机构、药物临床试验机构和医疗机构药品安全信用档案，记录许可颁发、日常监督检查结果、违法行为查处等情况，依法向社会公布并及时更新；对有不良信用记录的，增加监督检查频次，并可以按照国家规定实施联合惩戒。

这里禁止从事药品生产经营活动以及不良信用记录联合惩戒实际上就是某种意义上的纳入“黑名单”。

第四节 行政处罚的程序

问题

实践中，由于监管力量有限，许多药品监管部门综合科室的工作人员常常参与到一线案件查处中，为此，一些行政相对人提出综合科室工作人员不能实施行政处罚的抗辩理由。药品监管部门也有一些执法人员认为，行政处罚只能由稽查人员实施。综合科室人员能否行使处罚权呢？

一、简易程序

行政处罚的简易程序又称当场处罚程序，是一种简单易行的行政处罚程序，指在具备某些条件的情况下，由执法人员当场作出行政处罚的决定，并且当场执行的步骤、方式、时限、形式等过程。设定当场处罚程序的法律意义在于，基于行政管理效率的要求，对一些不需要立案调查且影响不大，在其被发现后即可认定事实的行政违法行为直接给予处罚，也并不影响受罚人的合法权益，从而确保行政管理的高效性。

行政主体的行政执法人员在进行当场处罚时，应遵循下列程序。

（1）表明身份。它是表明处罚主体是否合法的必要手续，执法人员应向当事人出示执法身份证件或委托书。

（2）说明处罚理由。执法人员应主动向当事人说明其违法行为的事实，说明其违反的法律规范和给予行政处罚的理由和依据。

（3）给予当事人陈述和申辩的机会。办案人员告知当事人有权进行陈述和申辩。当事人可以口头申辩，执法人员要予以正确、全面地口头答辩，使当事人心服口服，而不得因为当事人的申辩而加重处罚。

（4）制作笔录并当场开具行政处罚书。执法人员对当事人的违法行为的客观状态当场制作笔录。

（5）备案。执法人员当场作出的行政处罚决定，必须向所属行政机关备案，以便接受监督和检查。

市场监督管理部门对违法事实确凿并有法定依据，对自然人处以五十元以下、对法人或者其他组织处以一千元以下罚款或者警告的行政处罚的，可以当场作出行政处罚决定。

二、一般程序

行政处罚的一般程序又称普通程序，是行政处罚中的一个基本程序，它具有内容最完善、适用最广泛的特点。除法律、法规另有规定外，任何一个行政处罚决定必须适用一般处罚程序，否则，将直接影响到该决定的效力。设置一般处罚程序的法律意义在于以完整、科学的处罚程序规范来规范行政处罚权，有利于保护受处罚人运用程序权利对抗行政机关违法、滥用行政处罚权。行政处罚的一般程序包括以下几个步骤。

（1）立案。行政主体通过行政检查监督发现行政相对方个人、组织实施了违法行为，或者通过受理公民的申诉、控告、举报，或由其他信息渠道知悉相对方实施了违法行为，应先予以立案。

市场监督管理部门依据监督检查职权或者通过投诉、举报、其他部门移送、上级交办等途径发现的违法行为线索，应当自发现线索或者收到材料之日起十五个工作日内予以核查，市场监督管理部门负责人决定是否立案。

（2）调查取证。行政相对方的违法行为立案后，办案人员应当全面、客观、公正、及时进行案件调查，收集、调取证据，并依照法律、法规、规章的规定进行检查。首次向当事人收集、调取证据的，应当告知其享有陈述权、申辩权以及申请回避的权利。

办案人员应当依法收集证据。办案人员可以询问当事人及其他有关单位和个人。询问应当个别进行。

（3）说明理由并告知权利。行政主体在作出行政处罚决定之前，应当告知当事人作出行政处罚决定的事实、理由与依据，并告知当事人应当享有的权利。

（4）听取当事人陈述与申辩。行政主体在调查取证之后和作出行政处罚裁决之前，应告知被调查人，根据已掌握和认定的关于被调查人的违法事实，准备对之作出处罚裁决的理由和依据。

应给予被调查人以申辩的机会。被调查人依法陈述和申辩的，行政主体必须充分听取，制作申辩笔录。对其提出的事实理由和证据，应当进行复核；复核成立的，应当采纳。申辩笔录应作为行政处罚裁决的根据之一，并在裁决后入档归案，以备今后在行政复议和诉讼时作举证之用。

（5）中止、恢复和终止调查。行政主体按照有关规定，对于符合条件的案件应该及时中止、恢复和终止调查。

《市场监督管理行政处罚程序暂行规定》第四十三条规定，符合下列情形之一的，经市场监督管理部门负责人批准，中止案件调查：①行政处罚决定须以相关案件的裁判结果或者其他行政决定为依据，而相关案件尚未审结或者其他行政决定尚未作出的；②涉及法律适用等问题，需要送请有权机关作出解释或者确认的；③因不可抗力致使案件暂时无法调查的；④因当事人下落不明致使案件暂时无法调查的；⑤其他应当中止调查的情形。中止调查的原因消除后，应当立即恢复案件调查。

《市场监督管理行政处罚程序暂行规定》第四十四条规定，因涉嫌违法的自然人死亡或者法人、其他组织终止，并且无权利义务承受人等原因，致使案件调查无法继续进行的，经市场监督管理部门负责人批准，案件终止调查。

（6）案件调查终结。办案机构需撰写调查终结报告，连同案件材料交由审核机构审核。市场监督管理部门初次从事案件审核的人员，应当通过国家统一法律职业资格考试取得法律职业资格。

审核机构按照审核的主要内容的要求，对案件进行审核，区别不同情况提出书面意见和建议。

审核机构完成审核并退回案件材料后，对于拟给予行政处罚的案件，办案机构应当将案件材料、行政处罚建议及审核意见报市场监督管理部门负责人批准，并依法履行告知等程序；对于建议给予其他行政处理的案件，办案机构应当将案件材料、审核意见报市场监督管理部门负责人审查决定。

（7）书面通知当事人。行政处罚建议被批准后，书面告知当事人拟作出行政处罚决定的事实、理由及依据，并告知当事人依法享有陈述权、申辩权。拟作出的行政处罚属于听证范围的，还应当告知当事人有要求举行听证的权利。监督管理部门在告知当事人拟作出的行政处罚决定后，应当充分听取当事人的意见，对当事人提出的事实、理由和证据进行复核。

（8）作出行政处罚决定。行政主体通过调查、取证，且听取了被指控人的申辩后，如审查确认违法事实确实存在，且已事实清楚，证据确凿，即可依法根据情节轻重及具体情况作出处罚决定。

市场监督管理部门负责人经对案件调查终结报告、审核意见、当事人陈述和申辩意见或者听证报告等进行审查，根据不同情况，分别作出以下决定，并制作行政处罚决定书，并加盖部门印章。相关信息应当按照有关规定向社会公示。

三、听证程序

（一）听证程序的概念

行政处罚中的听证程序，不是一种与简易程序和普通程序并列的独立、完整的行政处罚程序，而只是普通程序中的一道特殊环节，它是指对重大行政处罚决定作出之前，在违法案件调查承办人员一方和当事人一方的参加下，由行政机关专门人员主持听取当事人申辩、质证和意见，进一步核实和查清事实，以保证处理结果合法、公正的一种程序。

（二）听证程序的特征

听证程序具有以下特征：①听证程序是由行政机关主持，并由有关利害关系人参加的程序。这种听证程序与审判程序具有形式上的相似性，但听证程序的主持人毕竟是行政处罚机关的人员（尽管他或她不能是本案件的调查人员，因为依法职能必须分离），在公正性方面，难以与作为司法机关（审判机关）的人民法院相提并论。②听证公开进行。听证程序不仅有行政机关和有关利害关系人参加，而且社会各界人士也可以旁听。质证与辩论程序的公开，有利于更好地规范行政权力的行使，防止和控制行政权力的滥用。③听证程序适用于行政处罚领域，但在我国目前并非所有的行政处罚案件都可以适用听证程序，在范围上还有一定的局限性。当然，从发展的角度看，这种范围的不断扩大应当是历史的必然。④听证程序的适用以当事人的申请为前提。当事人要求听证的，行政机关才组织听证。⑤组织听证是行政机关的法定义务。当事人依法要求听证的，行政机关应当组织听证。

（三）听证程序的组织

《行政处罚法》第四十二条规定，行政机关作出责令停产停业、吊销许可证或者执照、较大数额罚款等行政处罚决定之前，应当告知当事人有要求举行听证的权利；当事人要求听证的，行政机关应当组织听证。当事人不承担行政机关组织听证的费用。听证依照以下程序组织：①当事人要求听证的，应当在行政机关告知后三日内提出；②行政机关应当在听证的七日前，通知当事人举行听证的时间、地点；③除涉及国家秘密、商业秘密或者个人隐私外，听证公开举行；④听证由行政机关指定的非本案调查人员主持；当事人认为主持人与本案有直接利害关系的，有权申请回避；⑤当事人可以亲自参加听证，也可以委托一至二人代理；⑥举行听证时，调查人员提出当事人违法的事实、证据和行政处罚建议；当事人进行申辩和质证；⑦听证应当制作笔录；笔录应当交当事人审核无误后签字或者盖章。当事人对限制人身自由的行政处罚有异议的，依照治安管理处罚法有关规定执行。

（四）行政处罚决定

听证程序只是一般程序中的一种特殊的调查处理程序，并不涵盖行政处罚程序的全过程。与一般程序中的调查——取证程序相比，只是对比较重大的处罚案件适用特殊方式的调查取证，听证结束后，行政机关依照有关一般程序的规定作出处理决定。从这个意义上讲，在我国适用听证程序的案件的最后决定权在行政机关而非主持听证的工作人员。

第五节　法律责任

问题

2016年9月，某国土资源局接到举报，A村委会主任王某未经依法批准，非法占用土地建盖房屋。该国土资源局接到举报后及时核查，并立案调查。经过调查核实，王某未经批准，于2015年12月擅自占地654.30平方米打围墙、建盖房屋。2016年11月19日，该国土资源局向王某下达了《行政处罚决定书》，责令其限期拆除围墙及房屋，退还非法占用的土地654.30平方米。王某收到《行政处罚决定书》后，在法定期限内未提出行政复议，也未提起行政诉讼，但在限定的期限内不自动履行处罚决定。后来，该国土资源局审查发现因涉案土地符合土地利用总体规划（即案涉土地是土地利用总体规划确定的建设用地），《行政处罚决定书》作出的处罚决定适用法律有误，即对符合土地利用总体规划的依法应当没收，而非责令限期拆除非法占地上的围墙和房屋。面对这一主动发现的行政处罚错误问题，该国土资源局应如何应对？

一、违法实施行政处罚行为的法律责任

行政机关实施行政处罚，有下列情形之一的，由上级行政机关或者有关部门责令改正，可以对直接负责的主管人员和其他直接责任人员依法给予行政处分。

（一）没有法定的行政处罚依据的

这表明实施行政处罚，应遵循有法可依，以法律为准绳的法律原则。法律、法规有明文规定的方能依法对违法行为进行处罚，那种无法乱罚的行为，必须予以杜绝，对于直接负责的主管人员和其他直接责任人员应依法给予行政处分。

（二）擅自改变行政处罚种类、幅度的

行政机关及其工作人员在实施行政处罚时，不得擅自改变行政处罚的种类、幅度进行处罚，如有违反，由上级行政机关或者有关部门责令改正，并对直接负责的主管人员和其他直接责任人员依法给予行政处分。

（三）违反法定的行政处罚程序的

行政机关工作人员应遵循法律规定的行政处罚程序对违法者进行处罚。行政处罚是对个人、组织的实体权利加以限制的行为，它必须是要式行为，缺少任何生效要件都是无效的、可以撤销的，行政处罚符合法定程序是行政处罚的生效要件之一。

（四）委托处罚违反规定的

行政机关依照法律、法规或者规章的规定，可以在其法定权限内委托符合规定条件的组织实施行政处罚。委托行政机关对受委托的组织实施行政处罚的行为应当负责监督，并对该行为的后果承担法律责任。

违法实施行政处罚行为的法律责任中提到的所谓行政处分，是指国家机关、企业事业单位和社会团体依据行管理法规、规章、章程、纪律等，对其所属人员或者职工所作的处罚。行政处分有八种形式，即：警告；记过；记大过；降级；降职；撤职；留用察看；开除。

二、行政处罚不使用或使用非法罚款的法律责任

行政机关对当事人进行处罚不使用罚款、没收财物单据或者使用非法定部门制发的罚款、没收财物单据的，当事人有权拒绝处罚，并有权予以检举。上级行政机关或者有关部门对使用的非法单据予以收缴销毁，对直接负责的主管人员和其他直接责任人员依法给予行政处分。

罚款和没收财物都是行政机关对违反行政法规范，不履行法定义务的个人、组织所作的经济上的处罚。没收的财物公开拍卖，所得款项上缴国库。罚款、没收财物必须是要式行为，行政机关必须作出正式书面处罚决定，并要开具罚款、没收财物的单据。罚款、没收财物单据只能由法定部门制发，其他任何个人、组织都无权印制。行政机关在进行处罚时应当使用罚款、没收财物单据的必须使用，否则，其行为就是行政处罚违法行为，应承担行政责任。在这种情况下，当事人有权拒绝行政处罚并予以检举，这样做可以消除乱罚款的现象。同时行政机关使用的单据必须是法定部门统一制发的，其他任何机关印制的罚款、没收财物单据均属违法，对于使用违法单据的，处罚相对方有权拒绝缴纳罚款或被没收财物，并有权予以检举。如果被强迫缴纳了罚款或被没收了财物，当事人有申诉、诉讼的权利，一经查实，应追究该行政机关直接负责的主管人员以及其他直接责任人员的行政责任，根据具体情况给予行政处分；如果直接负责的主管人员与实施违法行为的责任人员相互勾结、共谋私利的，或知情不予制止的，应从重处分。使用法定单据应写明罚款数额、罚款理由等事项，并盖有作出处罚决定的行政机关的印章。

三、行政机关违法自行收缴罚款的法律责任

行政机关违反规定自行收缴罚款的，财政部门违反规定向行政机关返还罚款或者拍卖款项的，由上级行政机关或者有关部门责令改正，对直接负责的主管人员和其他直接责任人员依法给予行政处分。

罚款决定由行政机关作出，依法当场收缴的，行政机关在收缴之日起二日内缴付指定银行；其他情形由当事人在收到行政处罚决定书后，到指定银行缴纳。然后，罚款由银行直接上缴国库。拍卖款项是指行政机关将被处罚人财物依法没收，对于依法可以拍卖的委托有关部门拍卖所得的款项。拍卖所得款项应上缴国库。罚款或拍卖款项必须依法定程序进行，最终上级国库，财政部门不得将其返还行政部门。如有返还情况，上级行政机关或有关部门应责令改正，将该款项追回上缴国库，并对直接负责的主管人员和

其他直接责任人员给予行政处分。

四、非法处理罚款的法律责任

行政机关将罚款、没收的违法所得或者财物截留、私分或者变相私分的，由财政部门或者有关部门予以追缴，对直接负责的主管人员和其他直接责任人员依法给予行政处分；情节严重构成犯罪的，依法追究刑事责任。执法人员利用职务上的便利，索取或者收受他人财物、收缴罚款据为己有，构成犯罪的，依法追究刑事责任；情节轻微不构成犯罪的，依法给予行政处分。

截留是行政机关对于应上缴国库的罚款或拍卖款项不上缴，私设小金库的行为。私分是将截留的款项由行政机关工作人员私分的行为。变相私分是指巧立名目将截留的罚款私分，比如发奖金、补贴等，实质上仍是私分的行为。对于这些情况，一经查实，应由财政部门和有关部门（如监察部门）对截留、私分或变相私分的罚款、没收的违法所得或者财物予以追缴。罚款、没收的违法所得或没收的非法财物属于应上缴国库的公共财物，行政机关或者其工作人员对之进行截留、私分或变相私分，就是对公共财物的侵犯，数额较大的，就构成贪污罪。贪污罪是指国家工作人员，集体经济组织的工作人员或者其他经手、管理公共财物的人员利用职务上的便利，侵吞、盗窃、骗取或者以其他手段非法占有公共财物的行为。

五、使用或损毁扣押的财物行为的法律责任

行政机关使用或者损毁扣押的财物，对当事人造成损失的，应当依法予以赔偿，对直接负责的主管人员和其他直接责任人员依法给予行政处分。

行政机关在实施行政管理活动中有时需要扣押被管理人的财物。行政机关对依法扣押的财物，应妥善保管，不得使用或损毁。否则即构成违法，应承担行政责任。如果经过调查，当事人不构成违法，被扣押的物证还应返还当事人。如果行政机关工作人员违法使用或损毁物证，给当事人造成损害的，则行政机关应当予以赔偿，对行政机关直接负责的主管人员和直接责任人员依法给予行政处分。对于徇私枉法故意损毁扣押财物的，应从重处分。

六、行政机关违法实施检查措施或执行措施行为的法律责任

行政机关违法实行检查措施或者执行措施，给公民人身或者财产造成损害、给法人或者其他组织造成损失的，应当依法予以赔偿，对直接负责的主管人员和其他直接责任人员依法给予行政处分；情节严重构成犯罪的，依法追究刑事责任。

检查措施是行政管理需要的一种行政措施。它是行政机关为了防止行政违法行为进一步扩大或造成不可挽回的损失，或者为了制止正在实施的行政违法行为依法采取的措施。行政执行一般是指行政机关已经作出行政处罚，但被处罚人无正当理由逾期不履行处罚义务，行政机关依法进行强制执行的行为。行政检查措施和执行措施必须依法进行，如果违法进行，给公民、法人或者其他组织合法权益造成损害的，应承担三种法律责任：民事责任、行政责任和刑事责任。对给公民人身或者财产造成损害、给法人或其他组织造成损失的，情节轻微，不构成犯罪的，依法给予直接负责的主管人员和其他直接责任

人员行政处分；如果情节严重，构成犯罪的，要依法追究刑事责任。对于行政机关的违法实施强制措施或执行措施给他人造成损害、损失的行为，应依照《国家赔偿法》第三条、第四条、第二十五条至二十九条的规定进行赔偿。

七、行政机关为违法牟取私利等违法行为应追究的法律责任

行政机关为牟取本单位私利，对应当依法移交司法机关追究刑事责任的不移交，以行政处罚代替刑罚，由上级行政机关或者有关部门责令纠正；拒不纠正的，对直接负责的主管人员给予行政处分；徇私舞弊、包庇纵容违法行为的，依照刑法有关规定追究刑事责任。

行政机关对触犯刑法的行为应当依法移交司法机关追究刑事责任，不得为了牟取本单位的利益而以行政处罚代替刑罚。对于违法牟取本单位利益，以罚代刑的行为应由上级机关及有关部门责令纠正，如果改正，则不追究行政机关及其工作人员的法律责任。拒不改正的，对行政机关直接负责的主管人员给予行政处分，情节严重构成犯罪的，依法追究刑事责任。所谓情节严重是指行政机关以行政处罚代替刑罚，上级机关及有关部门责令纠正后仍拒不改正，徇私舞弊，编造假情况，包庇纵容违法行为。行政机关工作人员的这种情节严重的行为就构成徇私舞弊罪。徇私舞弊罪指国家工作人员为了牟取个人利益、枉法裁判的故意行为，应当比照刑法第一百八十八条的规定追究违法者的刑事责任。

八、行政机关玩忽职守的法律责任

执法人员玩忽职守，对应当予以制止和处罚的违法行为不予制止、处罚，致使公民、法人或者其他组织的合法权益、公共利益和社会秩序遭受损害的，对直接负责的主管人员和其他直接责任人员依法给予行政处分；情节严重构成犯罪的，依法追究刑事责任。

规定的行政机关玩忽职守行为是对应当制止、处罚的行为不予制止或处罚的一种不作为的违法行为，因行政机关的不作为致使公民、法人或者其他组织的合法权益、公共利益和社会秩序遭受损害的，应当承担两种法律责任：行政责任和刑事责任。行政责任是行政机关玩忽职守，但危害不大尚未构成犯罪的，行政机关直接负责的主管人员和其他直接责任人员所应承担的法律责任，应当给予行政处分；刑事责任是执法人员玩忽职守，危害重大构成犯罪时所应承担的法律责任，对于这种行为应依照刑法第一百八十七条的规定追究当事人的刑事责任。

思考题

1. 行政处罚的种类有哪些？
2. 行政处罚的基本原则有哪些？
3. 简述行政处罚适用的条件。
4. 简述违反行政处罚的法律责任。

（杨舒杰）

第十二章　行政强制

学习导航

1. 掌握行政强制的概念、特征和基本原则；行政强制措施和行政强制执行的法律设定及种类。

2. 熟悉行政强制措施和行政强制执行的实施程序。

3. 了解行政强制与其他相关概念的区别。

行政强制是食品、药品监管行政机关所广泛采用，预防及制止危害行为发生的一种行政执法手段，对保障公民饮食用药安全、维护公共秩序及公共利益都具有终极性的社会意义。2012年颁布实施的《行政强制法》，进一步解决了“乱”设行政强制，“滥”用行政强制，行政强制手段“软”的问题，对食品药品的行政执法工作也产生了较大的影响。

第一节　行政强制基本概念

问题

A省药品监督部门查封扣押了B药品生产企业一批有证据证明可能危害人体健康的药品，在查封扣押期间，A省药监部门向B企业收取保管费用。请问A收取保管费用的行为是否合法，为什么？这违反了行政强制的什么原则？

一、行政强制的概念与特征

行政强制是行政执法的一项重要手段，是行政行为执行力的一种表现形式，被形象的比喻为行政的“武器”或行政“生命力”的体现。2011年，我国出台了《行政强制法》，在第二条中明确指出，行政强制包括行政强制措施和行政强制执行，这是对行政强制概念外延的明确界定。结合该法中进一步对行政强制措施以及行政强制执行的明确定义，本书将行政强制界定为：行政主体为了保障行政管理的顺利进行，保障公民、法人和其他组织的合法权益，依照法律、法规的相关规定，对拒不履行行政法义务的相对方采取强制手段，迫使其履行义务或达到与履行义务相同的状态；或者出于预防与制止社会危害事件与行为，以及为了行政调查、检查的目的，依法对相对方的人身、行为及财产采取紧急性、即时性强制措施的具体行政行为的总称。

行政强制具有以下最主要的几个特征。

（1）主体法定性。一是实施新政强制行为的主体必须是国家行政机关或其他法律法规授权的组织；二是行政机关或法律法规授权的组织必须在法律、法规授权的范围内实施行政强制行为；三是必须严格按照法律法规的条件和程序实施。

（2）目标行政性。行政强制的目标是保障行政管理顺利进行、维护社会公共秩序，是行政机关履行行政管理职能、实施行政管理的重要手段。因此与司法制裁不同，是以实现特定行政目的为直接目的，而不以制裁相对人为目的，属于具体行政行为的范畴。

（3）手段强制性。行政强制以国家强制力作为后盾，通过直接对相对人的人身自由、财物、行为等采取无法反抗或不得违抗的强制性手段来实现行政管理的目标，这是行政强制措施最本质的特征。

（4）行为可诉性。行政强制属单方行政行为，由行政主体单方面做出，无需相对方同意。但相对方不服行政强制，可以依法向人民法院提起诉讼。

二、行政强制的基本原则

行政强制的基本原则可以概括为合法性原则、适当性原则、教育与强制相结合原则以及权利不得滥用原则。这四大原则构成了行政强制的基本原则体系。

（一）合法性原则

《行政强制法》第四条规定，行政强制的设定和实施，应当依照法定的权限、范围、条件和程序。这是行政强制合法性原则的体现。行政强制运用的是公权力对行政秩序进行维护，公权力法定是一项宪法原则，任何公权力都须有法律授权。合法性是行政权的正当性所在，也是对行政权的最基本要求。行政强制权作为一项重要的行政权力，其设定和实施都必须遵循合法性原则，做到依法行政。合法性的要求体现在四个方面：权限合法、范围合法、条件合法、程序合法。

（1）权限合法。即按照法定的权限设定行政强制。依据《行政许可法》第十条的规定，有权设定行政强制措施的只有法律、行政法规和地方性法规，规章和其他规范性文件都没有设定行政强制的权限。换句话说，只有全国人大及其常务委员会、国务院和地方人大及其常委会才有设定行政强制的权限。但法律、行政法规和地方性法规的设定权限又有所不同。具体而言，法律有权设定所有行政强制；行政法规有权设定除限制公民人身自由、冻结存款、汇款和其他应当由法律设定的行政强制措施以外的其他行政强制措施；地方性法规有权设定查封、扣押措施。《行政许可法》第十三条明确规定，强制执行只能由法律设定。

（2）范围合法。实施行政强制的主体必须有法律的明确授权，且在法律授权范围之内实施行政强制。这是依法行政的基本要求，否则即构成违法。

（3）条件合法。行政机关实施行政强制应当按照法定条件，不得任意而为，只有符合法律规定的采取行政强制措施与行政强制执行的条件，行政机关才能强制执行。

（4）程序合法。即行政机关和人民法院必须严格依照法律规定的方式、步骤和顺序进行。

（二）适当性原则

适当性原则也称为合理性原则，或比例原则，主要目的是对自由裁量权进行限制。

《行政强制法》第五条明确规定，行政强制的设定和实施，应当适当。采用非强制手段可以达到行政管理目的的，不得设定和实施行政强制。合理性原则可以从以下几方面进行理解。

（1）行政强制的设定应当适当。能够以其他手段达到行政管理目的的就不能设定行政强制，这强调行政许可设置的必要性。行政强制的设定要力求在在维护公共秩序和保护公民权利之间掌握平衡。过多的行政强制未必能解决所有问题，还有可能损害公民的权利，而忽视行政强制的作用，则有可能无法起到维护公共秩序的作用。是否设定行政强制、设定什么样的行政强制、什么情况和条件下设定行政强制都应遵循合理原则。《行政强制法》第十四条明确规定起草单位拟设定行政强制，应当采取听证会、论证会等形式听取意见，并说明设定必要性、可能产生的影响以及听取和采纳意见的情况。

（2）行政强制的实施应当适当。实施适当首先体现在尽量不实施行政强制。《行政许可法》第十六条规定，违法行为情节显著轻微或者没有明显社会危害的，可以不采取行政强制措施。第三十九条规定，对没有明显社会危害，涉案财物数量较少，当事人确无能力履行，中止执行满3年未恢复执行的，行政机关不再执行。同时，当事人不依法履行行政决定时，应当优先使用非强制手段。如果必须实施行政强制，首先手段要适当，应当优先使用间接强制手段，包括代履行和执行罚。在代履行和执行罚无法实现行政目的时，才适用直接强制执行。此外，在达到行政目的的前提下，还应当选择对当事人损害最小的方式。《行政许可法》第二十三条规定，查封、扣押限于涉案的场所、设施或者财物，不得查封、扣押与违法行为无关的场所、设施或者财物；不得查封、扣押公民个人及其所扶养家属的生活必需品。第二十九条规定，冻结存款、汇款的数额应当与违法行为涉及的金额相当。

（三）教育与强制相结合原则

《行政强制法》第六条规定，实施行政强制，应当坚持教育与强制相结合。行政强制不是目的，通过必要的行政强制纠正违法行为，教育违法者和其他公民自觉守法，形成人人守法，个个自觉维护社会秩序和行政秩序的良好社会习惯才是目的。因此，实施行政强制不能片面强调行政强制，而应当坚持教育与强制相结合。①要广泛宣传教育，使广大群众了解行政法的立法精神和具体规定，这不仅是立法者的义务，也是执法者的义务；②教育与强制相结合，首先要教育，经教育能达到行政管理目的的，不再实施强制，只有经教育仍无效果或者情况紧急的，才付诸于行政强制；③将教育当作行政机关的一项法定义务，而不是自上而下的说教，也不是行政机关的恩赐。教育要基于对实际情况的深入了解，从实际出发，兼顾公私利益。④强制中有教育，教育中有强制。在制作行政强制决定前要催告，在实施行政强制时要说理。在催告或者实施前，只要当事人愿意自动履行的，应当立即停止强制执行。同时，教育不能成为恶意逃避惩罚和制裁的漏洞，在催告过程中一旦发现当事人有故意逃避履行行为的，应当立即执行。

（四）不得谋取利益原则

《行政强制法》第七条明确规定，行政机关及其工作人员不得利用行政强制权为单位或个人谋取利益。不得谋取利益基于行使行政强制的行政机关代表的是国家行使公权力，且目的在于实现公共利益的最大化。因此，在执法的过程中，要求行政机关依法履行法律赋予的职责，不得参与市场竞争，与民争利。具体要求包括：不得使用被查封、扣押的财产，不得收取保管费，收支两条线以及合理确定代履行费用等。同时，行政机关及其工作人员违法行政强制权，以强制权为单位或者个人谋取利益要承担相应的法律责任。

第二节　行政强制措施

问题

《食品安全法》第一百一十条规定：县级以上市场监督管理、药品监督管理部门履行各自食品安全监督管理职责，有权查封、扣押有证据证明不符合食品安全标准或者有证据证明存在安全隐患以及用于违法生产经营的食品、食品添加剂、食品相关产品。这属于哪一种行政强制制度？在查封扣押的过程中，应该履行什么程序？

一、行政强制措施基本概念

（一）行政强制措施的定义和特征

行政强制措施，是指行政机关在行政管理过程中，为制止违法行为、防止证据损毁、避免危害发生、控制危险扩大等情形，依法对公民人身自由实施暂时性限制，或者对公民、法人或者其他组织的财产实施暂时性控制的行为。

（1）非制裁性。行政强制措施的目的是为了预防、制止、控制可能发生或正在发生的对社会或公共利益产生危害的行为。制止违法行为、防止证据损毁、避免危害发生、控制危险扩大是实施行政强制措施的前提。因此行政强制措施并非对行政相对人的制裁，与行政行对人是否违法也没有必然的联系。它既可以针对相对人的违法行为，也可以针对相对人的合法行为。

（2）临时性。行政强制措施是一类暂时性控制措施，不是对当事人人身、财产权利的最终处分，它往往与行政处理紧密相连，通常是行政机关作出行政处理决定的前奏和准备。

（3）预防性。行政主体实施行政强制措施的直接目的是为了公共利益的紧迫需要、防止不利于公共利益及相对人自身利益免受危险行为或情势的危害。属于一种事前和事中的预防性行政措施。

食品、药品监管行政强制措施是指：食品药品监管行政机关在对食品、药品的监管执法活动中，出于维护公众健康与正常的公共卫生秩序，保护公众饮食、用药安全，预防可能发生或制止正在发生的违法行为、消除或减轻危险状态及其不利后果的实际需要；或为了满足履行日常监管职责及保全证据、确保案件查处工作顺利进行之需要，而对相对人的财产（权利）予以暂时性强制力限制的具体行政行为。

（二）行政强制措施的功能

行政强制措施的功能是指行政强制措施对于保障行政法所保护的社会关系和社会秩序，实现行政管理的目标所特有的各种作用或效能。

（1）维护社会公共秩序。行政强制措施旨在预防危害公共安全和利益及人民安全和利益的行为的发生、制止或排除正在实施或发生的危害行政法所保护的社会关系和社会秩序的危险事件和行为、保障行政管理行为的顺利实施、促进满足国家和社会公共利益的紧迫需要与合理需要。因而是维护社会公共秩序的有效手段。

（2）提高行政效率。行政效率是行政管理活动的出发点和归宿，提高行政效率是行政活动的本质追求。而行政强制措施是行政管理和执法过程中保证效率和权威的一种强力手段，很多情况下都需要通过行政强制措施来确保行政效率。如对于危害食品安全行为，政府部门可以及时采取强制措施查封、扣押有证据证明不符合食品安全标准的食品，违法使用的食品原料、食品添加剂、食品相关产品，以及用于违法生产经营或者被污染的工具、设备；查封违法从事食品生产经营活动的场所，实现行政管理目的。

（3）保障公民权利。在现在社会中，总有一部分公民或者组织不遵守法律或者逃避法定义务，从而损害其他公民的正当合法权利。在这种情况相下，需要政府运用行政强制力来保障个人权利，行政强制措施成为保护公民权利的重要手段。如对醉酒驾车者进行约束、禁止其驾驶机动车辆、对携带易燃易爆物品进行没收等，都是为了保障公民的权利。

（三）行政强制措施与相关概念的区别

1. 行政强制措施与行政处罚　行政强制措施常常作为行政处罚的前置程序，在实施行政强制措施后，还可以根据行政相对人是否违法，再采取行政处罚。同时，两者的目的不同。行政强制措施只是一种强制性的行为，不带有惩罚性，只是一种临时限制，并不是最终处分。只要行政相对方能够按照法律的要求履行法定义务，行政强制措施就可以马上解除。而行政处罚的着力点是惩戒和制裁，是对行政相对人违反行政义务的一种制裁，属于一种最终处理。此外，行政处罚是一种行政制裁行为，它的实施前提必须由行政相对方有违法行为存在，无违法则无行政处罚。而行政强制措施的实施前提与行政相对方有无违法行为存在没有必然联系，行政强制措施的实施可以在行政相对人违法的情况下采取，也可在行政相对人无违法的情况下采取。

2. 行政强制措施与刑事强制措施

（1）对象不同。刑事强制措施的对象是犯罪嫌疑人、被告人或现行犯。而行政强制措施的适用对象是违反行政法律规范的相对人。

（2）目的不同。刑事强制措施的适用是以保障侦查和审判的顺利进行为主要目的，而行政强制措施主要是为了维护社会公共秩序、保障人民公共利益、确保行政管理行为顺利实施。

（3）实施主体不同。刑事强制措施只能由公安司法机关实施，而行政强制措施的实施主体则分别由不同的行政主体来实施。

（4）履行程序不同。刑事强制措施的适用往往必须履行严格审批手续，而行政强制措施有的需要经过审批，有的则由行政主体的工作人员灵活掌握自由裁量当场采取。

二、行政强制措施的种类

《行政强制法》第九条规定：行政强制措施的种类包括：限制公民人身自由；查封场所、设施或者财物；扣押财物；冻结存款、汇款；其他行政强制措施。

1. 限制公民人身自由　目前，我国设定限制公民人身自由的法律主要有人民警察法、治安管理处罚法、道路交通安全法、海关法、公民出入境管理法、外国人入境出境管理法、铁路法、戒严法、集会游行示威法、军事设施保护法、渔业法、海商法等。根据相关法律的规定，行政机关在特定情形下可以限制行政相对人的人身自由。一是行政相对人处于醉酒、精神病发作等状态，非管制不能避免行政相对人对其本人造成危害或对他人构成威胁。二是行政相对人意欲自杀，非管制不能保护其生命。三是行政相对人存在其他严重危害公共安全或他人人身安全的情形，非管制不足以预防或救护。具体的限制公民人身自由的措施有：盘问、留置盘问、传唤、强制传唤、扣留、拘留、人身检查、强制检测、约束、隔离、强制隔离、强行带离现场、强行驱散、驱逐、禁闭等。

2. 查封场所、设施或者财物　查封是行政机关限制当事人对其财产的使用和处分的强制措施。主要是对不动产或者其他不便移动的财产，由行政机关以加贴封条的方式限制当事人对财产的移动或者使用。法律、法规中除使用“查封”外，还经常用“封存”一词。少数情况下也使用“封闭、关闭或者限制使用场所”“禁止或者限制使用设备、设施”等表述。

3. 扣押财物　扣押是行政机关解除当事人对其财物的占有，并限制其处分的强制措施。与查封不同的是，扣押主要是针对可移动的财产，并且扣押的财产由行政机关保管。除了使用“扣押”外，法律、法规规定中还经常使用“暂扣”“扣留”等。

4. 冻结存款、汇款　冻结主要是限制金融资产的流动的强制措施，包括冻结银行存款、汇款和邮政企业汇款，也包括股票等有价证券。除了使用“冻结”外，还使用“暂停支付”一词。目前，只有《税收征收管理法》《证券法》《反洗钱法》规定了冻结措施。

5. 其他行政强制措施　这是一个兜底条款。除了上述四类行政强制措施外，还有不少强制措施没有完全列举，例如强行消毒、紧急免疫接种、鸣枪警告、强制带离现场、强制隔离治疗等。

三、行政强制措施的设定

《行政强制法》第十条规定：“行政强制措施由法律设定。尚未制定法律，且属于国务院行政管理职权事项的，行政法规可以设定除本法第九条第一项（限制公民人身自由）、第四项（冻结存款、汇款）和应当由法律规定的行政强制措施以外的其他行政强制措施。尚未制定法律、行政法规，且属于地方性事务的，地方性法规可以设定本法第九条第二项（查封场所、设施或者财物）、第三项（扣押财物）的行政强制措施。法律、法规以外的其他规范性文件不得设定行政强制措施。”

《行政强制法》颁布施行前，不仅法律可以设定行政强制措施，行政法规、地方性法规也可以设定行政强制措施，甚至规章和其他规范性文件也可以设定行政强制措施。《行政强制法》改变了行政强制设定“政出多门”的混乱局面，为行政强制措施的设定确立了统一的原则和规则。

1．法律可以设定各类行政强制措施 行政强制措施由法律规定，法律可以设定各种行政强制措施，也就是说行政强制权原则上由全国人大或全国人大常委会制定法律设定。但是，法律也不能随意设定行政强制措施，还要兼顾合理性原则，使设定的行政强制措施在合理的限度内。

2．行政法规、地方性法规可以设定部分行政强制措施 根据《立法法》，对于一些重要事项，尚未制定法律的，全国人民代表大会及其常委会有权作出决定，授权国务院可以根据实际需要先制定行政法规，但是有关犯罪和刑罚、对公民政治权利的剥夺和限制人身自由的强制措施和处罚、司法制度等事项只能由全国人大及其常委会制定法律予以规定。因此，关于行政法规、地方性法规设定部分行政强制措施有两个限定条件：一是尚未制定法律，且属于国务院行政管理职权范围的事项的；二是不得设定限制人身自由、冻结存款、汇款和其他应当由法律规定的行政强制措施。

3．地方性法规只能设定查封和扣押的行政强制措施 地方性法规设定行政强制措施的前提是该管理事项没有法律、行政法规规定，且属于地方性事务。但是地方性事务没有明确的界定，狭义的理解是属于地方特有的、需要针对当地实际情况作出规定的事务，甚至不需要中央立法，比如城市养犬问题、燃放烟花爆竹问题等；广义的理解是在地方行政区域内的除法律、行政法规明确规定属于中央事权外的其他事务。另外，地方性法规只能设定查封、扣押的行政强制措施，不得设定其他行政强制措施。

4．法律、法规以外的其他规范性文件不得设定行政强制措施 其他规范性文件主要是指那些由国家机关制定的不属于立法，但又具有普遍约束力、能够反复适用的文件。一般包括3类：国务院部门的规章、省级人民政府规章和有规章制定权的较大市人民政府制定的规章；按照制定机关划分，其他规范性文件可以分为立法机关的规范性文件、行政机关的规范性文件和司法机关的规范性文件。

目前，食品药品行政强制措施主要是查封场所、设施或者财物，扣押财物和其他行政强制措施，不涉及限制公民人身自由和冻结存款、汇款。

《药品管理法》第一百条规定，药品监督管理部门根据监督管理的需要，可以对药品质量进行抽查检验。抽查检验应当按照规定抽样，并不得收取任何费用；抽样应当购买样品。所需费用按照国务院规定列支。对有证据证明可能危害人体健康的药品及其有关材料，药品监督管理部门可以查封、扣押，并在七日内作出行政处理决定；药品需要检验的，应当自检验报告书发出之日起十五日内作出行政处理决定。《麻醉药品和精神药品管理条例》第六十条第二款“药品监督管理部门、卫生主管部门发现生产、经营企业和使用单位的麻醉药品和精神药品管理存在安全隐患时，应当责令其立即排除或者限期排除；对有证据证明可能流入非法渠道的，应当及时采取查封、扣押的行政强制措施，在7日内作出行政处理决定，并通报同级公安机关。”

四、行政强制措施实施程序

行政强制措施实施程序指的是行政主体实施行政强制措施时需要遵守的方式、步骤、时限和顺序。行政强制措施实施程序可以分为一般程序，查封、扣押程序和冻结存款、汇款程序。行政强制措施由法律、法规规定的行政机关在法定职权范围内实施。行政强制措施权不得委托。

依据《行政处罚法》的规定行使相对集中行政处罚权的行政机关，可以实施法律、法规规定的与行政处罚权有关的行政强制措施。行政强制措施由法律、法规规定的行政机关在法定职权范围内实施。行政强制措施权不得委托。行政强制措施应当由行政机关具备资格的行政执法人员实施，其他人员不得实施。

（一）一般程序

一般程序是指实施各类行政强制措施均应遵守的程序。

行政强制措施实施的一般程序包括：报告及批准、表明身份、通知当事人到场、告知和说明理由、听取陈述和申辩、制作现场笔录和其他程序。

1. 报告及批准 执法人员在采取具体执法行动之前，向行政机关的有关负责人报告需要实施行政强制措施的原因、实施对象、拟采取的行政强制措施种类和方式等，在获得有关负责人批准之后方可实施相应的行政强制措施。

2. 表明身份 行政机关及其工作人员在作出行政行为之前，向行政相对人出示相关证件，如工作证、执法证等，以证明自己有资格作出相应的行政行为。如果行政执法人员没有向行政相对人出示执法身份证件，或者出示的证件不足以使行政相对人信服，行政相对人有权拒绝配合执法人员的执法工作，且不需要承担任何法律责任。

3. 告知和说明理由 行政机关在实施行政强制措施时通知当事人到场，并当场告知当事人其拥有的权利和救济手段，以确保当事人正确参与行政程序。

4. 听取陈述和申辩 执法人员必须在实施行政强制措施之前主动告知当事人享有陈述和申辩的权利。当事人的陈述和申辩既可以是书面的，也可以是口头的。执法人员应当认真听取当事人的陈述和申辩，当事人对行政强制措施的实施表示异议并提出事实、理由或者证据的，执法人员必须仔细复核研究。认为当事人提出的证据充分、理由成立的，执法人员应当采纳并进行重新调查。

5. 制作现场笔录 现场笔录是指行政机关及其工作人员在行政执法过程中，对有关执法活动现场情况当场所做的书面记录，包括现场检查笔录、现场勘验笔录、现场检验笔录以及现场制作的音像视听资料等。制作现场笔录是行政机关保存行政活动证据的重要方式之一。行政强制措施的现场笔录一般包括以下内容：实施行政强制措施的事由、时间、地点、过程、结果，当事人、执法人员、见证人的到场情况，当事人的陈述和申辩及采纳情况，以及其他需要记录的情况。此外，现场笔录必须由当事人和执法人员签名或者盖章确认，当事人拒绝的，应当在笔录中注明；当事人不到场的，可以邀请见证人到场，由见证人和执法人员在现场笔录上签名或者盖章确认。否则，现场笔录不发生效力。

依照法律规定实施限制公民人身自由的行政强制措施，除应当履行上述程序外，还应当遵守下列规定：①当场告知或者实施行政强制措施后立即通知当事人家属实施行政强制措施的行政机关、地点和期限；②在紧急情况下当场实施行政强制措施的，在返回行政机关后，立即向行政机关负责人报告并补办批准手续；③法律规定的其他程序。

实施限制人身自由的行政强制措施不得超过法定期限。实施行政强制措施的目的已经达到或者条件已经消失，应当立即解除。

知识链接

陈述权与申辩权

享有陈述和申辩权是当事人在行政机关对其实施行政管理、作出具体行政行为的过程中

所享有的程序性权利，是行政程序公正的基本要求，是行政活动中当事人参与权的体现。陈述权是指当事人对事实的认定和行政行为是否合法、合理发表意见，提出自己主张、要求的权利。申辩权是指当事人对不利于自己的行政行为，提出不同的意见，进行辩解的权利。

（二）查封、扣押的实施程序

实施查封、扣押除需要履行一般程序外，还需要履行本条规定的制作并当场交付查封、扣押决定书和清单的程序。综合而言，实施查封、扣押的程序如下。

1. 依法判断查封、扣押的标的物 查封、扣押仅限于涉案的场所、设施或者财物，且不得查封、扣押公民个人及其所抚养家属的生活必需品，不得重复查封已被其他国家机关依法查封的当事人的场所、设施或者财物。

2. 报告及批准 行政机关实施查封、扣押的，应当经行政机关负责人批准；对重大案件或者数额较大的财物实施查封、扣押的，应当由行政机关负责人集体讨论决定。

3. 履行行政强制措施一般程序 表明身份、通知当事人到场、告知和说明理由、听取陈述和申辩、制作现场笔录。

4. 制作并当场交付查封、扣押决定书和清单 查封、扣押决定书是作出查封、扣押决定的法律文书，是采取查封、扣押措施的书面凭证，当事人对查封、扣押措施不服的可以据此申请行政复议或者提起行政诉讼。查封、扣押决定书包括5项法定内容：当事人的姓名或者名称和地址，查封、扣押的理由、依据和期限，查封、扣押场所、设施或者财物的名称、数量等，申请行政复议或者提起行政诉讼的途径和期限，行政机关的名称、印章和日期。

查封、扣押清单是记载被查封、扣押财产详细情况的书面凭证。对查封、扣押的财产，行政执法人员应当会同当事人或者见证人查点清楚，当场开列查封、扣押清单。清单应当尽可能涵盖所查封扣押财产的名称、材料、规格、质地、数量等详细情况，并保证有关信息准确无误，防止事后出现纠纷。查封、扣押清单应当一式两份，分别由当事人和行政机关保存。

5. 当事人在处理决定书上签字

6. 查清事实，在法定期间内依法作出处理决定 行政主体采取查封、扣押措施后，

应当及时查清事实，在法定期间内依法作出处理决定，逾期不能作出决定的，行政机关应当及时解除查封、扣押的决定。对违法事实清楚，依法应当没收的非法财物予以没收；法律、行政法规规定应当销毁的，依法销毁。对于当事人没有违法行为，查封、扣押的场所、设施或者财物与违法行为无关，行政机关对违法行为已经作出处理决定，不再需要查封、扣押，查封、扣押期限已经届满，以及其他不再需要采取查封、扣押措施的情形，行政主体应当及时作出解除查封、扣押决定。解除查封、扣押应当立即退还财物，当事人有权要求退还；已将鲜活物品或者其他不易保管的财物拍卖或者变卖的，退还拍卖或者变卖所得款项。变卖价格明显低于市场价格，给当事人造成损失的，应当给予补偿。

7. 送达处理决定书和执行

此外，在查封、扣押期间还要注意不要超过法定期限，以及合理、妥善保管查封、扣押的财产。

查封、扣押的期限不得超过法定期限（30日）。情况复杂的，经行政主体负责人批准，可以延长（延长期限不得超过30日）。但是，法律、行政法规对期限另有规定的除外。延长查封、扣押的决定应当告知当事人，并说明理由。

在法定期间行政机关应当依法作出处理决定。对物品需要进行检测、检验、检疫或者技术鉴定的，查封、扣押的期间不包括检测、检验、检疫或者技术鉴定的期间。检测、检验、检疫或者技术鉴定的期间应当明确，并书面告知当事人。检测、检验、检疫或者技术鉴定的费用由行政主体承担。

对查封、扣押的场所、设施或者财物，行政机关应当妥善保管，不得使用或者损毁；造成损失的，应当承担赔偿责任。对查封的场所、设施或者财物，行政机关可以委托第三人保管，第三人不得损毁或者擅自转移、处置。因第三人的原因造成的损失，行政机关先行赔付后，有权向第三人追偿。因查封、扣押发生的保管费用由行政机关承担。

（三）冻结的实施程序

冻结有其独特性，比如要防止当事人转移资金、需要得到金融机构配合等。因此，冻结的实施程序理应有别于一般程序性规定。

1. 实施前须向行政机关负责人报告并经批准 由两名以上行政执法人员实施；出示执法身份证件；制作现场笔录，现场笔录载明的事项一般包括冻结的时间、地点，实施冻结的单位和个人，被冻结的单位和个人，协助冻结的单位和个人，冻结的具体事项等。除此之外，行政机关实施冻结无须遵守一般程序的其他几项规定，即：无须通知当事人到场；进而，无须当场告知当事人采取行政强制措施的理由、依据以及当事人依法享有的权利、救济途径；无须当场听取当事人的陈述和申辩；现场笔录无须由当事人签名或者盖章；无须邀请见证人到场，无须由见证人在现场笔录上签名或者盖章。

2. 向金融机构交付冻结通知书 金融机构接到行政机关依法作出的冻结通知书后，应当立即予以冻结，不得拖延，不得在冻结前向当事人泄露信息。法律规定以外的行政机关或者组织要求冻结当事人存款、汇款的，金融机构应当拒绝。

3. 向当事人交付冻结决定书 依照法律规定冻结存款、汇款的，作出决定的行政机关应当在三日内冻结决定书应当载明下列事项：当事人的姓名或者名称、地址；冻结的理由、依据和期限；冻结的账号和数额；申请行政复议或者提起行政诉讼的途径和期限；行政机关的名称、印章和日期。

4. 做出处理决定或解除冻结决定 行政机关应当在法定期限（自冻结存款、汇款之日起30日）内作出处理决定或者作出解除冻结决定；情况复杂的，经行政机关负责人批准，可以延长（延长期限不得超过30 日）。但是，法律另有规定的除外。延长冻结的决定应当及时书面告知当事人，并说明理由。到期未作出处理决定的，行政机关应当及时作出解除冻结的决定。

解除冻结的情况有以下几种：对于当事人没有违法行为，冻结的存款、汇款与违法行为无关，行政机关对违法行为已经作出处理决定、不再需要冻结，冻结期限已经届满，以及其他不再需要采取冻结措施的情形。

5. 告知当事人，通知金融机构 药品监督管理部门在案件调查时，经分管负责人批准可以依法采取查封、扣押等行政强制措施，执法人员应当向当事人出具查封、扣押决定书。情况紧急，需要当场采取查封、扣押措施的，执法人员应当在查封扣押后24小时内向分管负责人报告，并补办批准手续。分管负责人认为不应当采取行政强制措施的，应当立即解除。

药品监督管理部门实施先行登记保存或者查封、扣押时，应当通知当事人到场，并在现场检查笔录中对采取的相关措施情况予以记载。对查封、扣押的场所、设施或者财物，应当使用盖有本部门公章的封条就地或者异地封存，当事人不得擅自启封。对先行登记保存或者查封、扣押的物品应当开列物品清单，由执法人员、当事人或者有关人员签字或者加盖公章。

第三节　行政强制执行

问题

2004年10月26日，A县药品监管部门执法人员在本县B村卫生所进行例行检查时，发现村医李某存在明显的违法行为，且证据确凿，李某也供认不讳。2004年11月8日，执法人员按一般程序，对李某处以1000元的罚款。李某在法定期限内，既没有申请复议和提起诉讼，又不履行处罚。该局执法人员在多次对李某进行说服无效的情况下，遂于2005年3月4日向当地人民法院递交了《行政处罚强制执行申请书》。2005年3月16日法院做出《受理执行案件通知书》和《申请执行风险告知》，并送达该局。2005年4月5日法院做出《行政裁定书》并送达李某，限定李某必须于2005年4月10日前履行缴纳罚款的义务，否则将依法采取强制措施。李某慑于法院的威严，如期缴纳了罚款，还支付了360元的执行费，至此，本案得以顺利结案。药品监管部门向法院申请强制执行应具备什么条件，履行哪些程序？

一、行政强制执行的基本概念

（一）行政强制执行的定义和特征

行政强制执行，是指行政机关或者行政机关申请人民法院，对不履行行政决定的公民、法人或者其他组织，依法强制履行义务的行为。行政强制执行具有如下几个特征。

（1）行政强制执行的主体除了行政机关，还可以是人民法院，这和行政强制措施有所不同。行政机关可以依照法律、法规的授权对行政相对方直接采取强制执行措施。这类机关节主要有：公安、税务、海关、物价、审计、外汇管理等行政机关。行政机关也可以向人民法院提出强制执行申请，由人民法院执行。

（2）行政强制执行以相对人逾期不履行行政义务为前提，在规定的行政相对人履行义务的期限内不得实施行政强制执行。而且行政强制执行以行政处理决定规定的义务为限，不得超越其所设义务范围。

（3）行政强制执行的效果是对当事人人身、财产权利的剥夺，但这种处分来自于作为执行基础的原行政决定，而不是来源于行政强制执行。

（4）行政强制执行的对象具有广泛性和法定性。行政强制执行的对象可以是物，如强制划拨银行存款；也可以是行为，如专利强制许可；还可以是人，如行政拘留。

（5）在行政强制执行中不得进行执行和解。

药品行政强制执行，是指药品监督行政机关申请人民法院，对不履行行政决定的公民、法人或者其他组织，依法强制履行义务的行为。

（二）行政强制执行的功能

行政强制执行是行政管理领域中一项极为重要的制度，是行政强制行为的重要组成部分之一，对保证行政决定义务内容的实现、维护社会公共秩序具有重要作用。主要通过两方面起到作用。

第一，防止有损行政秩序的情形发生。行政强制执行行为本身具有潜在的威慑力，相对人能设想到自己若不履行行政行为所设定的义务所应承担的后果，产生恐惧感而不得不去履行。

第二，修复遭到破坏的行政秩序。行政强制执行直接作用于行政秩序所产生的效果，相对人不以任何理由排斥这种行政行为。

（三）行政强制执行与相关概念的区别

1. 行政强制执行与行政强制措施

（1）主体不同。行政强制执行的主体包括行政机关和法院，行政强制措施的实施主体只有行政机关。

（2）目的不同。行政强制执行的目的在于达到相对履行义务或与履行的义务有相同的状态；行政强制措施的目的则是防止、制止或控制正在发生或可能违法或危险的情况发生。

（3）所属行为过程不同。行政强制措施是在行政决定作出前行政机关所采取的强制手段，而行政强制执行是在行政决定作出后，为了执行该行政决定所采取的强制手段。

（4）结果不同。行政强制执行结果是义务履行自己的义务或履行义务相同的状态结束；行政强制措施在经调查后，决定不继续实施的，应当解除强制恢复原状，已确定需要继续实施的，应该由法律作出适当的决定。且行政强制措施都是暂时性的，行政强制执行是终局性的。

2. 行政强制执行和民事强制执行

（1）申请执行人不同。行政强制执行的申请人只能是作为行政主体的行政机关，而民事强制执行的申请人，可以是民事法律关系双方当事人中的任何一方。

（2）执行的主体不同。行政强制执行的主体为一般人民法院，但在法律特别规定的情况下为行政机关。而民事强制执行的主体只能是法院。

（3）执行依据不同。行政强制执行的依据是行政处理决定的，民事强制执行是基于人民法院或仲裁机构裁定、调解或其他法律文书生效。

（4）执行对象不同，民事强制执行是有限的物质对象，而行政强制执法的对象更加广泛，可以是物质的，也可以是行为和个人。

（5）执行结果不同，民事强制有执行和解的制度，但行政强制执行只能强制相对人履行义务，不存在执行和解。

二、行政强制执行的方式

《行政强制法》第十二条规定，行政强制执行的方式包括：加处罚款或者滞纳金，划拨存款、汇款，拍卖或者依法处理查封、扣押的场所、设施或者财物，排除妨碍、恢复原状，代履行以及其他强制执行方式。

1. 加处罚款或者滞纳金 这是间接强制的执行方式在我国。在我国，加处罚款主要是针对不缴纳罚款的行为，加处罚款的数额由《行政处罚法》统一规定；加处滞纳金针对不缴纳税费的行为，加处滞纳金的数额由单行法律、行政法规和地方性法规规定。

2. 划拨存款、汇款 划拨存款、汇款是直接强制执行方式，根据《商业银行法》的规定，采取划拨存款、汇款方式执行，需要由法律明确授权。目前行政机关划拨存款的，只适用于税收和征收社会保险费等少数领域，《税收征收管理法》第四十条和《海关法》第六十条使用的是“扣缴”一词。

3. 拍卖或者依法处理查封、扣押的场所、设施或者财物 这是执行金钱给付义务采取的强制执行方式，属于直接强制。《行政强制法》第四十六条第三款的规定，当事人在法定期限内不申请行政复议或者提起行政诉讼，经催告仍不履行的，在实施行政管理过程中已经采取查封、扣押措施的行政机关，可以将查封、扣押的财物依法拍卖抵缴罚款。

4. 排除妨碍、恢复原状 排除妨碍就是排除对权利人行使人身权或者财产权的阻碍，恢复原状就是通过修理等手段使受到损坏的财产恢复到损坏前的状况，这也是一种直接强制。在行政管理中，公民、法人或者其他组织的行为侵害的不是其他民事主体的权利，而且侵害了公共财产，影响了行政管理秩序，也可能要承担排除妨碍、恢复原状的责任。

5. **代履行**　是当事人拒绝履行行政决定的义务时，由行政机关或者第三人代替当事人履行行政决定的义务，并向当事人收取履行费用的执行方式，这是一种间接强制。如《防洪法》第四十二条规定，对河道、湖泊范围内阻碍行洪的障碍物，按照谁设障、谁清除的原则，由防汛指挥机构责令限期清除；逾期不清除的，由防汛指挥机构组织强行清除，所需费用由设障者承担。

6. **其他强制执行方式**　这是关于执行方式的兜底规定，除了上述四类行政强制措施外，实践中还有一些其他执行方式，强制拆除、强制停产、强制消除安全隐患、强制收购等。

三、行政强制执行的设定

行政强制执行由法律设定。法律没有规定行政机关强制执行的，作出行政决定的行政机关应当申请人民法院强制执行。目前我国共有十多部法律规定了行政机关直接强制执行，税务机关、海关、公安机关、公路主管部门、水行政主管部门、防汛指挥机构等部门和地方人民政府，法律通过单独授权有强制执行权，大部分执法部门没有直接强制执行权，需要申请人民法院强制执行。

起草法律草案、法规草案，拟设定行政强制的，起草单位应当采取听证会、论证会等形式听取意见，并向制定机关说明设定该行政强制的必要性、可能产生的影响以及听取和采纳意见的情况。此外，行政强制的设定机关应当定期对其设定的行政强制进行评价，并对不适当的行政强制及时予以修改或者废止。行政强制的实施机关可以对已设定的行政强制的实施情况及存在的必要性适时进行评价，并将意见报告该行政强制的设定机关。公民、法人或者其他组织可以向行政强制的设定机关和实施机关就行政强制的设定和实施提出意见和建议。有关机关应当认真研究论证，并以适当方式予以反馈。

知识链接

听证会与论证会

所谓论证会，就是邀请有关专家对草案内容、对拟设定的行政强制从必要性、可行性、科学性进行研究论证，作出评估，供起草单位和制定机关参考。听证会是指起草单位主持，由行政机关和公民参加，对拟设定的行政强制的必要性、合理性等进行辩论，起草单位根据辩论结果，确定草案内容。除了论证会、听证会外，还有一些其他的听取意见的方式，如召开座谈会、将草案印发有关部门和单位、书面征求意见。随着网络技术的发展，通过网络征求社会公众意见成为新兴的征求意见方式，全国人大常委会、国务院和一些有立法权的地方人大在制定法律、法规时，要求每个法律、法规草案都要通过网络向社会公开征求意见。

目前，依照相关法律的规定，药品监管部门不具备行政强制执行权，需申请人民法院强制执行。《行政强制法》施行后对药品监管部门申请人民法院强制执行方面的规定有如下主要变化。

1. 申请强制执行的期限从180日缩短为3个月 依据最高人民法院《关于执行<中华人民共和国行政诉讼法>若干问题的解释》第88条的规定“行政机关申请人民法院强制执行其具体行政行为，应当自被执行人的法定起诉期限届满之日起180日内提出。逾期申请的，除有正当理由外，人民法院不予受理”。而《行政强制法》第五十三条规定“当事人在法定期限内不申请行政复议或者提起行政诉讼，又不履行行政决定的，没有行政强制执行权的行政机关可以自期限届满之日起三个月内，依照本章规定申请人民法院强制执行”。

2. 申请强制执行前的催告程序和法院级别管辖的变化 最高人民法院《关于执行<中华人民共和国行政诉讼法>若干问题的解释》第89条规定“行政机关申请人民法院强制执行其具体行政行为的，由申请人所在地的基层人民法院受理；执行对象为不动产的，由不动产所在地基层人民法院受理”。而《行政强制法》将“基层人民法院”改为“有管辖权的人民法院”，意味着某些重大、复杂、在本辖区有重大影响的案件也可以参照诉讼管辖由中级人民法院甚至高级人民法院来执行。

3. 申请强制执行需提交材料方面的新要求 《行政强制法》增加了当事人的意见和行政机关催告情况，还规定了强制执行申请书应由行政机关负责人签名。

4. 加处罚款的数额不得超出金钱给付义务的数额 《行政强制法》第四十五条规定：行政机关依法作出金钱给付义务的行政决定，当事人逾期不履行的，行政机关可以依法加处罚款或者滞纳金。加处罚款或者滞纳金的标准应当告知当事人。加处罚款或者滞纳金的数额不得超出金钱给付义务的数额。

药品监管部门一般仅涉及当事人逾期履行罚款处罚，按《行政处罚法》第五十一条的规定每日应按罚款数额的百分之三加处罚款，一般不涉及加处滞纳金。《行政处罚法》施行后，药品监管部门对不履行罚款处罚的当事人，加处罚款不能超过罚款本数，也就是说不管逾期多少天，最多能翻一倍罚款，所以申请强制执行时也应依此规定。

四、行政强制执行程序

（一）行政机关强制执行的一般程序

1. 催告 行政机关作出强制执行决定前，应当事先催告当事人履行义务。催告是指当事人在行政决定作出后不自觉履行义务，行政机关督促当事人在一定期限内履行义务，否则承担被强制执行后果的一种程序。催告是强制执行决定的前置程序。催告应当以书面形式作出，并载明下列事项：履行义务的期限、履行义务的方式、明确的涉及金钱给付的金额和给付方式、当事人依法享有的陈述权和申辩权。

但并不是所有的强制执行方式都要催告，也有无须催告的例外情况：①立即实施代履行。《行政强制法》规定，需要立即清除道路、河道、航道或者公共场所的遗洒物、障碍物或者污染物，当事人不能清除的，行政机关可以决定立即实施代履行；当事人不在场的，行政机关应当在事后立即通知当事人，并依法作出处理。立即实施代履行的方式无须催告是因为即时代履行所针对的事项时间紧迫，如不及时处理，可能会影响正常的行政管理秩序，也会给他人带来不便。而催告程序需要一定的期限，不能适用立即实施代履行。②执行罚。《行政强制法》规定，行政机关依法作出金钱给付义务的行政决定，当事人逾期不履行的，行政机关可以依法加处罚款或者滞纳金。根据这一规定，行政机关的执行罚并不以催告为前提。

2. 陈述和申辩 当事人收到催告书后有权进行陈述和申辩。行政机关应当充分听取当事人的意见，对当事人提出的事实、理由和证据，应当进行记录、复核。当事人提出的事实、理由或者证据成立的，行政机关应当采纳。

3. 制作执行决定书 经催告，当事人逾期仍不履行行政决定，且无正当理由的，行政机关可以作出强制执行决定。强制执行决定应当以书面形式作出，并载明下列事项：当事人的姓名或者名称、地址，强制执行的理由和依据，强制执行的方式和时间，申请行政复议或者提起行政诉讼的途径和期限，行政机关的名称、印章和日期。

在催告期间，对有证据证明有转移或者隐匿财物迹象的，行政机关可以作出立即强制执行决定。

4. 送达 催告书、行政强制执行决定书应当直接送达当事人。当事人拒绝接收或者无法直接送达当事人的，应当依照《中华人民共和国民事诉讼法》的有关规定送达。直接送达又称为交付送达，催告书、行政强制执行书应当在执行时当场交付当事人。当事人是公民的，应当直接送交本人；当事人是法人或者其他组织的，应当送交法人的法定代表人、其他组织的主要负责人。

5. 强制执行实施 有下列情形之一的，中止执行：①当事人履行行政决定确有困难或者暂无履行能力的；②第三人对执行标的主张权利，确有理由的；③执行可能造成难以弥补的损失，且中止执行不损害公共利益的；④行政机关认为需要中止执行的其他情形。中止执行的情形消失后，行政机关应当恢复执行。对没有明显社会危害，当事人无能力履行，中止执行满三年未恢复执行的，行政机关不再执行。

有下列情形之一的，终结执行：①公民死亡，无遗产可供执行，又无义务承受人的；②法人或者其他组织终止，无财产可供执行，又无义务承受人的；③执行标的灭失的；④据以执行的行政决定被撤销的；⑤行政机关认为需要终结执行的其他情形。

在执行中或者执行完毕后，据以执行的行政决定被撤销、变更，或者执行错误的，应当恢复原状或者退还财物；不能恢复原状或者退还财物的，依法给予赔偿。

实施行政强制执行，行政机关可以在不损害公共利益和他人合法权益的情况下，与当事人达成执行协议。执行协议可以约定分阶段履行；当事人采取补救措施的，可以减免加处的罚款或者滞纳金。执行协议应当履行。当事人不履行执行协议的，行政机关应当恢复强制执行。

行政机关不得在夜间或者法定节假日实施行政强制执行。但是，情况紧急的除外。

行政机关不得对居民生活采取停止供水、供电、供热、供燃气等方式迫使当事人履行相关行政决定。

对违法的建筑物、构筑物、设施等需要强制拆除的，应当由行政机关予以公告，限期当事人自行拆除。当事人在法定期限内不申请行政复议或者提起行政诉讼，又不拆除的，行政机关可以依法强制拆除。

（二）申请人民法院强制执行程序

当事人在法定期限内不申请行政复议或者提起行政诉讼，又不履行行政决定的，没有行政强制执行权的行政机关可以自期限届满之日起三个月内，申请人民法院强制执行。

申请人民法院强制执行的一般程序如下。

1. **催告** 行政机关申请人民法院强制执行前，应当催告当事人履行义务。催告书送达十日后当事人仍未履行义务的，行政机关可以向所在地有管辖权的人民法院申请强制执行；执行对象是不动产的，向不动产所在地有管辖权的人民法院申请强制执行。催告书的形式与内容同行政机关强制执行中的催告书的要求相同。

2. **向人民法院申请强制执行** 行政机关向人民法院申请强制执行，应当提供下列材料：强制执行申请书，行政决定书及作出决定的事实、理由和依据，当事人的意见及行政机关催告情况，申请强制执行标的情况，法律、行政法规规定的其他材料。强制执行申请书应当由行政机关负责人签名，加盖行政机关的印章，并注明日期。

3. **人民法院受理** 人民法院接到行政机关强制执行的申请，应当在五日内受理。行政机关对人民法院不予受理的裁定有异议的，可以在十五日内向上一级人民法院申请复议，上一级人民法院应当自收到复议申请之日起十五日内作出是否受理的裁定。

4. **人民法院作出执行裁定** 人民法院对行政机关强制执行的申请进行书面审查，对材料齐全，且行政决定具备法定执行效力的，人民法院应当自受理之日起七日内作出执行裁定。

人民法院对有明显缺乏事实根据的，明显缺乏法律、法规依据的，或其他明显违法并损害被执行人合法权益的强制执行申请，在作出裁定前可以听取被执行人和行政机关的意见，并当自受理之日起三十日内作出是否执行的裁定。裁定不予执行的，应当说明理由，并在五日内将不予执行的裁定送达行政机关。行政机关对人民法院不予执行的裁定有异议的，可以自收到裁定之日起十五日内向上一级人民法院申请复议，上一级人民法院应当自收到复议申请之日起三十日内作出是否执行的裁定。

5. **强制执行实施** 因情况紧急，为保障公共安全，行政机关可以申请人民法院立即执行。经人民法院院长批准，人民法院应当自作出执行裁定之日起五日内执行（图12-1）。

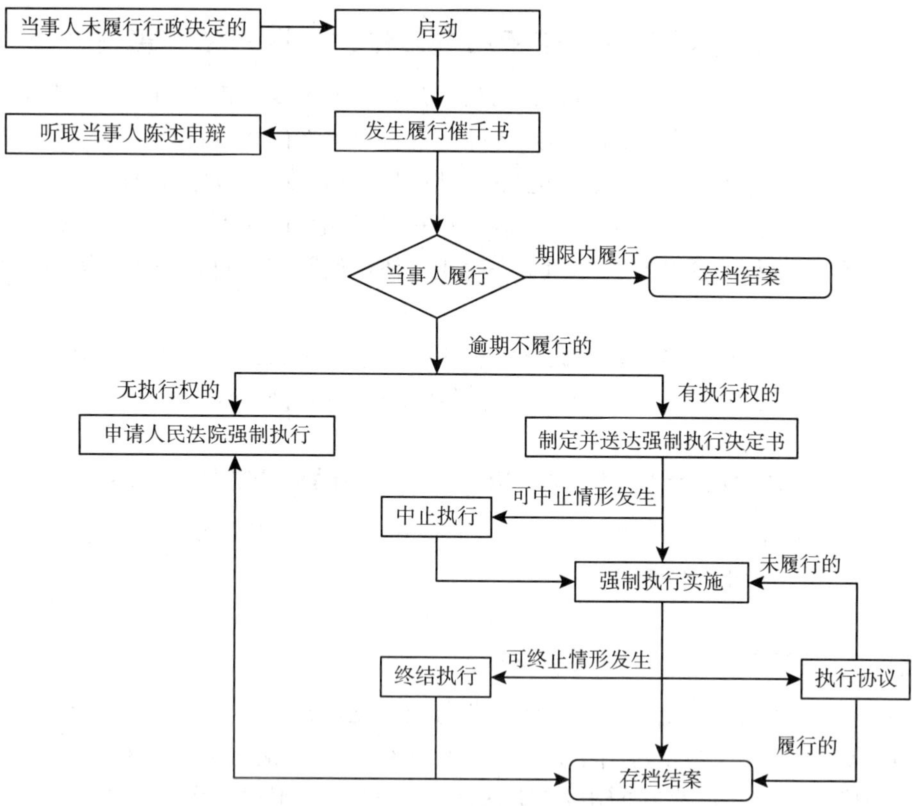

图12-1　行政强制执行程序流程图

第四节　法律责任

一、违法、野蛮强制责任

行政机关实施行政强制，有下列情形之一的，由上级行政机关或者有关部门责令改正，对直接负责的主管人员和其他直接责任人员依法给予处分：①没有法律、法规依据的；②改变行政强制对象、条件、方式的；③违反法定程序实施行政强制的；④违反本法规定，在夜间或者法定节假日实施行政强制执行的；⑤对居民生活采取停止供水、供电、供热、供燃气等方式迫使当事人履行相关行政决定的；⑥有其他违法实施行政强制情形的。

二、在强制过程中违法责任

行政机关有下列情形之一的，由上级行政机关或者有关部门责令改正，对直接负责的主管人员和其他直接责任人员依法给予处分：①扩大查封、扣押、冻结范围的；②使用或者损毁查封、扣押场所、设施或者财物的；③在查封、扣押法定期间不作出处理决定或者未依法及时解除查封、扣押的；④在冻结存款、汇款法定期间不作出处理决定或者未依法及时解除冻结的。

三、在强制过程中私分、变相私分、侵占、谋取私利责任

行政机关将查封、扣押的财物或者划拨的存款、汇款以及拍卖和依法处理所得的款项，截留、私分或者变相私分的，由财政部门或者有关部门予以追缴；对直接负责的主管人员和其他直接责任人员依法给予记大过、降级、撤职或者开除的处分。

行政机关工作人员利用职务上的便利，将查封、扣押的场所、设施或者财物据为己有的，由上级行政机关或者有关部门责令改正，依法给予记大过、降级、撤职或者开除的处分。

行政机关及其工作人员利用行政强制权为单位或者个人谋取利益的，由上级行政机关或者有关部门责令改正，对直接负责的主管人员和其他直接责任人员依法给予处分。

四、在强制过程中查封、扣押的场所、设施或者财物责任

对查封、扣押的场所、设施或者财物，行政机关应当妥善保管，不得使用或者损毁；造成损失的，应当承担赔偿责任。

五、金融机构及相关机关责任

金融机构有下列行为之一的，由金融业监督管理机构责令改正，对直接负责的主管人员和其他直接责任人员依法给予处分：①在冻结前向当事人泄露信息的；②对应当立即冻结、划拨的存款、汇款不冻结或者不划拨，致使存款、汇款转移的；③将不应当冻结、划拨的存款、汇款予以冻结或者划拨的；④未及时解除冻结存款、汇款的。

金融机构将款项划入国库或者财政专户以外的其他账户的，由金融业监督管理机构责令改正，并处以违法划拨款项二倍的罚款；对直接负责的主管人员和其他直接责任人员依法给予处分。

行政机关、人民法院指令金融机构将款项划入国库或者财政专户以外的其他账户的，对直接负责的主管人员和其他直接责任人员依法给予处分。

思考题

1. 行政强制措施包括哪些种类?
2. 行政强制措施和行政强制执行有何区别?
3. 行政强制的主要原则是什么?
4. 食品药品主要的行政强制措施有哪些?

（杨　莉）